Casi
cristiano

DAVID KINNAMAN
Y GABE LYONS

La mayoría de los productos de Casa Creación están disponibles a un precio con descuento en cantidades de mayoreo para promociones de ventas, ofertas especiales, levantar fondos y atender necesidades educativas. Para más información, escriba a Casa Creación, 600 Rinehart Road, Lake Mary, Florida, 32746; o llame al teléfono (407) 333-7117 en Estados Unidos.

Casi cristiano por David Kinnaman y Gabe Lyons
Publicado por Casa Creación
Una compañía de Strang Communications
600 Rinehart Road
Lake Mary, Florida 32746
www.casacreacion.com

No se autoriza la reproducción de este libro ni de partes del mismo en forma alguna, ni tampoco que sea archivado en un sistema o transmitido de manera alguna ni por ningún medio –electrónico, mecánico, fotocopia, grabación u otro– sin permiso previo escrito de la casa editora, con excepción de lo previsto por las leyes de derechos de autor en los Estados Unidos de América.

A menos que se exprese lo contrario, todas las citas de la Escritura están tomadas de la Santa Biblia, Nueva Versión Internacional ©1999 por la Sociedad Bíblica Internacional. Usada con permiso.

Copyright © 2009 por Casa Creación
Todos los derechos reservados

Copyright © 2007 por David Kinnaman y Fermi Project
Todos los derechos reservados.
Originally published in English under the title
    unChristian
    by Baker Books,
    a division of Baker Publishing Group,
    Grand Rapids, Michigan, 49516, U.S.A.
All rights reserved.

Traducido por pica6
Diseño de portada Bill Johnson
Diseño interior por Candace Ziegler

Library of Congress Control Number: 2009925707
ISBN: 978-1-59979-558-4
Primera edición
09 10 11 12 13 * 7 6 5 4 3 2 1
Impreso en los Estados Unidos de América

CONTENIDO

Prefacio	5
El trasfondo	8
Descubra la fe *casi cristiana*	18
Hipócritas	39
¡Recibe a Cristo!	66
Antihomosexuales	90
Retraídos	119
Politiqueros	149
Criticones	177
De *casi cristiano* a cristiano	202
Epílogo por Gabe Lyons	218
Agradecimientos	242
La investigación	244
Notas	247

PREFACIO

Hace aproximadamente doce años recibimos a un estudiante de la Universidad Biola para que hiciera sus prácticas profesionales con nosotros. No reparé mucho en ello. Habíamos tenido otros estudiantes, y solían ser buenos chicos buscando aumentar su cantidad de créditos en la universidad haciendo lo menos posible que pudieran sin que les llamara la atención. Si aprendían algo en el camino, parecían percibirlo como un regalo adicional.

Pero siempre existe la excepción a la regla. David Kinnaman fue la nuestra.

David era un muchacho alto, delgado y callado que hacía muchas preguntas —buenas preguntas— y trabajaba duro. Era claramente una persona inteligente y gustaba de trabajar en equipo. Parecía estar genuinamente interesado en aprender la manera en que se llevaba a cabo la investigación de mercado y la manera en que tal información podría ayudar a hacer avanzar el ministerio de manera significativa. Estaba comprometido con realizar una aportación plausible a nuestros esfuerzos.

Para cuando se acercaba el momento de su graduación, nos dimos cuenta de que podría ser un activo importante para nuestro equipo, así que le ofrecimos un empleo. Desde entonces, ha realizado casi cada función en el negocio, desde trabajo monótono, hasta presentaciones de alto nivel con clientes de empresas y ministerios destacados. Ha manejado cientos de estudios de investigación a nivel nacional, ha generado nuevas oportunidades de negocio, ha elaborado informes sindicados, ha interactuado con los medios para describir los resultados de nuestras investigaciones, ha hablado en conferencias, ha desarrollado sistemas internos, ha contratado y despedido personal; lo que se le ocurra, él lo ha hecho. Y ha trabajado duro hasta llegar a ser el presidente del Grupo Barna. No obstante, a pesar de haber escrito cientos de informes para clientes y publicado docenas de artículos, David nunca se había sentido dirigido a escribir un libro.

Pero siempre hay una excepción a la regla. *Casi cristiano* es la suya.

Este es su primer libro, pero es un libro importante; para usted, para la iglesia y para nuestro país. Lo animo a que haga cuatro cosas como respuesta a leer este volumen.

Primero, agradézcale a David Kinnaman por un puñado de jóvenes adultos que se están levantando hoy que entienden a la iglesia, la cultura de nuestra nación y cómo bendecir a la gente con verdad y sabiduría. Esta es una rara combinación de dones y talentos. Espero que David sea una de las personas que ayuden a la comunidad cristiana a encontrar su camino a través del laberinto de desafíos y oportunidades que le esperan. Tal liderazgo es un regalo de Dios inmenso, pero debemos apreciar ese regalo si vamos a cosechar los beneficios que representa.

Segundo, comprenda la profundidad y amplitud de la investigación objetiva que conforma el fundamento de este libro. La mayoría de los libros publicados acerca de la cultura y la fe se basan en la opinión personal del autor y algunas anécdotas idiosincrásicas. Tal base para la evaluación cultural es de un valor limitado. David, por otro lado, ha pasado años recolectando y estudiando cantidad de información de encuestas nacionales en un esfuerzo por aprehender el panorama completo y sus detalles. *Casi cristiano* se basa en la investigación, aunque se ha esforzado bastante para escribir el libro de tal manera que sus ojos no tengan que saturarse como respuesta a una sobrecarga de estadísticas, esquemas y tablas. Pero ese esfuerzo por hacer la investigación más digerible no significa que haya tomado atajos. Su trabajo está basado en investigaciones rigurosas y en el difícil proceso de comunicar estadísticas en un lenguaje cotidiano.

Tercero, aprenda del análisis experto y de la interpretación que David proporciona con respecto a la perspectiva que nuestra sociedad tiene de los cristianos estadounidenses y su fe. Él ha ido más allá de proporcionar la información, a profundizar en el significado y contexto de los hallazgos. También ha interactuado con numerosas personas para obtener su opinión con respecto al significado de la información desde su punto de vista. Lo que usted está leyendo es una narrativa lógica, cuidadosamente razonada acerca del estado pasado, presente y futuro de la sociedad y la fe cristiana.

Finalmente, lo animo a orar. Ore que usted pueda comprender y que sea tocado por la sabiduría impartida en estas páginas. Ore por la iglesia cristiana en todas sus variedades en Estados Unidos. Ore por el papel que desempeña en ser la iglesia para una cultura que ignora el evangelio, si no es que se resiste al evangelio. Ore por los líderes de la iglesia, que necesitan entender los argumentos que David ha expuesto en este libro si es que quieren ser agentes estratégicos en el Reino de Dios. Y ore por su propia influencia de parte de ese Reino en momentos cambiantes, inciertos y desafiantes.

Una de las conversaciones que David y yo hemos compartido a lo largo de los años es que Dios no llama a los líderes a que sean populares, sino solamente a que sean obedientes a Él. En ese tono, debería advertirle que David ha escrito algunas cosas que no le van a gustar. Así son las cosas. Su responsabilidad no es anestesiarse a sí mismo con prosa aduladora acerca del estado del mundo o de la iglesia, sino enfrentar la realidad, incluso cuando sea vergonzante o dolorosa. No tiene que gustarle lo que escribió, pero si tiene que trabajar con ello.

Así que le agradezco a David por escribir la verdad, lo mejor que la podemos entender. Y le envío a usted mi agradecimiento por considerar la manera en que estas perspectivas pueden afectar su aportación al Reino de Dios y el mundo en que lo servimos.

George Barna
Fundador del Grupo Barna
Presidente de Good News Holdings
Mayo 2007

1

EL TRASFONDO
EL CRISTIANISMO VISTO DESDE AFUERA

El cristianismo tiene un problema de imagen.

Si usted ha vivido durante mucho tiempo en los Estados Unidos, dudo que esto lo sorprenda. Pero esto hace surgir preguntas importantes. ¿Qué es lo que la gente piensa exactamente sobre los cristianos y el cristianismo? ¿Por qué existen esas percepciones? Obviamente, la gente cree que sus puntos de vista son correctos (de otra manera los desecharían), pero ¿las percepciones reflejan la realidad? ¿Y por qué las percepciones de la gente son importantes (¿deberían serlo?) para los seguidores de Cristo?

He pasado los últimos tres años estudiando estas preguntas a través de gran cantidad de entrevistas e investigaciones. Quizá se sorprenda de saber lo importante que es el dilema, y cómo las percepciones negativas que tengan sus amigos, vecinos y colegas acerca del cristianismo le darán forma a su vida y a nuestra cultura en los años por venir. Nuestras investigaciones muestran que muchos fuera del cristianismo, especialmente los adultos más jóvenes, tienen poca confianza en la fe cristiana, y la estima por el estilo de vida de los seguidores de Cristo se está desvaneciendo rápidamente entre los de afuera. Admiten que sus barreras emocionales e intelectuales entran en acción cuando están alrededor de cristianos, y rechazan a Jesús porque se sienten rechazados por los cristianos. Voy a describir la manera en que esto está sucediendo y por qué, más tarde en el libro, pero por el momento, piense en lo que esto significa. Cambia el tono de las conversaciones de la gente acerca del cristianismo. Altera su disposición a entregar su vida a Jesús.

Si usted está interesado en comunicarle y expresarle a Cristo a las nuevas generaciones, debe comprender la intensidad con la que se aferran a estas perspectivas. Como cristianos, no podemos levantar nuestras manos en disgusto o de manera defensiva. Tenemos una responsabilidad con nuestros amigos y vecinos de tener una comprensión sobria y razonable de sus puntos de vista.

CAPÍTULO 1 **EL TRASFONDO**

Durante un tiempo había tenido la sensación de que existía este problema de imagen, pero no alcanzaba a percibir su profundidad, no hasta que una fuente insólita me guió en la dirección correcta. La llamada telefónica que inició esta aventura se alojó en mi memoria. Déjenme explicarles.

—David, voy a renunciar a mi trabajo.

No podía confundir la voz firme de mi amigo Gabe Lyons.

—¿En serio? ¿Estás loco? —espeté.

—Probablemente —dijo, con la suave envoltura de su ligero acento sureño—. Pero estoy seguro de que es el tiempo correcto, y ahora tengo un claro sentir de que es ahora o nunca. Y Dios me ha dado una visión de lo que se supone que debo estar haciendo —hizo una pausa y luego hizo una afirmación dándolo como un hecho—, no lo puedo hacer aquí.

—Bueno, ¿entonces qué vas a hacer, Gabe? ¿Dónde vas a trabajar? Debes tener un plan. ¿Ya tienes una empresa en mente? —como investigador profesional pocas veces se me dificulta hacer preguntas; y este momento no fue la excepción—.

—No voy a trabajar para otra empresa. Voy a *comenzar* mi propia organización. Va a ser sin fines de lucro. Sé que tendré que recaudar fondos para que funcione, pero quiero...

Lo interrumpí.

—¡Pero vas a dejar un gran trabajo! Estás siendo entrenado por un cristiano ampliamente respetado. Te pagan bien. Tienes la oportunidad de ayudar a muchas personas espiritualmente —tratando de persuadir a mi amigo de que lo reevaluara, lo insté—; realmente deberías pensar acerca de esto antes de llevar a cabo un cambio tan grande.

Cuando terminé, Gabe estaba en silencio. *Qué bien* —pensé—. *Está pensando en mi consejo* —sentí un destello de orgullo—. *Fue una respuesta sólida* —razoné—. Después de algunos momentos, rompí el silencio:

—¿Gabe? ¿Estás ahí?

—David —pronunció lentamente mi nombre; y yo podía escuchar su frustración—. He pensado y orado por esto más de lo que te puedes imaginar. Mi familia me respalda. Y lo voy a hacer. Nunca veo hacia atrás cuando tomo una decisión —hizo una pausa—. ¿Me permites explicarte lo que he sentido que Dios me ha estado guiando a hacer?

No podía pensar en mucho que decir más que:

—Sí claro... disculpa.

—Voy a sonar que estoy loco, lo sé, pero quiero ayudar a una nueva generación de líderes a comprender la percepción y la imagen que los jóvenes tienen del cristianismo; lo que la gente realmente piensa de nosotros

—habló de manera reflexiva y determinada—. La gente tiene todo tipo de opiniones sobre nuestra fe, y cada vez que empiezo una conversación con un amigo o un vecino, parece que esas percepciones son increíblemente negativas. Tenemos que aceptarlo: lo que la gente piensa se convierte en su realidad, y aunque quizá no merezcamos todas esas imágenes, algunos de sus pensamientos acerca de nosotros podrían ser reales.

—Bueno, creo que tienes razón acerca de las percepciones negativas —dije, mencionando algunas investigaciones que mi empresa había hecho sobre el tema—, pero ¿qué es lo que crees que puedas hacer?

—Todavía estoy tratando de resolverlo —respondió Gabe—. Creo que la imagen que los jóvenes tienen del cristianismo está en graves problemas. Ellos tienen estereotipos de los cristianos, y nosotros tenemos presuposiciones acerca de ellos. No entiendo como es todo esto en realidad, cómo sucedió o incluso si es algo que se pueda o deba arreglarse. Pero quiero ayudar a comenzar conversaciones y guiar a la gente a empezar a pensar en cómo sortear este gran cisma entre nosotros y ellos.

Luego, mi amigo Gabe pasó un tiempo describiendo sus ideas en mayor detalle.

—Qué increíble —fue todo lo que pude decir—, esa es una gran visión. Ya me conoces; no me gusta verte dejando un gran empleo, pero esta nueva dirección me suena como algo que deberías considerar.

Gabe se rió.

—Ya te lo dije, David, lo *voy* a hacer. No lo voy a considerar.

Yo también me reí al pensar en nuestras diferentes personalidades interactuando entre sí como lo habían hecho tantas otras veces durante nuestra amistad.

—Pero el *cómo* hacerlo es otra cosa. Hay mucho que hacer —dijo mientras su voz cambiaba de tono—. Ah, y tengo una pregunta para ti.

—Dime, ¿de qué se trata? —pregunté, ignorante de la manera en que esta petición le daría forma a los siguientes años de mi vida.

—Voy a recaudar un poco de dinero para financiar un proyecto grande de investigación sobre esto —hizo una pausa para dejar que el momento se quedara flotando en el aire—. Y me gustaría que *tú* hicieras esa investigación.

Así fue como comenzó este libro.

UN VIAJE INESPERADO

Tengo la oportunidad de aprender algo con cada estudio de investigación que mi firma, el Grupo Barna, realiza. No obstante, jamás me habría

CAPÍTULO 1 **EL TRASFONDO**

imaginado lo mucho que Dios utilizaría esta investigación para abrir mis ojos. Al principio, recibí el proyecto porque sentí que podríamos aprender sobre la manera en que los cristianos podrían conectarse con mayor eficacia con las personas fuera de la fe. Si comprendíamos las objeciones de los externos, razoné, probablemente podríamos comunicarnos mejor con ellos. Pero lo que descubrí fue que sus percepciones van más allá de problemas superficiales de imagen. Muchas veces la percepción de los externos sobre el cristianismo refleja a una iglesia infatuada consigo misma. Las percepciones negativas no son solamente "imágenes" conjuradas para devaluar al cristianismo. Sí, los problemas son complejos, y no, no siempre es "nuestra" culpa.

Sin embargo, si no tratamos con nuestra parte del problema, seguiremos fallando en conectarnos con una nueva generación. No somos responsables por las decisiones de los de afuera, pero tenemos que responder cuando nuestras acciones y actitudes —que dan una idea errónea de un Dios santo, justo y amoroso— han alejado a los de afuera. Muchas veces la imagen negativa del cristianismo refleja problemas reales, asuntos que los cristianos necesitan apropiarse y responder por ellos para poder cambiar. Mi propósito al escribir este libro es abrir, como con una palanca de asalto, los corazones y las mentes de los cristianos, para prepararnos a manejar un futuro en el que la gente será cada vez más hostil y escéptica contra nosotros. Una nueva generación está esperando que respondamos.

Hace tres años, cuando Gabe me llamó por primera vez para decirme acerca de su cambio de trabajo, la investigación se me hizo interesante. Pero el equipo Barna tiene el privilegio de realizar una amplia gama de investigaciones fascinantes, así que, francamente, no tenía expectativas demasiado altas para el proyecto. Ya que en su mayoría solamente representaba ¡más fechas de entrega!

A lo largo del camino, Gabe y yo descubrimos que este proyecto cambió profundamente nuestras perspectivas de los que están fuera del cristianismo. Nos sentimos impulsados a compartir con usted estos descubrimientos en este libro. Lo que estábamos aprendiendo con esta investigación comenzó a salir en otros proyectos, escritos y conversaciones. Los artistas pueden decirle que después de una larga sesión creativa, comienzan a percibir el mundo a través de la lente de su medio. La investigación es algo similar para mí. No veo la realidad claramente hasta que no tengo la oportunidad de analizarla a detalle por medio de una investigación cuidadosamente construida.

Lo que comenzó como un proyecto de tres meses, se ha convertido en un estudio de tres años para asirnos de la imagen que Dios estaba revelando a través de la información. En ese proceso, he examinado más de una docena de encuestas representativas a nivel nacional (que reflejan miles de entrevistas) y he escuchado atentamente a las historias de las personas fuera del cristianismo. Un componente importante del estudio fue una serie de entrevistas que hicimos con una muestra representativa de jóvenes entre dieciséis y veintinueve años. También entrevistamos cientos de pastores y líderes de iglesias. Y sondeamos las perspectivas de los cristianos para comprender su manera de pensar sobre los temas y qué tanto estaban en sintonía con el problema de imagen y los conflictos profundamente enraizados que representa. A lo largo de estas encuestas y entrevistas, el Señor con su gracia me ha ayudado a entender en muchos casos las ofensas, confusiones, preguntas, desánimos y decepciones sumamente reales que la gente ha tenido al interactuar con el cristianismo.

No es una imagen agradable.

¿POR QUÉ *CASI CRISTIANO*?

Al utilizar los lentes de la cuidadosa investigación científica que realizamos, lo invito a ver cómo se ve el cristianismo desde afuera. De hecho, el título de este libro, *Casi cristiano*, refleja la reacción más común de los externos a la fe: creen que los cristianos ya no representan lo que Jesús tenía en mente, que el cristianismo en nuestra sociedad ya no es lo que debería ser. Voy a describir esto con mayor detalle en el capítulo 2, pero para mucha gente la fe cristiana se ve desgastada y raída. Admiten que se les dificulta ver a Jesús gracias al bagaje negativo que lo rodea ahora.

Una persona externa al cristianismo procedente de Misisipi hizo esta franca observación: "El cristianismo se ha inflado de seguidores ciegos que prefieren repetir eslóganes a realmente sentir verdadera compasión e interés. El cristianismo ha sido comercializado y racionalizado en una cerrazón de alarmismo que ha perdido su esencia".

Después de miles de entrevistas e incontables horas estudiando a los no cristianos, creo que los de afuera querrían que este libro se llamara *Casi cristiano*. Los jóvenes de hoy son increíblemente sinceros. No se reservan sus opiniones. Quiero capturar las expresiones y puntos de vista de los de afuera en estas páginas. No estoy de acuerdo con todo lo que dicen. No obstante, si voy a ser su guía hacia el corazón y la mente de la gente fuera del cristianismo —si es que realmente quiere entenderlos— me siento impulsado a representar su punto de vista de una manera franca e imparcial, incluso aun y cuando sea incómodo para los que somos cristianos. Para involucrar a los no cristianos y mostrarles a Jesús, necesitamos entender

CAPÍTULO 1 EL TRASFONDO

y acercarnos a ellos con base en lo que realmente piensan, no en lo que asumimos de ellos. No podremos vencer su hostilidad a través de ignorarla. Necesitamos entender su perspectiva sobre nosotros sin adornos. Por lo tanto, este libro refleja las reacciones sin filtrar de los de afuera sobre el cristianismo.

Por eso es *Casi cristiano*.

Aunque algunas de las realidades son incómodas no tengo intención de criticar a los seguidores de Cristo. Para nada. Mi propósito no es agraviar a los cristianos. No van a encontrar nombres de líderes cristianos que hayan cometido errores. De vez en cuando utilizaré una ilustración anónima para mostrar por qué existen algunas de las percepciones negativas. No obstante, el punto no es criticar a nadie en particular. Cada seguidor de Cristo es responsable en cierto grado del problema de imagen (voy a explicar esto más tarde); no ayuda en nada echarle la culpa a los que han cometido errores.

En cambio, por las cosas que podemos influenciar —nuestra vida, nuestra iglesia, la manera en que expresamos el cristianismo a los demás— espero que al ayudarlo a comprender mejor el escepticismo de la gente, su capacidad de amarla incremente, para ofrecerles una esperanza genuina, y verdadera compasión, a través de Jesucristo. Pablo, el escritor más importante del Nuevo Testamento, dice: "El conocimiento envanece, mientras que el amor edifica" (1 Corintios 8:1).

NUEVA DIRECCIÓN

Junto con la descripción de la información y las experiencias recabadas de los de afuera, este libro incluye las reacciones de más de dos docenas de líderes cristianos y pastores, algunos muy conocidos y otros no tanto. A medida que Gabe y yo hablábamos sobre la dirección de este libro, sentimos que usted debería escuchar a estos líderes. Ellos están en la línea del frente, tratando con la hostilidad que enfrenta el cristianismo, y usted debería comprender lo que están haciendo y su manera de pensar. Estos hombres y mujeres, con sus acciones y actitudes, están ayudando a darle una forma nueva a las imágenes negativas. Están ayudando a articular una fe "más bondadosa y amable", que involucre a la gente pero que no ponga en entredicho su pasión por Jesús o su comprensión teológica de Él.

Espero que sea desafiado e inspirado a través de la investigación y los pensamientos de los que colaboraron.[1] La iglesia necesita desesperadamente más personas que faciliten una visión más profunda y auténtica de la fe cristiana en nuestra cultura pluralista y sofisticada.

Antes de entrar en detalle, permítame describirle algunos pormenores importantes acerca de este libro. Primero, déjeme aclarar un poco el lenguaje. El grupo principal que hemos estudiado son "los de afuera", aquellos que ven el cristianismo desde afuera. Este grupo incluye ateos, agnósticos, los afiliados a otra fe que no sea el cristianismo (como islamismo, hinduismo, judaísmo, mormonismo, y demás), y otros adultos que no asisten a la iglesia y que no son cristianos nacidos de nuevo.² Según la investigación, parte del problema es que muchas veces describimos a estas personas con etiquetas y términos derogatorios que ellos encuentran ofensivos. Los cristianos utilizan términos como "paganos" o "los perdidos" o peor. Otras frases que tampoco son adecuadas son "no cristianos" (que los define simplemente por lo que no son) así como "no creyentes" o "buscadores" (etiquetas que no son necesariamente ciertas para todos los de afuera).

Etiquetar a la gente puede socavar nuestra capacidad de verlos como seres humanos y como individuos. No me siento totalmente cómodo con el término "los de afuera", ya que parece clasificar a la gente por el lugar donde no están, pero por causa de la discusión de las percepciones, tenemos que utilizar algo. Y no creo que la mayoría de los de afuera se ofendan por este término, en el sentido en que lo estamos usando.

También voy a utilizar dos términos que se relacionan con las generaciones principales que estudiamos que son los "Busters" (individuos nacidos entre 1965 y 1983) y los Mosaicos (individuos nacidos entre 1984 y 2002). Este libro se centrará principalmente en los "Busters" más jóvenes, principalmente los que tienen menos de treinta, y los Mosaicos mayores, aquellos entre sus últimos años de adolescencia y los veintidós años. En aras de una mayor claridad, a menos que específicamente describa lo contrario, cuando mencione Mosaicos y "Busters", me estoy refiriendo a las personas que en 2007 tenían entre dieciséis y veintinueve años. Tenga en mente que identificar a una "generación" es una herramienta analítica para comprender nuestra cultura y a la gente dentro de ella. Simplemente refleja la idea de que las personas que nacen en cierto periodo son influenciadas por un conjunto único de circunstancias y eventos globales, valores morales y sociales, tecnologías y normas culturales y de comportamiento comunes. El resultado es que cada generación tiene una manera distinta de ver la vida. Reconocer el concepto generacional como una herramienta, más que una definición estricta para cada persona, significa que se espera que haya excepciones.³

Segundo, este libro se basa en la creencia de que Dios quiere que le prestemos atención a los de afuera porque se preocupa por ellos. La Biblia

CAPÍTULO 1 **EL TRASFONDO**

dice que, con paciencia, a todos les da tiempo para volverse a Él (vea 2 Pedro 3:9). Es descrito como un padre que está esperando el regreso a salvo de Sus hijos, aun y cuando lo hayan decepcionado (vea Lucas 15:11-32). Como cristianos, deberíamos tener esta mentalidad hacia los de afuera.

Y a causa de la impresionante cantidad de personas que son los de afuera, necesitamos reconocer sus preocupaciones. Hay aproximadamente veinticuatro millones de personas fuera del cristianismo en este país entre las edades de dieciséis y veintinueve. Es significativo observar que los de afuera se están convirtiendo cada vez menos en un segmento "marginal" de la sociedad estadounidense. Cada generación contiene más que la anterior, lo cual explica su creciente influencia. Por ejemplo, los de afuera solamente son casi un cuarto de los de la Generación de Posguerra (edades entre los cuarenta y dos y los sesenta) y los Mayores (edades entre los sesenta y uno y mayores). Pero entre los adultos Mosaicos y los "Busters", más de un tercio forman parte de esta categoría, un número que incrementa a dos quintos entre las personas de los dieciséis a los veintinueve años en 2007.

Si queremos influenciar a las nuevas generaciones, tenemos que prestarle atención al grupo cada vez mayor de los de afuera.

Los de afuera: una parte creciente de nuestra sociedad

Generación	Edad (2007)	Porcentaje dentro de la generación que son de los de afuera	Tamaño del segmento en los EE. UU.
Mosaicos y "Busters"* jóvenes	16 a 29 años	40%	24 millones
Mosaicos mayores y "Busters" adultos	18 a 41 años	37%	34 millones
Posguerra	42 a 60 años	27%	21 millones
Mayores	61 años en adelante	23%	12 millones

*Este libro se enfoca en el segmento de dieciséis a veintinueve años, que es el sector principal de la generación Mosaica, y la segunda mitad de la cohorte "Buster".

Tercero, el problema de imagen del cristianismo no es meramente la percepción de los de afuera. También los de dentro de la iglesia lo ven —especialmente cristianos en sus veintes y treintas—. No estaba preparado para que la investigación mostrara que los cristianos Mosaicos y "Busters" son escépticos del cristianismo actual. Hay varias razones para ello, las cuáles exploraremos en los capítulos siguientes, pero debemos asir la idea de que los jóvenes en nuestras iglesias también están sintiendo el calor de estas percepciones negativas. Están empezando a traer los mismos desafíos, preguntas y dudas que enfrentan los que están fuera de la iglesia. Es verdad que hay muchos "sabores" de la fe cristiana, y que quizá este fenómeno no domine la sociedad, como algunos de los que están a favor del secularismo declaran. No obstante, todos tenemos que tratar con cantidades masivas de personas que son parte de la tradición cristiana: la inmensa mayoría de los estadounidenses se identifican como cristianos; la mayoría de los adultos en este país dicen que han hecho un compromiso personal con Jesucristo que todavía es importante en su vida; y casi la mitad son personas que asisten a la iglesia y que son relativamente activos. Por supuesto, la profundidad de la fe de la mayoría de los cristianos deja mucho qué desear, pero el hecho es que el cristianismo deja una enorme huella en Estados Unidos.

Usted tiene que mantener en mente el enorme tamaño del cristianismo estadounidense porque parte de la razón de que la gente se agite en contre de la fe cristiana es debido a la posición de influencia real y percibida que ha tenido. No es una buena época para ser parte del equipo favorito. Está en boga ser diferente, no ser estereotipado y ser independiente. El cristianismo no se siente como ninguna de estas cosas.

Como cristianos, tenemos que evitar estar a la defensiva de que el empuje de la cultura le remueva el poder al cristianismo en la sociedad. Este libro nunca defiende que tratemos ser más populares. Nuestra tarea es ser agentes eficaces de transformación espiritual en la vida de la gente, sin importar lo que cueste en tiempo, comodidad o imagen. No obstante tenemos que darnos cuenta de que si la enorme cantidad de cristianos en este país no ha logrado el nivel de influencia positiva que esperaba, no es culpa de la cultura escéptica.

Finalmente, este libro está diseñado para ser un espejo para que usted se vea a sí mismo y a su fe reflejados con mayor claridad. A través de este proceso, Dios me abrió la cortina para que pudiera ver mi propia capacidad de orgullo espiritual y lo a menudo que estar absorbido por mí mismo inhibe mi capacidad para ver a las personas por quienes son y por lo que verdaderamente son. Mi oración es que Dios le revele sus actitudes y estereotipos a medida que medita en esta investigación. Espero que considere con más cuidado la manera tan firme en que la gente rechaza a los cristianos, y se siente rechazada por ellos, y que se levante sintiéndose inspirado con maneras en que puede marcar una diferencia.

Mientras que lo esperado es que la mayoría de los lectores sean cristianos, tengo la esperanza de que los que están fuera del cristianismo consideren que este libro sea positivo, reafirmante y que represente bien sus perspectivas. Si esto lo describe a usted, mi meta es ayudarlo a

CAPÍTULO 1 **EL TRASFONDO**

reconsiderar a la persona de Jesucristo. Los cristianos cometen muchos errores, y muchas veces esos costosos errores y actitudes arrogantes socavan un deseo profundo de que Jesús se vuelva vívidamente real para usted (recuerdo conversaciones en las que he participado en que he dañado parte de la reputación de Dios porque he reducido el mensaje cristiano a una discusión de "quien tiene la razón").

Jesús es mucho más que una prueba lógica. Su vida es el punto inicial donde nuestra vida puede realmente comenzar. Quizá a medida que lea este libro descubra una imagen más completa de Jesús, un Dios trascendente y al mismo tiempo personal que lo ama y lo acepta perfectamente, y que quiere transformarlo y darle a su vida un significado y un propósito profundo. Este es el Jesús que quiero describirle, aún y cuando las acciones y las actitudes de los seguidores de Cristo no siempre lo hayan representado delante de usted.

Aun así, sea usted de los de adentro o de los de afuera, necesita comprender justo lo que las generaciones Mosaica y "Buster" piensan del cristianismo. ¿Está listo para echar una mirada?

2

DESCUBRA LA FE *CASI CRISTIANA*

Hace algunos meses estaba paseando por la sección de libros religiosos de una librería. Al estar allí de pie, revisando los títulos, dos jóvenes y una señorita pasaron por la misma sección. Era obvio que los tres muchachos de veintitantos años no estaban buscando libros. Estaban pasando el tiempo juntos, hablando de la vida y bromeando como los amigos suelen hacerlo.

Yo no estaba particularmente metido en su conversación, ni estaba consciente de lo que estaban hablando hasta que uno de ellos dijo:

—¿Ya vieron esto? ¡Es una Biblia con estuche de metal! —eso me llamó la atención.

La señorita dijo: —¿Qué? ¿De qué estás hablando?

—Sí, miren. Es una Biblia en un estuche de metal.

—¿Qué? ¿Y para qué sirve?

—Cómo rayos voy a saber. Quizá se supone que sea indestructible. Veamos si lo es.

Luego escuché que la Biblia pegó con el piso.

—¡Creo que no! —se rieron, mientras metían de vuelta el maltrecho libro en el librero. Y los vi dirigirse hacia otra parte de la tienda. Su conversación había cambiado a un nuevo tema.

Mi experiencia en la librería ilustra que el problema de imagen del cristianismo es en parte fomentado por las características únicas de dos nuevas generaciones de estadounidenses: los Mosaicos y los "Busters". Los adultos jóvenes disfrutan desafiando las reglas. Son extremadamente —podríamos decir que de manera innata— escépticos. Los jóvenes de hoy han sido el blanco de más publicidad, medios y mercadotecnia que ninguna generación anterior. Y su mentalidad es al mismo tiempo increíblemente conocedora e inusualmente harta.

Obtuve estas conclusiones no únicamente por experiencia personal, sino a través de mi posición estratégica como investigador. Durante mi vida en el Grupo Barna, nuestra firma ha investigado tendencias

CAPÍTULO 2 **DESCUBRA LA FE *CASI CRISTIANA***

sociales, estilos de vida y opinión pública entre más de doscientos mil estadounidenses.¹ En esta cantidad sustancial de información, uno de los hallazgos más consistentes es la brecha entre generaciones, y específicamente la separación entre los que están en sus veintes o treinta y los adultos mayores. Claramente algunas diferencias generacionales tienen que ver con la etapa de la vida: diferencias cronológicas que afectan virtualmente a cada generación al mismo tiempo durante su desarrollo y maduración (como la manera en que la paternidad cambia la perspectiva y estilo de vida de una persona).

No obstante, yo le advertiría que no subestimara la brecha cada vez más ancha entre los jóvenes y sus predecesores. Aquellos que piensan que en su debido tiempo los Mosaicos y los "Busters" van a "madurar" y verse como todos los demás deberían prepararse para que sus expectativas no sean satisfechas.

Más que buscar que se resuelva la brecha generacional, es importante reconocer su existencia, porque nos puede ayudar a entender lo que piensan los Mosaicos y los "Busters" del cristianismo. Déjenme describirles los contornos y complejidades de las generaciones emergentes.

En muchas maneras, los jóvenes perciben el mundo en términos sumamente distintos que lo que se había percibido nunca antes. Por ejemplo, los estilos de vida de los Mosaicos y los "Busters" son más diversos que los de la generación de sus padres, incluyendo preparación académica, carrera laboral, familia, valores y tiempo libre. Los jóvenes no quieren ser definidos por un estilo de vida "normal". Se muestran a favor de una travesía personal y única. Muchos jóvenes no esperan al ser jóvenes adultos casarse o comenzar una familia (ni tampoco más tarde), aunque esta quizá haya sido la expectativa en el pasado.

Tanto para los Mosaicos como para los "Busters", las relaciones son la fuerza impulsora. Ser leales a sus amigos es uno de sus valores más altos. Tienen una fuerte necesidad de pertenecer, usualmente a una tribu de otras personas leales que los conocen bien y los aprecian. Aun así, bajo su conectividad social subyace un fiero individualismo.

Aunque estiman la imparcialidad y la diversidad, son irreverentes y francos. Encontrar maneras de expresarse a sí mismos y su furia es una búsqueda sin fin. Mostrarse escépticos de los líderes, los productos y las instituciones es parte de su codificación generacional (los "Busters" tienden a expresar el escepticismo con una capa de cinismo, y los Mosaicos lo hacen con extrema confianza en sí mismos). No confían en las cosas que parecen demasiado perfectas, aceptando que la vida viene con su ración de desorden, así como experiencias y personas descabelladas.

Los estadounidenses de todas las edades son inundados con diferentes opciones de medios y entretenimiento. Sin embargo, los Mosaicos y los "Busters" consumen más horas de medios de más fuentes que las generaciones anteriores. Muchos disfrutan inmensamente la última película de moda, música, sitio web o tendencia de la cultura pop. Las tecnologías conectan a los jóvenes con la información y entre ellos —e impulsan su expresión propia y su creatividad— en maneras en las que los adultos mayores no llegan a apreciar por completo.

Los jóvenes se involucran en una búsqueda casi constante de experiencias nuevas y nuevas fuentes de motivación. Quieren probar las cosas ellos mismos, desdeñando a los expertos autoproclamados y las presentaciones estilo monólogo o conferencia. Si algo no les funciona, o si no se les permite participar en el proceso, rápidamente se pasan a otra cosa que llame su atención. Prefieren lo casual y cómodo a lo rígido y rebuscado. Ven la vida de una manera no lineal y caótica, lo cual significa que no les importa la contradicción o la ambigüedad. Le pueden decir a alguien lo que esa persona quiere oír, pero luego hacen lo que se les antoja.

La espiritualidad es importante para los adultos jóvenes, pero muchos los consideran solamente un elemento más de una vida exitosa y ecléctica. Menos de uno de cada diez de los jóvenes adultos mencionan la fe como una de sus diez prioridades, a pesar del hecho de que la inmensa mayoría de "Busters" y Mosaicos asistieron a una iglesia cristiana durante sus años en la escuela superior. La mayoría de los jóvenes que estuvieron involucrados en una iglesia cuando adolescentes se desvinculan de la vida de la iglesia y del cristianismo en cierto punto durante su vida adulta, creando un déficit de talento joven, energía y liderazgo en muchas congregaciones. Mientras que este no es un fenómeno únicamente de los "Busters" y los Mosaicos, ya que muchos de la generación de la Posguerra hicieron lo mismo, nuestras investigaciones de seguimiento sugieren que en la actualidad es menos probable que los jóvenes vuelvan más tarde a la iglesia, incluso al convertirse en padres.

Podría seguir (y voy a explorar las diferencias generacionales a lo largo del libro), pero esto nos brinda una idea del contexto en el que las nuevas generaciones piensan del cristianismo e interactúan con él.

ADQUISICIÓN HOSTIL

Una de las diferencias generacionales es una creciente marea de hostilidad y resentimiento hacia el cristianismo. En 1996, nuestra firma publicó el informe "El cristianismo tiene una imagen positiva fuerte a pesar de

CAPÍTULO 2 **DESCUBRA LA FE *CASI CRISTIANA*** 21

contar con cada vez menos participantes activos". El estudio mostró que los estadounidenses, incluso los de afuera, poseían un respeto difundido por los cristianos. Entre los de afuera —ateos o agnósticos, y cuya fe era distinta al cristianismo, o personas que no asistían a la iglesia ni tenían convicciones religiosas firmes— descubrimos que 85% se mostraban favorables hacia el papel de la iglesia en la sociedad y las percepciones de las generaciones más jóvenes reflejaba este hallazgo.

Pero eso era entonces.

Ahora, una década después, la imagen de la fe cristiana ha sufrido un revés importante. Nuestros datos más recientes muestran que los jóvenes de afuera han perdido mucho de su respeto hacia la fe cristiana. En estos días casi dos de cada cinco de los de afuera (38%) dicen tener una "mala impresión del cristianismo actual".[2] Más allá de esto, un tercio de los jóvenes de entre los de afuera dijeron que el cristianismo representa una imagen negativa con la que no les gustaría ser relacionados. Además, uno de cada seis de los de afuera de la fe (17%) indican que él o ella tienen una percepción "bastante mala" de la fe cristiana. Aunque estos críticos fervorosos representan una minoría entre los jóvenes de afuera, este grupo es por lo menos tres veces mayor de lo que era solamente hace una década.

Los de afuera dirigen su escepticismo hacia todo lo cristiano: la fe misma, la gente que la profesa, la Biblia *y* Jesucristo. Francamente, sus sentimientos hacia todo esto se encuentran entrelazados. No obstante, no asuma que cada uno de estos cuatro elementos es considerado en la misma luz, ya que los jóvenes de afuera de la fe tienden a estar más frustrados con las expresiones actuales de cristianismo, seguida por su molestia contra los cristianos.

Sus impresiones sobre la Biblia son mezcladas: la mayoría considera que tiene buenos valores, pero solamente tres de cada diez creen que es confiable en todos los principios que enseña. Y Jesús produce un conjunto interesante de reacciones. Jesús recibe los sentimientos más favorables de parte de los de afuera, pero incluso la claridad de su imagen se ha erosionado entre los jóvenes. Es más probable que crean, sobre otras generaciones, que cometió pecados; e incluso es más probable que crean que la gente pueda tener una vida llena de significado sin Él.

Como el cristianismo es una comunidad tan diversa, nuestra investigación se centró en varias "rebanadas" de la fe cristiana en Estados Unidos. Los cristianos vienen en diferentes formas, así que quisimos examinar los segmentos más importantes y reconocibles. En particular, ¿tendrán los Mosaicos y "Busters" de entre los de afuera reacciones únicas frente a los grupos de cristianos "nacidos de nuevo" o "evangélicos"?

Supimos que los de afuera estaban más familiarizados con la frase "cristianos nacidos de nuevo" que con el término "evangélicos". La gente percibe a los nacidos de nuevo de la misma forma que piensan sobre el cristianismo mismo; la mayoría dice que sus impresiones son indiferentes o neutrales, pero entre los que expresaron alguna opinión, los que opinaron negativamente fueron más que los que pensaban positivamente a razón de más de tres a uno (35% a 10%).

Descubrimos que los de afuera expresan mayor oposición contra los evangélicos. Entre los que estaban al tanto del término "evangélico", sus opiniones son extraordinariamente negativas (49% contra 3%). El rechazo a los evangélicos entre los más jóvenes es abrumador y definitivo. Piénselo de esta manera: hay aproximadamente veinticuatro millones de los de afuera en EE. UU. entre dieciséis y veintinueve años. De estos, casi siete millones tienen una impresión negativa de los evangélicos; otros siete millones dijeron ser neutrales; y diez millones jamás habían escuchado el término "evangélico". Eso deja solamente a medio millón de jóvenes entre los de afuera —de veinticuatro millones— que ven a los evangélicos en una luz positiva.

De qué manera perciben los de afuera a los cristianos evangélicos y nacidos de nuevo

Porcentaje de los de afuera, edades 16 a 29 (N* = 440)

	Cristianismo	Cristianos evangélicos	Cristianos nacidos de nuevo
Conocen o están al tanto de ellos	NA	57%	86%
Tienen una mala impresión**	38%	49%	35%
Tienen una impresión neutral**	45%	48%	55%
Tienen una buena impresión	16%	3%	10%

*Muestra. **Porcentaje de los que están al tanto de cada grupo.

A los encuestados no les proporcionamos una definición de "evangélico" o "nacido de nuevo", simplemente les preguntamos si habían escuchado acerca de los grupos, y, de haberlo hecho, que describieran su opinión. Al sondear las percepciones de estos jóvenes encontramos una gran confusión. Por ejemplo, muchos de los de afuera pensaban que los cristianos nacidos de nuevo eran creyentes que habían dejado la iglesia y que después habían vuelto, por lo tanto, que habían nacido de nuevo. Los evangélicos fueron a menudo confundidos con cristianos que son activistas políticos. Pero más allá de la falta de comprensión de los términos, la mayoría de los de afuera le ponen poca atención a las perspectivas teológicas específicas que tienen los grupos evangélicos o nacidos de nuevo. No me malentienda. La mayoría de los de afuera están familiarizados con la historia del cristianismo: que Jesús es el Hijo de Dios que vino a morir para quitar nuestros pecados si creemos en Él. Como verá más tarde en este libro, la premisa del cristianismo no es un misterio porque la amplia mayoría de los de afuera ha estado en una iglesia cristiana y ha escuchado el mensaje de Cristo.

La razón principal por la que los de afuera sienten hostilidad hacia los cristianos, y especialmente contra los cristianos conservadores, no es por alguna perspectiva teológica específica. A lo que reaccionan negativamente es a nuestro "pavoneo", la manera en que hacemos las cosas y el sentir de importancia que nos damos a nosotros mismos que proyectamos. Los de afuera dicen que los cristianos ladran; y muerden. Los cristianos normalmente no operan en modo agresivo, pero sucede con bastante frecuencia que los demás han aprendido a tener cuidado con nosotros. Los de afuera sienten que no pueden permitir que los cristianos los atropellen.

Una de las revelaciones sorprendentes de nuestra investigación es que la creciente hostilidad contra los cristianos es en mucho un reflejo de lo que los de afuera sienten que reciben de los creyentes. Dicen que su agresión simplemente compagina con las opiniones exageradas y los egos de los cristianos. Uno de los de afuera lo puso de esta manera: "La mayoría de la gente asume que *cristiano* significa ser muy conservador, retraído en su pensamiento, antigay, antiaborto, enojado, violento, ilógico, constructor de imperios, proselitista y que generalmente no puede vivir en paz con los que no creen lo que él cree".

¿POR QUÉ TAN NEGATIVO?

¿Por qué el cristianismo actual inspira reacciones tan poco favorables? Nuestros estudios exploraron la naturaleza de las percepciones sobre el cristianismo; no solamente los pros y los contras, sino la *sustancia* de la manera en que la gente piensa sobre los cristianos y el cristianismo. La meta central no era solamente determinar *si* la gente pensaba negativamente, sino *por qué*. ¿Por qué cosas somos conocidos?

Una revelación crucial continuamente aparecía en nuestra exploración. Al estudiar las impresiones de miles de los de afuera, es claro que los cristianos son principalmente percibidos por lo que rechazan. *Nos hemos vuelto famosos por aquello a lo que nos oponemos, más que por lo que apoyamos.*

Piense de nuevo en el comentario de esta mujer de entre los de afuera.

¿Cuál es su imagen de los cristianos? Mentalidad retraída, antigay, antiaborto, violentos, ilógicos, constructores de imperios, personas proselitistas que no pueden vivir en paz con los demás. Somos conocidos por tener una mentalidad de "nosotros contra ellos". Los de afuera creen que los cristianos no los quieren por lo que hacen, por su apariencia o por lo que creen. Se sienten minimizados, o peor, satanizados, por los que aman a Jesús.

¿Qué tan comunes son estas percepciones? Una cosa es encontrarse con una persona en la calle que dice cosas audaces y ofensivas en contra del cristianismo, pero es otra completamente distinta si estas percepciones definen ampliamente la fe cristiana entre los jóvenes.[3] En nuestras encuestas nacionales descubrimos que las tres percepciones comunes del cristianismo actual son antihomosexuales[4] (una imagen que tiene 91% de los jóvenes de entre los de afuera), criticones (87%) e hipócritas (85%). Estos "tres principales" son seguidos por las siguientes percepciones negativas, abrazadas por la mayoría de los jóvenes adultos: anticuados, demasiado involucrados en la política, fuera de contacto con la realidad, insensibles hacia los demás, aburridos, no aceptan otras creencias y confusos. Cuando piensan en la fe cristiana, estas son las imágenes que vienen a su mente. *Esto es lo que una nueva generación piensa realmente del cristianismo.*

No obstante no todas las reacciones son negativas. Como parte de nuestra investigación, descubrimos que muchos de los de afuera abrazan percepciones favorables del cristianismo actual también. Expresan actitudes en conflicto sobre la fe: mantienen dudas significativas, imágenes negativas y preocupaciones al mismo tiempo que guardan asociaciones positivas. La impresión "favorable" más común es que el cristianismo enseña la misma idea básica que otras religiones; más de cuatro de cada cinco adultos jóvenes de entre los de afuera concuerdan con esta descripción. Tres cuartos creen que el cristianismo tiene "buenos valores y principios", y la mayoría de los de afuera indican que el cristianismo actual es "amigable". Los de afuera quedaron divididos con respecto a las siguientes imágenes: una fe que respetan, una fe que muestra amor por los demás, algo que ofrece esperanza para el futuro y personas confiables. Solamente un pequeño porcentaje de los de afuera cree fuertemente que las etiquetas "respeto, amor, esperanza y confianza" describen al cristianismo. Una minoría de los de afuera perciben el cristianismo como genuino y real, como algo que tiene sentido, y que es relevante para su vida.

Las percepciones del cristianismo que tienen los de afuera

Pregunta: Estas son algunas palabras o frases que la gente podría utilizar para describir una fe religiosa. Por favor, indique si usted cree que cada una de estas frases describe el cristianismo actual.

(N = 440)

	Los de afuera, de 16 a 29 años	
Imagen desfavorable	Mucho	Mucho o un poco
Antihomosexual	66%	91%
Criticón	57	87
Hipócrita: dice una cosa y hace otra	54	85
Demasiado involucrado en la política	46	75
Fuera de contacto con la realidad	37	72
Anticuado	28	78
Insensible con los demás	27	70
Aburrido	27	68
No acepta la fe de otros	22	64
Confuso	19	61
Imagen favorable		
Enseña la misma idea básica que otras religiones	28	82
Tiene buenos valores y principios	26	76
Amigable	18	71
Una fe que respeto	16	55
Muestra amor de manera constante a otras personas	16	55
Ofrece esperanza para el futuro	19	54
Son personas confiables	9	52
Parecen genuinos y reales	11	41
Hace sentido	9	41
Es relevante para mi vida	10	30

¿Cómo es que la gente puede tener imágenes positivas y negativas al mismo tiempo? En balance, los jóvenes poseen sentimientos profundamente ambivalentes acerca de los cristianos y el cristianismo. Sus reacciones a la fe son ampliamente divergentes. Lo que la gente dice acerca del cristianismo depende de sus experiencias y cuándo y dónde se hable con ella. Su aversión se encuentra salpicada a menudo de indiferencia, así como por hostilidad. Mientras que algunos adultos jóvenes son abiertamente hostiles a los cristianos, una reacción igualmente común es querer deshacerse de nosotros.

Cuando los de afuera declaran que somos *casi cristianos*, es un reflejo de este conjunto revuelto de percepciones (predominantemente negativas). Cuando ven que los cristianos no actúan como Jesús, rápidamente concluyen que el grupo merece la etiqueta de *casi cristiano*. Como un archivo digital corrupto o una mala fotocopia, dicen que el cristianismo ya no se encuentra en forma pura, así que lo rechazan. Un cuarto de los de afuera dicen que su percepción principal del cristianismo es que la fe ha cambiado para mal. Se ha descarrilado y que no es lo que Cristo tenía en mente. *El cristianismo moderno ya no parece ser cristiano.*

SEIS AMPLIOS TEMAS

¿Las imágenes negativas que la gente tiene de los cristianos le hacen hervir la sangre? Tenga en mente, que los términos y conceptos que los de afuera nos lanzan vienen cargados. Algunas veces la crítica tiene el propósito de ponernos furiosos, pero no siempre es el caso.

Estos son temas importantes porque muchas veces reflejan de una forma bastante real las maneras en que la comunidad cristiana se ha proyectado erróneamente delante de esta generación escéptica. Este libro explora nuestra investigación en seis temas amplios: los puntos de escepticismo y objeciones más comunes levantados por los de afuera. Estos seis temas van como sigue:

1. *Hipócritas*. Los de afuera nos consideran hipócritas; que decimos una cosa y hacemos otra; y son escépticos de nuestras actitudes morales superiores. Dicen que los cristianos pretenden ser algo irreal, que comunican una imagen pulida que no es correcta. Los cristianos piensan que la iglesia es un lugar para personas virtuosas y moralmente puras.
2. *Demasiado enfocados en los prosélitos*. Los de afuera se preguntan si nos preocupamos genuinamente por ellos. Se sienten como blancos, en lugar de cómo personas. Cuestionan nuestros motivos cuando tratamos de ayudarlos a "salvarse", a pesar del hecho de que muchos de ellos ya han "probado" a Jesús y han experimentado la iglesia antes.
3. *Antihomosexual*. Los de afuera dicen que los cristianos son prejuiciosos y muestran rechazo contra los gays y las lesbianas. Dicen que los cristianos están obsesionados con curar a los homosexuales y en apalancar soluciones políticas en su contra.

4. *Retraídos*. Los cristianos son considerados anticuados, aburridos y fuera de contacto con la realidad. Los de afuera dicen que no respondemos a la realidad de maneras apropiadamente complejas, que preferimos las soluciones y respuestas simplistas. Que no estamos dispuestos a tratar con lo feo y mugroso de la vida de la gente.
5. *Demasiado metidos en la política*. Otra percepción común sobre los cristianos es que estamos exageradamente motivados por una agenda política, que promovemos y representamos los intereses y reclamos conservadores. Los cristianos conservadores muchas veces son considerados derechistas.
6. *Criticones*. Los de afuera consideran que los cristianos son rápidos en juzgar a otros, Dicen que no somos honestos sobre nuestras actitudes y perspectivas acerca de otras personas. Dudan de que realmente amemos a la gente como decimos que lo hacemos.

Los seis capítulos siguientes de este libro explorarán estas seis percepciones cruciales, describiendo la manera en que los de afuera llegaron a estas conclusiones y cómo estas perspectivas afectan su comprensión de Jesús. Cada capítulo también presenta una nueva percepción deseable; una visión bíblica de la manera en que los cristianos deberían ser conocidos. Esta percepción deseable no es un esfuerzo para ser populares o para adaptarnos a los de afuera, sino para ponerlos en contacto con el Jesús transformador, más que con una versión poco cristiana de Él.

Permítame reiterarle que quizá no esté de acuerdo con las opiniones de los de afuera, pero no debería ignorarlas. Tenemos que lidiar con los Mosaicos y los "Busters" tal y como son: sinceros, irreverentes y descarados.

TRASFONDO COMPLEJO

Una de las respuestas a esta investigación que a menudo encontramos es culpar al rechazo espiritual de la gente por las percepciones negativas que tienen del cristianismo. Pero el problema de imagen del cristianismo con las nuevas generaciones no es debido a meramente una resistencia espiritual de parte de los de afuera, aunque a veces esto tiene su papel. Ciertamente es más fácil para la gente razonar su rechazo a Cristo si creen que el cristianismo no merece respeto. Pero estaríamos completamente equivocados si pensáramos que la gente desecha a Cristo por un conjunto simple de factores o solamente para evitar los sentimientos de culpa espiritual. Se sorprenderá de saber, como yo a lo largo de esta investigación, acerca de la frecuencia con la que la aversión de alguien está basada en un conjunto complejo de factores de trasfondo que incluyen los siguientes elementos.

- ☐ Las percepciones no se generan en un vacío o por contacto limitado. La mayoría de los Mosaicos y los "Busters" en Estados Unidos han tenido una inmensa cantidad de contacto con los cristianos y la fe cristiana. La vasta mayoría de los de afuera dentro de las generaciones Mosaica y "Buster" han estado antes en iglesias; la mayoría ha asistido a por lo menos una iglesia durante varios meses; y cerca de uno de cada diez dicen que conocen personalmente a los cristianos, teniendo cerca de cinco amigos que son creyentes.

- ☐ Las impresiones de la gente se han formado a través de un amplio rango de alimentaciones; la experiencia en las iglesias (59% de los jóvenes de entre los de afuera dijeron que esto había influenciado su opinión) y con los cristianos (50%) es la manera más común en la que se ha formado su opinión, seguido por la información recibida de otras religiones (48%) y lo que sus padres les han dicho acerca del cristianismo (40%). En la médula de esto, los jóvenes dijeron haberse formado su opinión acerca de los cristianos con base en sus conversaciones con otras personas, muchas veces con cristianos. Esto es importante porque no solamente significa que tenemos una gran cantidad de responsabilidad en desarrollar muchas de las percepciones que la gente tiene, sino que también sugiere la posibilidad de que nuestras palabras y nuestras vidas pueden cambiar esas imágenes negativas.

- ☐ Los medios "seculares" ciertamente afectan la manera en que los de afuera ven el cristianismo, pero no tanto como se podría pensar. Los libros fueron mencionados por un poco menos que la mitad (44%), seguidos por los medios audiovisuales (cine y televisión: 31%) y la música (16%). Sobre el tema de que los cristianos estén siendo retratados de una manera poco precisa en los medios, únicamente nueve por ciento de los de afuera y solamente un quinto de los jóvenes que asisten a la iglesia (22%) dijeron que el cristianismo ha recibido una mala reputación por culpa de la televisión y las películas. Hay que recordar que los jóvenes no están al tanto de la manera "tácita" en la que los medios le dan forma a su vida. La gente muchas veces menosprecia el papel de los medios en su pensamiento y su comportamiento. No obstante, es importante darnos cuenta de que los jóvenes de entre los de afuera le atribuyen

CAPÍTULO 2 **DESCUBRA LA FE *CASI CRISTIANA***

la imagen que tienen sobre el cristianismo a las conversaciones y experiencias de primera mano.

☐ Los encuentros dolorosos con la fe también han tenido una fuerte influencia sobre lo que una persona piensa del cristianismo. De hecho, descubrimos que un quinto de todos los de afuera, sin importar su edad, admitieron "haber tenido una mala experiencia en una iglesia o con el cristianismo que les dio una imagen negativa de Jesucristo". Esto representa a casi cincuenta millones de residentes adultos en este país —incluyendo a cerca de nueve millones de jóvenes entre ellos— que reconocen tener un bagaje espiritual o emocional importante a causa de una experiencia en el pasado con los llamados seguidores de Cristo. Los líderes de las iglesias no ignoran este asunto. Entre los pastores de las iglesias protestantes, tres cuartos dijeron que muchas veces se encuentran con personas cuyas experiencias negativas han producido barreras importantes en su apertura hacia Jesús.

☐ Ser lastimado por el cristianismo es mucho más común entre los jóvenes que entre los adultos de los de afuera. Tres de cada diez jóvenes de los de afuera dicen haber pasado por experiencias negativas en iglesias y con cristianos. Tales experiencias dolorosas son parte de las historias de casi cada uno de dos jóvenes ateos, agnósticos o con alguna otra fe. Para poner esto en perspectiva, los de afuera que son Mosaicos o "Busters" son dos veces y media más proclives que los de afuera más maduros en decir que las malas experiencias han degradado su imagen de Jesús. Por las razones que sean, en comparación con sus predecesores, los adultos jóvenes están desarrollando mayor resistencia contra el cristianismo en menos tiempo.

¿Cuál es el propósito de enfocarnos en estos factores complejos que moldean las percepciones de los de afuera? Espero poder explicar las razones cruciales por las que los jóvenes están en conflicto con el cristianismo. Han tenido experiencias, frustraciones y heridas sumamente personales, así como conversaciones o confrontaciones devastadoras. Probablemente conozca personas que han pasado por algo parecido. Incluso usted mismo podría haber tenido una de estas experiencias, en la que la gente fue tan poco cristiana, que usted dudó de Jesús. Usted va a encontrar historias como esas a lo largo de este libro. Lo importante que hay que recordar es que estas experiencias han afectado profundamente a los de afuera. Y las cicatrices muchas veces les evitan ver quién es Jesús realmente. Esto debería inspirar nuestra compasión por los que están fuera de las iglesias. Deberíamos motivarnos, no por un sentimiento de culpa, sino por una pasión por ver sus corazones sanados.

JESÚS SECUESTRADO

A medida que trabajemos para cambiar las percepciones negativas de los de afuera, necesitamos evitar el extremo opuesto que es igualmente peligroso. Algunos cristianos responden al negativismo de los de afuera a través de promover una fe menos ofensiva. Las partes poco populares de la enseñanza cristiana son omitidas o no se enfatizan. Secuestran la imagen de Jesús a través de retratarlo como un maestro moral de mente abierta, con un gran corazón y que nunca ofende a nadie. Esa es una idea completamente errónea de Jesús. Él enseñó verdades extraordinariamente difíciles acerca de los seres humanos y del pecado. Uno no puede leer un pasaje como Apocalipsis 19 (cuando su segunda venida es en parte iguales gloriosa y peligrosa) o su tiempo en la tierra (cuando se opuso a los líderes religiosos y habló sin tapujos de las fracturas espirituales de la gente) y no ver el lado fuerte y recto de Jesús. Suavizar o darle una nueva forma al evangelio es una respuesta totalmente equivocada a las objeciones que presenta la gente.

Considere dos importantes razones por las que en la cultura de hoy sucede que se secuestra a Jesús. Primero, las personas conservadoras en su teología son cada vez más consideradas como distantes. Esto lleva a hacerlos parecer imposibilitados para tratar con las preocupaciones, dudas, preguntas y objeciones. Los Mosaicos y los "Busters" son las típicas "generaciones conversacionales". Quieren discutir, debatir y cuestionar todo. Esto puede ser o una fuente de frustración o un interés que se puede utilizar para facilitar niveles nuevos y perdurables de profundidad espiritual en los jóvenes. Los jóvenes de entre los de afuera quieren tener discusiones, pero perciben que los cristianos no están dispuestos a entablar un diálogo genuino. Ven las conversaciones como sesiones de "persuasión" en las que el cristiano descarga tantos argumentos como sea posible.

Los de afuera nos dijeron que la preocupación subyacente de los cristianos muchas veces parece ser más tener la razón que solamente escuchar. Esto hace surgir la implicación de que incluso las respuestas correctas, si son expresadas de una manera poco cristiana, quedan totalmente fuera de sintonía de la generación escéptica. Si los cristianos son percibidos como personas con las que es difícil vivir, y si no responden de maneras piadosas, apropiadas y humildes a las preguntas y dudas de la gente, permitimos que

CAPÍTULO 2 **DESCUBRA LA FE *CASI CRISTIANA***

Jesús sea secuestrado, simplemente a través de dejar nuestra voz fuera de la conversación.

Segundo, en los años por venir, sin mayores alteraciones a la fe casi cristiana, esperamos que el secuestro de Jesús —esta mentalidad de "crea tu propio salvador"— se volverá cada vez más popular entre los adultos jóvenes. Eso es porque los jóvenes cristianos también están experimentando escepticismo sobre las maneras poco cristianas de expresar la fe.

Entre los adultos jóvenes que participan regularmente en una iglesia cristiana: *muchos comparten las mismas percepciones negativas que los de afuera*. Por ejemplo, cuatro de cada cinco personas que asisten a la iglesia dicen que el cristianismo es antihomosexual; la mitad lo describe como criticón, demasiado involucrado en la política y confuso; un tercio cree que la fe es anticuada y fuera de contacto con la realidad; y un cuarto de los cristianos jóvenes creen que es aburrida e insensible hacia los demás. Estas son proporciones importantes de jóvenes *en congregaciones cristianas* que levantan objeciones a las motivaciones, las actitudes y la imagen del cristianismo moderno.

La lucha de los jóvenes que asisten a la iglesia

Pregunta: Estas son algunas palabras o frases que la gente podría utilizar para describir una fe cristiana. Por favor indique si usted cree que cada una de estas frases representa el cristianismo actual.

(de Los de afuera, N = 440; de los cristianos que asisten a la iglesia, N = 305; porcentaje de los que dicen que cada término describe el cristianismo como "mucho" o "un poco")

	Entre estadounidenses de 16 a 29 años	
	Los de afuera	Cristianos que asisten a la iglesia
Antihomosexual	91%	80%
Criticón	87	52
Hipócrita: dice una cosa y hace otra	85	47
Anticuado	78	36
Demasiado involucrado en política	75	50
Fuera de contacto con la realidad	72	32
Insensible con los demás	70	29
Aburrido	68	27
No acepta a los de otra fe	64	39
Confuso	61	44

Aunque los jóvenes cristianos están luchando con la fe casi cristiana, muchos están tratando de sacarle el mejor partido. Un grupo de Mosaicos y "Busters" están sintiendo el embate de la hostilidad en contra del cristianismo, pero siguen trabajando diligentemente para conectar a sus pares con Jesús. Su realismo es aleccionador y alentador. Considere la mentalidad de los cristianos nacidos de nuevo entre los dieciséis y los veintinueve años:

- Una mayoría dijo que al decidir como pasar el tiempo, trataron de escoger actividades que pueden acercar a la gente más a Cristo. Muchos cristianos jóvenes indican que desarrollan amistades de manera intencional con otras personas para que tengan la oportunidad de explicar su fe en Jesús.
- Los jóvenes cristianos nacidos de nuevo se dan cuenta de que la imagen negativa del cristianismo de hecho afecta su relación con sus pares. Dos tercios de los jóvenes cristianos nacidos de nuevo creen que los de afuera tienen una imagen negativa del cristianismo. Otro tercio admite que la manera en que los cristianos actúan y las cosas que dicen hacen que se sientan avergonzados de ser cristianos.
- También son sensibles a la manera en que los cristianos se conectan con un mundo quebrantado y muchas veces se frustran por la imagen pobre que tiene el cristianismo. Escuchamos a muchos jóvenes creyentes decir que en algunas circunstancias rehúyen reconocer que son cristianos. No temen ser poco populares, pero sienten que levantar la bandera cristiana podría de hecho socavar su capacidad para conectarse con la gente y mantener su credibilidad. Este es una acusación importante contra la fe casi cristiana, que para acercar a los de su alrededor más a Cristo, tienen que distanciarse de la "etiqueta" actual del cristianismo. Tienen que apartarse de las maneras poco cristianas de hacer las cosas para conectarse con la gente con la profundidad y el poder del mensaje cristiano.

A pesar de los desafíos que enfrenta el cristianismo, hay buenas noticias. Este proyecto de investigación nos llevó a Gabe y a mí a descubrir a miles de jóvenes que no quieren nada más que elevar la relevancia de Jesús en nuestra cultura. Estos jóvenes creyentes están sumamente preocupados por la manera en que el cristianismo actual luce delante de los de afuera. Ven agujeros en el cristianismo actual, pero no quieren que Jesús sea secuestrado, sea a través de reinventarlo o a través de aquellos cuyas vidas y palabras no representan adecuadamente un Dios santo, justo, compasivo y amoroso. Estos jóvenes cristianos sienten una desconexión entre su vida hoy y la manera en la que Jesús vivió: una misión para traer el Reino de Dios bajo un enfoque preciso a todas las personas, especialmente las que tenían las necesidades más profundas. Estos jóvenes adultos tienen la preocupación de que el mensaje casi cristiano haya llegado a ser de autoconservación de los de adentro, más que de la restauración del mundo.

Un creyente de treinta y cinco años de California lo dijo de esta manera: "Los cristianos se han vuelto tan involucrados en la política, criticones, intolerantes, débiles, religiosos, enojados y fuera de equilibrio. El cristianismo se ha convertido en un lindo paseo dominical. ¿Dónde está el Dios vivo, el Espíritu Santo, el sorprendente Jesús, el amor, la compasión, la santidad? Este tipo de vida, ¡cómo la anhelo!".

Jesús fue llamado amigo de pecadores, incesantemente procurando a los oprimidos. ¡Qué ironía que los seguidores de hoy sean vistos en la luz opuesta! ¿De qué manera la gente puede amar a un Dios que no puede ver, si los que dicen representarlo no responden a los de afuera con amor?

Los jóvenes cristianos están haciendo preguntas como estas porque su deseo para conectarse con los de afuera entra en conflicto con la mentalidad de "nosotros contra ellos".

¿LAS PERCEPCIONES IMPORTAN?

Gabe y yo frecuentemente nos encontramos con la idea de que los cristianos no deberían preocuparse por lo que los de afuera piensen de nosotros. Después de todo, Jesús nos advirtió que el "mundo" nos odiaría. La Escritura incluso promete persecución para los que siguen a Cristo.[5]

Tenga en mente que parte de la razón por la que los cristianos poseen una mala reputación es porque nuestras perspectivas de fe chocan contra la cultura relativista en el aspecto moral. Los Mosaicos y los "Busters" encuentran que las perspectivas cristianas van en contra de su mentalidad de que cualquier cosa es aceptable. Aunque los de afuera no siempre nos entienden, tenemos que tener cuidado de no hacer a un lado la motivaciones bíblicas que contribuyen con esas percepciones. Por ejemplo, los cristianos son conocidos como criticones porque subrayan el pecado y sus consecuencias. Los cristianos deben estar involucrados en la política porque la fe se entreteje en cada aspecto de nuestra vida. Los cristianos deben identificar la conducta homosexual como moralmente inaceptable porque eso es lo que la Escritura enseña. Los cristianos deben estar procurando conversaciones y oportunidades que dirijan al gente hacia

Cristo porque somos representantes del mensaje más importante de la vida. Y los cristianos deben buscar la pureza y la integridad aun y cuando nos haga parecer retraídos.

Como representantes de Cristo, tenemos que comunicar la realidad de que hay un Creador santo que nos mide con un estándar que existe más allá de nuestras vidas finitas y resquebrajadas. Nuestra consciencia de un ser trascendente debería alterar quiénes somos y cómo pensamos.

No obstante, antes de que deseche la percepción poco cristiana de "solamente son cristianos haciendo su deber", hay que darse cuenta de que el desafío es mucho más profundo. El verdadero problema viene cuando reconocemos la santidad de Dios pero fallamos en comunicar el otro lado de su carácter: la gracia. Jesús representa la verdad *y* la gracia (vea Juan 1:14). Abrazar la verdad sin entretejerla con la gracia lleva a un legalismo áspero, así como la gracia sin verdad se degrada a una componenda. Todavía así, el punto importante con base en nuestra investigación es que los Mosaicos y los "Busters" pocas veces ven a cristianos que encarnen servicio, compasión, humildad, perdón, paciencia, bondad, paz, gozo, amabilidad y amor.

¿Debemos preocuparnos por lo que piensen los demás? Gabe y yo comenzamos a darnos cuenta de que la pregunta más importante es: *¿Y si los jóvenes de entre los de afuera tienen razón acerca de nosotros?* ¿Qué falta en nuestro retrato de la fe cristiana para las nuevas generaciones? Si hemos fallado en representar la gracia que Jesús ofrece —si hemos sido malos representantes de un Dios santo y amoroso— entonces, definitivamente, lo que ellos piensen de nosotros importa. Si no hemos sido lo cristianos que debemos, entonces cargamos con la responsabilidad del problema; y con la solución.

Al tratar de entender las reacciones de la gente hacia el cristianismo, hay cuatro razones por las que las percepciones importan.

1. *Lo que la gente piense de los cristianos influencia la manera en que nos responden.* Muchas personas toman una decisión consciente de rechazar el mensaje del cristianismo, o de evitar las iglesias, por su opinión sobre la fe. Las actitudes de la gente impulsan sus acciones. Por ejemplo nuestra firma ha realizado investigación basada en la comunidad local para cientos de iglesias. Muchas congregaciones son percibidas en los mismos términos negativos: criticonas, aburridas, poco sinceras, arrogantes, anticuadas, irrelevantes y demás. Lo que suele ocurrir es que estas imágenes están basadas en experiencias específicas que los de afuera han tenido

con esa iglesia en particular. Así que las imágenes negativas no son inventadas o sin base. Los jóvenes de entre los de afuera han decidido evitar las iglesias y rechazar la relación con el cristianismo porque la fe parece estar en conflicto con el tipo de personas con las que se relacionan.

2. *Lo que las personas piensan acerca de los cristianos nos debería ayudar a seguir objetivos.* Los de afuera nos siguen diciendo que los cristianos no son realistas o transparentes acerca de sí mismos. Una perspectiva importante es "uno es lo que es, no lo que dice que es". No obstante, como cristianos, necesitamos realizar evaluaciones continuas de nosotros mismos para descubrir las maneras en que nuestra vida no refleja de manera precisa lo que profesamos, Entonces podríamos discernir mejor lo que decimos y cómo lo decimos. Quizá podamos darnos cuenta de que la gente no cambia su percepción solamente porque no estemos de acuerdo.

3. *Lo que la gente piensa de los cristianos puede cambiar.* Otra razón por la que los cristianos deberían preocuparse por la imagen de su fe es que las actitudes de las personas están en constante movimiento, particularmente, en una sociedad que es tan fluida y dinámica como la nuestra. Solamente hace una década la fe cristiana no estaba generando una hostilidad intensa como ahora. Si la fe cristiana tiene problemas ahora, el ambiente siempre cambiante significa que tendremos oportunidades mañana de cambiar esas percepciones. Esto no va a suceder si solamente tratamos de hacernos ver bien. La reputación de la fe cristiana nunca debería ser gestionada o manipulada por los medios, pero podemos cambiar la manera en que somos conocidos a través de volvernos más semejantes a Cristo.

4. *Lo que la gente piense acerca de los cristianos refleja sus historias personales.* La fe casi cristiana afecta su vida, quizá más de lo que se pueda dar cuenta. Al interactuar con sus amigos, las etiquetas "hipócrita", "proselitista", "antihomosexual", "retraído", "demasiado involucrado en la política" y "criticón" están soldadas a lo que muchas personas piensan de usted. No le tiene porqué gustar esto, pero es un hecho de nuestro complejo mundo.

Si usted es un pastor, su iglesia tiene que tratar con la imagen del cristianismo cada vez que usted envía un comunicado por correo, en cada instancia en la que usted interactúa con los funcionarios de la ciudad, y cada vez que usted invita a personas que no asisten a alguna iglesia a su congregación. Si usted es un profesional que trabaja en otras industrias como la ciencia, la educación, los medios y demás, su trabajo y su testimonio son afectados por la imagen que la gente conjura en su mente cuando se enteran de que usted es cristiano. Esto es importante porque tanto como quiero ayudarlo a entender los patrones nacionales, es finalmente su responsabilidad interpretar esas tendencias en su contexto y para las decisiones que toma cada día sobre la manera en que le representa el cristianismo a los demás. ¿Hay un equilibrio apropiado en su vida entre gracia y verdad? Jesús estaba preocupado por la reputación de su Padre en los cielos. ¿Y usted? Su vida le muestra a los demás como es Dios.

Si todavía no lo he convencido de preocuparse por la fe casi cristiana, espero que pudiera leer y escuchar las miles de entrevistas que condujimos. Algunas de las historias van a aparecer en este libro, pero los breves fragmentos escritos solamente le brindarán un atisbo de su potencia. Es fácil decir que a usted no le importa que los cristianos sean catalogados como criticones, pero luego usted escucha a una amable y tranquila madre soltera describir lo que los cristianos le dijeron acerca de sus habilidades como madre. Puede defender bíblicamente el hecho de que los cristianos deben estar en contra de la homosexualidad; y luego entrevista a una joven que describe cómo su experiencia en las iglesias la llevaron a creer que los cristianos no tienen absolutamente ninguna compasión o respuestas para su amigo gay.

Si usted tiene sus reservas con respecto a si las percepciones importan, mi petición es que lea estas páginas en oración. Luego pase tiempo escuchando a los de afuera con los que tiene contacto. ¿Qué es lo que ellos han experimentado? ¿Qué piensan de *usted*? La profundidad y fuerza de la fe casi cristiana comenzará a golpearlo, igual que a Gabe y a mí.

UN LLAMADO A DESPERTAR

¿Está comenzando a envolver su corazón y su mente alrededor de todo esto? Millones de jóvenes de entre los de afuera están desconectándose mentalmente y emocionalmente del cristianismo. La población nacional cada vez es más resistente al cristianismo, especialmente a las expresiones conservadoras de nuestra fe en el aspecto teológico. Por supuesto, siempre hemos tenido detractores, pero ahora los críticos de nuestra fe se han vuelto más fuertes y con mayor influencia. Y la aversión y la hostilidad, por primera vez, se están cristalizando en las actitudes de millones de jóvenes estadounidenses. Un enorme segmento de una nueva generación ha concluido que no quiere tener que ver nada con nosotros. Como cristianos, no gozamos de la confianza de la gran mayoría de una generación escéptica.

Esto es difícil de aceptar. Los descubrimientos de nuestras investigaciones son un golpe al estómago de los cristianos, y son particularmente desafiantes para los cristianos conservadores en el aspecto teológico. ¿Se siente a la defensiva, desdeñoso, enojado, desafiado?

Lo insto a que siga adelante conmigo. Hay mucho más que tenemos que entender acerca de los de afuera si es que queremos representar a Cristo de una manera efectiva a esta cultura. Estamos en un punto de quiebre para el cristianismo en Estados Unidos. Si no nos despertamos a estas realidades y respondemos en maneras apropiadas y piadosas nos arriesgamos a ser cada vez más marginados y a perder todavía más credibilidad delante de millones de personas.

Probablemente se pregunte si las cosas están en realidad tan mal. Quizá pocas veces interactúe con jóvenes que parezcan tan negativos. Primero, tiene que darse cuenta de que las experiencias de una persona es una "muestra" pobre para describir a una generación. El esqueleto de este libro está basado en encuestas cuidadosas y científicas, que las hace representativas de la población de la nación. Segundo, su experiencia puede incluir una cantidad desproporcionada de jóvenes cristianos, quienes a pesar de sus propias frustraciones, siguen esforzándose por creer lo mejor de la fe.

RESPUESTA A LA FE *CASI CRISTIANA*

Los jóvenes de entre los de afuera y de entre los cristianos no quieren una vida barata, ordinaria o insignificante, pero su visión del cristianismo actual es justo eso: superficial, antagonista, deprimente. La vida cristiana es considerada tan simplificada y constreñida que una nueva generación ya no la reconoce como una respuesta sofisticada y viable para un mundo complejo. Los jóvenes de entre los de afuera están expuestos a opciones virtualmente infinitas de las cuáles pueden escoger; desde su perspectiva ¿para qué necesitan a Jesús?

Los Mosaicos y los "Busters" merecen más que la fe casi cristiana, y no se van a conformar con nada menos. Y, a diferencia de las generaciones anteriores no nos van a dar tiempo de arreglar las cosas. Si no tratamos con nuestra fe casi cristiana habremos perdido nuestra oportunidad de traer un profundo despertar espiritual a una nueva generación.

Sería fácil para los cristianos desdeñar las críticas de los de afuera citando la Biblia: "El dios de este mundo ha cegado la mente de estos incrédulos, para que no vean la luz del glorioso evangelio de Cristo, el cual es la imagen de Dios" (2 Corintios 4:4).

Pero si los no creyentes pueden perder de vista a Jesús, ¿no sería posible, de hecho probable, que Satanás tratara de degradar los esfuerzos de los cristianos por reflejar a Cristo? ¿No le convendría a él socavar nuestros estilos de vida e incluso nuestros mismos métodos de representar a Jesús, de manera que los de afuera no puedan ver realmente a un Salvador compasivo? Pablo, el escritor de las cartas del Nuevo Testamento a la iglesia en Corinto, incluso hace alusión a esto: "Pero me temo que, así como la serpiente con su astucia engañó a Eva, los pensamientos de ustedes sean desviados de un compromiso puro y sincero con Cristo" (2 Corintios 11:3).

Usted tiene opciones, pero no puede negar la hostilidad, puede refutar sus causas, puede molestar a los cristianos que se están esforzando al máximo por representar a Jesús en un contexto completamente nuevo o puede tratar con la hostilidad cada vez mayor de los de afuera en maneras que honren a Dios. Jesús fue un pionero en este método. Escuchó al Espíritu Santo para poder guiar a la gente hacia el Padre. Se conectó con su cultura y su gente con respeto y amor. Él estaba *en* el mundo pero no era *del* mundo.

Eso no suena para nada como la fe casi cristiana.

Descargue el resumen, en inglés, de la investigación sobre las percepciones del cristianismo presentadas en este capítulo en www.unchristian.com/fermi

3

HIPÓCRITAS

Todos en mi iglesia me dieron consejos sobre cómo criar a mi hijo, pero casi todo el tiempo parecían estar recordándome que no tengo marido; y además, la mayoría de ellos no estaba siguiendo sus propios consejos, lo cual hacía que me fuera difícil interesarme en lo que decían. No estaban practicando lo que predicaban.

Victoria, 24

PERCEPCIÓN: Los cristianos dicen una cosa, pero viven otra completamente distinta.

NUEVA PERCEPCIÓN: Los cristianos son transparentes acerca de sus defectos, actúan primero y después hablan.

¿Qué significa ser un hipócrita?

En la médula de la percepción de que los cristianos son hipócritas yace el debate de lo que significa la hipocresía. En el término más básico, la hipocresía sucede cuando se profesa algo en lo que realmente no se cree. Por ejemplo, no es hipocresía cuando un pastor predica en contra de un pecado con el que está luchando personalmente.

No obstante, si se les pregunta a los Mosaicos y los "Busters", pocas veces le aplican la lógica o definiciones técnicas a sus quejas acerca de la hipocresía. Los hipócritas son personas que tienen doble cara o doble moral. Cualquiera que diga una cosa y parezca hacer otra es sujeto a la etiqueta.

Parte de esto tiene su raíz en la inmersión de una sociedad de espíritu cruel y buscadora de defectos. Habiendo sido el blanco de innumerables anuncios y miles de mensajes y cátedras, los Mosaicos y los "Busters" reconocen los juegos de palabras y son sensibles a los estilos de vida incongruentes. Son escépticos de lo que los demás dicen, incluso cuando tienen pocas razones para ser precavidos.

Nos guste o no, el término "hipócrita" ha quedado fundido con la experiencia de los jóvenes con el cristianismo. Ochenta y cinco por ciento de los jóvenes de entre los de afuera han sido expuestos lo suficiente a los cristianos y a las iglesias como para concluir que el cristianismo actual es hipócrita.[1] Y, como ya señalé, las percepciones negativas también se han infiltrado en las perspectivas de los jóvenes que asisten a la iglesia: la mitad estuvo de acuerdo en que el cristianismo es hipócrita (47%).

Los Mosaicos y los "Busters" dicen que esto es así, no solamente gracias a los fracasos de líderes prominentes que han sido transmitidos a lo ancho de sus pantallas de televisión, sino también gracias a que son prontos en reconocer agujeros en la vida de la gente con la que viven e interactúan.

Jake, de treinta y dos años, uno de los jóvenes de entre los de afuera que entrevistamos. Hizo este comentario: "Mi antiguo pastor solía enseñar bautismo por inmersión, luego consiguió un mejor empleo con los presbiterianos y ahora enseña que el bautismo se puede realizar a través de aspersión. Lo que uno cree depende de donde proviene la paga, creo".

Amber, de veintidós años, dijo que su mamá solía colocarse en las iglesias a las que asistían: "Ella era madre soltera, y nuestra familia necesitaba ayuda. Todavía recuerdo tratando de tener una relación más cercana con los líderes de la iglesia —a través de aparentar ser espiritual— por lo menos eso es lo que yo pensaba de ella. Todavía tengo bastantes dudas de que sea tan espiritual como trata de aparentar que es".

Preston, veintitrés años, es mormón. Este fue su comentario sobre sus amigos cristianos: "El mensaje de hablarle a los mormones con amor parece vacío. Especialmente, cuando los he escuchado hacer chistes sobre nosotros. Sería como exclamar que uno va a alimentar a las personas hambrientas en Etiopía pero luego burlarse de lo delgadas que están... ninguna de las dos me parece graciosa".

Erin, treinta y tres años, dijo que su marido la maltrataba "aun y cuando daba clases sobre la manera en que los maridos deberían amar a sus esposas". Ahora está divorciada, su fe recibió una paliza.

Victoria es una madre soltera de veinticuatro años. Describió el impacto de la hipocresía de esta manera: "Todos en mi iglesia me dieron consejos sobre cómo criar a mi hijo, pero casi todo el tiempo parecían estar recordándome que no tengo marido; y además, la mayoría de ellos no estaba siguiendo sus propios consejos, lo cual hacía que me fuera difícil interesarme en lo que decían. No estaban practicando lo que predicaban". En la actualidad ya no asiste a la iglesia.

CAPÍTULO 3 **HIPÓCRITAS**

Primero, observe que muchos de estos de los de afuera antes eran de los de adentro. Y, segundo, dése cuenta de que lo que ven en los cristianos produce sus ideas acerca de la realidad y la autenticidad de seguir a Cristo. Por nuestras palabras y acciones, ¿estamos mejorando la reputación del cristianismo o sin saberlo somos cómplices en presentar una fe casi cristiana a los de afuera?

¿A QUIÉN LE IMPORTA?

A pesar de la percepción de la hipocresía, esta es una revelación inesperada de nuestra investigación: los Mosaicos y los "Busters" no se sienten tan molestos por la imagen como se podría pensar. Han aprendido a que no les importe. En gran parte porque han llegado a la conclusión de que no se puede contar con la gente, que uno debería esperar ser decepcionado. Me sorprendí de la frecuencia con la que los jóvenes de entre los de afuera dejaban de lado el asunto de la hipocresía. Un ejemplo: "Así es, todos son hipócritas en cierto punto. No es un fracaso general del cristianismo que sus practicantes tienden a las mismas faltas que el resto de nosotros". O este: "La hipocresía es una ocurrencia común en la vida de la mayor parte de la gente. Sucede. Ya suéltalo".

No obstante, de manera más sutil, los jóvenes de entre los de afuera también han llegado a esperar que todos se hagan pasar por ángeles y hacerse ver lo mejor posible. Nuestra cultura considera que tener una buena imagen es una de las metas más altas en la vida. Sea realzar su perfil en MySpace con esa fotografía "perfecta", manipular a sus amigos, cambiar la manera en que la gente piensa sobre ellos para obtener ventaja, decir mentiras blancas para cubrirse o inflar sus credenciales en un currículo, los jóvenes se han vuelto diestros para darle forma a su propia versión de la realidad. Esta mentalidad por preservar la imagen es impulsada en gran parte por el exacerbado individualismo de los "Busters" y Mosaicos. Todo a su alrededor, desde sus padres y maestros a los medios y la mercadotecnia ha reforzado su sentimiento de individualidad y valía propia.

Esta mentalidad impulsada por la imagen y el ego se ha entretejido en la mente y las perspectivas de los jóvenes adultos. Por ejemplo:

☐ Al enfrentar un dilema ético o moral, es más probable significativamente que los jóvenes adultos, más que los adultos mayores, hagan lo que sientan más cómodo o que provoque la menor cantidad de conflicto. Es más probable que los jóvenes adultos crean

con mayor frecuencia que sus predecesores, que algunas veces las reglas se tengan que flexionar para salir adelante.
- ☐ Más de cuatro de cinco jóvenes adultos dijeron que están completamente comprometidos con progresar en la vida, en comparación con tres de cada cinco de los de la generación de la Posguerra.
- ☐ Por un amplio margen, las prioridades en la vida de los jóvenes de 18 a 29 años son ser ricos y famosos. Los objetivos como ayudar a la gente en necesidad, ser un líder en la comunidad o llegar a ser más espiritual tienen mucho menos tracción entre los jóvenes estadounidenses que entre adultos mayores.[2]

Estas estadísticas pintan una imagen clara de los jóvenes. Piense en la manera en que esto se relaciona con su opinión sobre la hipocresía. En la mayoría de los casos, la temida palabra con "H" es percibida como una realidad simple de la vida moderna.

Ven el cristianismo a través de los mismos lentes de "protege tu imagen a cualquier costo". Conforme a sus propias decisiones y prioridades, creen que todos dicen y hacen lo necesario para salir del paso. Mike, de veintinueve años, hizo este comentario: "Uno podría decir que soy muy parecido a los cristianos: Me he vuelto bastante bueno en decirle a la gente lo que creo que quieren oír. Ya veo porqué los cristianos lo hacen. Se quieren ver bien. Creo que no veo realmente el daño en ello".

No lo malentienda: la hipocresía no es considerada un perfil particularmente favorable. Los "Busters" y los Mosaicos no aspiran a ser doble cara ni quieren pasar tiempo con personas hipócritas. Cuando critican a los cristianos por ser hipócritas, no los están excusando. No obstante se han acostumbrado tanto a los agujeros en el estilo de vida de la gente que ya no les sorprende descubrir incongruencias entre sus palabras y acciones.

Esto le da a la crítica de que el cristianismo es hipócrita todavía más potencia. No somos conocidos por la profundidad de nuestra transparencia, por profundizar y resolver problemas de raíz, sino por tratar de proyectar una imagen poco cristiana de tenerlo todo resuelto. Los jóvenes de entre los de afuera creen que más que ser capaces de ayudarlos a abrirse paso por entre el mundo de "la imagen lo es todo", los seguidores de Cristo están jugando *exactamente los mismos* juegos mentales que ellos están jugando. Nos perciben como personas que están empleando las mismas tácticas que todos los demás para conservar una apariencia de fuerza.

EL DESAFÍO DE LA HIPOCRESÍA

¿Cómo y por qué la palabra con "H" socava nuestros esfuerzos como cristianos? Por supuesto, hay ocasiones en que los de afuera simplemente toman "la hipocresía" como una excusa, para esencialmente desviar la atención de su propia decisión de rechazar a Cristo. Esto es como atrapar a alguien con un tecnicismo para sentirse mejor de sí mismo.

Algunos tienen esta reacción al cristianismo, pero quiero explorar un problema más profundo y común: la manera en que la percepción de la hipocresía entre los de afuera ha creado barreras bastante reales para escuchar y entender el mensaje del cristianismo. Con base en lo que hemos aprendido en nuestra investigación, creo que los cristianos pueden cambiar su reputación en maneras apropiadas.

Por supuesto, durante su tiempo en la tierra, Jesús también experimentó crítica. Pero las percepciones negativas que inspiraba parecían ser fundamentalmente distintas de aquello con lo que tenemos que tratar en Estados Unidos en la actualidad. Me imagino que era mucho más probable que Jesús y sus primeros seguidores hayan sido considerados lunáticos, radicales, rebeldes y sectarios que hipócritas.

La percepción hipócrita es más aguda no cuando una religión se encuentra en los márgenes de la sociedad, sino cuando se ha convertido en una parte dominante de la cultura. En la época de Cristo, eran los religiosos los que podrían ser considerados hipócritas con mayor probabilidad. Jesús aparta su condenación más aguda para los individuos que se creían ser justos, aquellos que se sentían seguros en su ropaje religioso (descrito en Mateo 23): "Así también ustedes, por fuera dan la impresión de ser justos pero por dentro están llenos de hipocresía y de maldad" (v. 28). Y este: "Limpian el exterior del vaso y del plato, pero por dentro están llenos de robo y de desenfreno" (v. 25).

En su crítica a estos líderes, de hecho Jesús señala la manera en que la hipocresía profunda produce barricadas espirituales: "¡Ay de ustedes [...] hipócritas! Les cierran a los demás el reino de los cielos, y ni entran ustedes ni dejan entrar a los que intentan hacerlo" (v. 13).

Piense en los jóvenes que le presenté en este capítulo: Jake, Amber, Preston, Erin y Victoria, y en las decenas de miles que sus historias representan. Nuestra investigación sugiere que la hipocresía has sido por lo menos en parte responsable de que hayan sido separados del propósito de Dios en su vida.

BRECHAS EN EL ESTILO DE VIDA

¿Entonces, cómo fue que los cristianos adquirieron una imagen de hipocresía en Estados Unidos? Comencemos con la razón más obvia: nuestra vida no compagina con lo que creemos. En muchas maneras, nuestro estilo de vida y perspectiva no es distinta de cualquiera a nuestro alrededor.

En un estudio conducido por nuestra firma, exploramos más de cien variables relacionadas con los valores, conductas y estilos de vida, incluyendo los aspectos religiosos y no religiosos de la vida. Comparamos a los cristianos nacidos de nuevo con adultos que no lo son. Descubrimos que los nacidos de nuevo son distintos en algunas variables religiosas, siendo las más notorias poseer más Biblias, ir a la iglesia más seguido y donar dinero a organizaciones religiosas sin fines de lucro (especialmente a una iglesia). Sin embargo, cuando hablábamos de factores no religiosos, la *sustancia* de las decisiones, acciones y actitudes diarias de la gente, había pocas brechas significativas entre los cristianos nacidos de nuevo y los no nacidos de nuevo. Los cristianos resultaron ser distintos en los aspectos que la gente podría esperar: en algunas actividades y compromisos religiosos; pero no en otros aspectos de la vida.[3]

Uno podría pensar que simplemente me estoy refiriendo al amplio grupo que se llaman a sí mismos cristianos, y que representan a cuatro de cada cinco estadounidenses. De hecho, estoy hablando acerca de cristianos nacidos de nuevo, un grupo con una definición más estrecha, representado en dos de cada cinco adultos en todo el país. Es importante que comprenda la manera en la que definimos a estas personas. En nuestra investigación no le preguntamos a la gente si se consideran ser nacidos de nuevo. Sondeamos la naturaleza de su compromiso y su creencia en Jesucristo mediante preguntas. Di mi definición en el capítulo 1, pero permítame repetirla aquí. Para ser clasificado como un cristiano nacido de nuevo, una persona tiene que decir que él o ella ha hecho un compromiso personal con Jesús que todavía es importante y que esa persona cree que se irá al cielo al morir porque ha confesado sus pecados y ha aceptado a Cristo como Salvador. Y punto. Después de terminar la encuesta, ponemos a la gente en la categoría de nacidos de nuevo con base en su respuesta a estas preguntas. No es una solución perfecta, solamente Dios conoce el corazón de la gente, pero es un método para entender y examinar al grupo de personas que ha profesado la fe en Cristo y confesado su propia naturaleza pecadora.

En casi cada estudio que condujimos, que representan miles de entrevistas cada año, los cristianos nacidos de nuevo fallan en exhibir mucha evidencia en sus actitudes o comportamientos, de vidas transformadas. Por ejemplo, con base en un estudio publicado en 2007, descubrimos que la mayoría de las actividades del estilo de vida de los cristianos nacidos de nuevo eran equivalentes a las de los que no eran nacidos de nuevo. Cuando se les pedía que identificaran sus actividades a lo largo de los últimos treinta días, los creyentes nacidos de nuevo tenían las mismas probabilidades que los de afuera de apostar o jugar juegos de azar, visitar un sitio web pornográfico, o tomar algo que no les pertenecía, consultar a un médium o a un psíquico, pelear o maltratar a alguien físicamente, haber consumido suficiente alcohol para ser declarados borrachos legalmente, haber utilizado una droga legal sin receta, haber dicho algo a otra persona que no fuera cierto, haberse vengado de otro por algo que dijo o hizo, y haber dicho cosas crueles a espaldas de otra persona.[4]

Ninguna diferencia.

Un estudio que condujimos examinó la participación de los estadounidenses en algún tipo de conducta sexualmente inapropiada, incluyendo ver pornografía por la Internet, revistas o películas sexualmente explícitas o tener un encuentro sexual fuera del matrimonio. En total, descubrimos que 30% de los cristianos nacidos de nuevo reconocieron haber realizado por lo menos una de estas actividades en los últimos treinta días, en comparación con 35% de otros estadounidenses. En términos estadísticos prácticos, esto significa que los dos grupos no tienen diferencia alguna esencial. Si estos grupos de personas estuvieran en dos habitaciones separadas y se le pidiera que determinara con base en su estilo de vida, cuál habitación contenía a los cristianos, pasaría grandes dificultades para encontrar alguna diferencia,

Para darle una visión equilibrada de la información, hubo un puñado de aspectos que mostraron una ligera divergencia en su comportamiento. Por ejemplo, los cristianos nacidos de nuevo habían sido menos proclives a utilizar malas palabras en público (26% contra 38%) o haber comprado un boleto de lotería (26% contra 34%) en los últimos treinta días. El reciclaje fue menos común entre los cristianos nacidos de nuevo (68% contra 79%), pero pudieron decir ligeramente con mayor frecuencia que habían ayudado a una persona pobre o indigente en su comunidad (53% contra 45%). Esto representa una mezcla de buenas y malas noticias: hay algunos aspectos distintivos, pero en términos prácticos, estas diferencias no son bastante pronunciadas. Nuevamente, si se le pidiera que reconociera a los cristianos con base en estos factores solamente, la presencia o ausencia de estas conductas no hubiera sido de gran ayuda.

Esto es a lo que se reduce todo lo anterior, y creo que es uno de los descubrimientos más importantes de nuestra investigación para este libro: entre los jóvenes de los de afuera, *84%* dicen conocer personalmente por lo menos a un cristiano comprometido. No obstante, solamente *15%* consideraron que el estilo de vida de los seguidores de Cristo era significativamente distinto a la norma. Esta brecha nos dice mucho.

Pocos jóvenes de entre los de afuera ven una diferencia en el estilo de vida cristiano

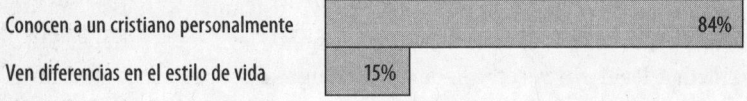

Para el observador casual, es demasiado fácil llamarnos hipócritas, porque, bueno, muchas veces llenamos el saco. No estoy tratando de golpear a los cristianos nacidos de nuevo; me perturba profundamente que nuestro testimonio —incluyendo el mío— rebaje la imagen de Jesús. Por supuesto que hay millones de cristianos nacidos de nuevo que son personas extraordinarias, transformadas por su fe, sirviendo a sus comunidades y cambiando la vida de la gente a su alrededor. El testimonio de estos individuos singulares lo confundimos a menudo con el resto de nosotros, así como muchos otros estadounidenses que se identifican de muchas maneras con la fe cristiana, pero que no siguen a Cristo y todo lo que él exige.

Así que no podemos simplemente desdeñar la crítica por la hipocresía diciendo: "Los cristianos no son perfectos; son pecadores como todos los demás". Sea verdad o no, los adultos jóvenes han visto nuestro estilo de vida y han escuchado nuestras excusas, y todavía nos identifican con la etiqueta de "hipócritas".

Esa es solamente la mitad del problema.

¿CUÁL ES EL MENSAJE?

Hay un giro inesperado: una razón más profunda por la que existe la percepción de hipocresía. No es solamente nuestro estilo de vida lo que nos ha metido en problemas; *es la misma manera en que comunicamos las prioridades de ser cristiano*. El mensaje más común que la gente escucha de nuestra parte es que el cristianismo es una religión de reglas y normas. Piensan en nosotros como hipócritas porque nos están midiendo con nuestros propios estándares.

La investigación más fascinante que hicimos sobre esto es un estudio reciente en el que le pedimos a adultos cristianos que identificaran las

CAPÍTULO 3 **HIPÓCRITAS** 47

prioridades que los cristianos procuran, en términos de su vida personal. No sugerimos respuestas; los encuestados podían mencionar cualquier cosa que les viniera a la mente.

¿Sabe cuál fue la respuesta *más* común?

Era el estilo de vida: ser buenos, hacer lo correcto, no pecar.

Los cristianos describen la prioridad de su fe en estos términos. Es verdad que Cristo nos llama a ser personas diferentes, lo cual se debe reflejar en nuestro estilo de vida, así que el hecho de que la gente esté mencionando estas cosas no está inherentemente mal. La Escritura es clara en señalar que debemos darle prioridad al "fruto" o a los resultados de la vida de las personas como una medida de su fe (Juan 15:1–8). El escritor Santiago señala que sin una manera de medir la realidad de nuestra fe (nuestras obras), la fe no es más que una serie de creencias vacías (Santiago 2:20-26). Recuerde que la transformación espiritual significa volverse más como Cristo, lo cual incluye tanto vivir de una manera santa como tener la humildad de admitir que no somos buenos o santos de manera innata.

No obstante, dada la percepción tan difundida de que los cristianos son hipócritas, quiere decir que "ser buenos" es la manera principal en que definimos lo que es ser un cristiano. También es aleccionador ver lo importante que son otras pasiones de un seguidor de Cristo en la lista de prioridades. La prioridad de "ser buenos" fue mencionada con mayor frecuencia que el discipulado: aprender de la Biblia y acerca de Cristo. Fue mencionada con mayor frecuencia en la definición de ser cristiano que evangelismo, adoración o cuidar de sus relaciones. Servir a otros y a los pobres fueron identificados como una preocupación importante solamente por un quinto de los creyentes. Los pensamientos de mayordomía o de fomentar la fe familiar fueron casi inexistentes en las prioridades de la fe.

La investigación también señaló que los indicadores del "estilo de vida de ser bueno" son más importantes para los cristianos nacidos de nuevo mayores de cuarenta (41%) que para los creyentes Mosaicos y "Busters" (23%). Como esta es una pregunta nueva que nunca habíamos hecho en nuestras encuestas antes, no sabemos si los cristianos se enfocan más en la pureza a medida que envejecen, o si es una diferencia generacional real (esto es, que los de la Posguerra siempre hayan estado más enfocados en el estilo de vida de ser bueno). Pero sí sugiere que los cristianos Mosaicos y "Busters" enfrentan a una generación de creyentes mayores que le adjudican una alta prioridad a evitar el pecado como una medida de fe. En un momento veremos lo difícil que se les está haciendo vivir de acuerdo a esos estándares.

El hecho de que el estilo de vida de ser bueno es la prioridad más común de los cristianos sugiere una dificultad relacionada: la tentación de dar una impresión falsa de santidad. Cuando evitar el pecado es la preocupación principal y no es equilibrada con otras prioridades importantes de la fe, establece condiciones en las que proyectamos una imagen de tener todo resuelto. Queremos vernos como si ya hubiéramos domado nuestra lucha con el pecado. Primera de Juan 1:8 dice: "Si afirmamos que no tenemos pecado, nos engañamos a nosotros mismos y no tenemos la verdad".

La prioridad de ser una buena persona

Pregunta: ¿Cuál diría usted que son las dos o tres prioridades que los cristianos deben procurar en términos de su fe?

	Cristianos nacidos de nuevo
Estilo de vida: hacer lo correcto, ser bueno, no pecar	37%
Discipulado: aprender acerca de Cristo, conocer la Biblia	31
Evangelismo: explicar o compartir mi fe; llevar a otros a Cristo	25
Adoración: adorar a Dios, cantar	25
Relaciones: amar a los demás, hacer y conservar amigos	23
Servicio: ayudar a otros, ayudar a los pobres, servir a la gente	18
Mayordomía: dar dinero, tiempo o recursos a otros, bendecir a otros	4
Fe familiar: discipular a sus hijos, moldear la fe de la familia	1
Otros	2
No están seguros	10

La evidencia de que los cristianos nacidos de nuevo le den tanta prioridad a "evitar el pecado" es fascinante. Primero, dése cuenta de que la mayoría de los estadounidenses creen que se pueden ganar un lugar en el cielo si hacen suficientes cosas buenas para los demás o si son personas decentes. Un tercio de las personas que califican como cristianos nacidos de nuevo abrazan también esta idea. Estos es: incluso entre la gente que cree que ha sido salvada personalmente por la fe en Jesús, piensa que la salvación es una prueba de opción múltiple, con muchas posibilidades razonables; o sea, mientras creen que su propio destino espiritual está seguro a través de la fe en Cristo, también creen que los demás *podrían* salvarse a través de ser buenas personas o por la benevolencia de Dios.

Segundo, también podemos considerar las opiniones de los que asisten a la iglesia para obtener evidencia. En un estudio que condujimos para el ministerio Freedom in Christ, exploramos las perspectivas de los que asistían a la iglesia en un mes típico. Más de cuatro de cada cinco estuvo de acuerdo en que la vida cristiana se describe mejor como "esforzarse por cumplir con lo que Dios manda". Dos tercios de los que asisten a la iglesia dijeron que "las reglas rígidas y los estándares estrictos son una parte importante de la vida y la enseñanza de mi iglesia". Tres de cada cinco de los que asisten a una iglesia en Estados Unidos sienten que "no pueden cumplir con los estándares de Dios". Y un cuarto admitió que sirven a Dios por un sentimiento de "culpa y obligación más que por gozo y gratitud". De hecho, estas son las frases que utilizamos en nuestras encuestas, lo cuál lo convierte en algo bastante sorprendente ver cómo muchos de estos términos tienen eco en las personas que asisten a la iglesia.

Nuestra pasión por Jesús debería resultar en estilos de vida morales que honren a Dios y no al revés.

ESTEREOTIPOS MORALES

Ahora bien, esta es la manera en que esta discusión se relaciona con los de afuera. Uno de los resultados fascinantes de esta mentalidad se refleja en los estereotipos que tienen los cristianos de los de afuera. Nuestra investigación muestra que los cristianos creen que la razón principal por la que los de afuera han rechazado a Cristo es que no pueden manejar los rigurosos estándares de seguir a Cristo. Aquí hay cierto matiz que les permite a los cristianos sentirse que son mejores que otras personas, más capaces de ser santos y sin pecado. Razonamos que los de afuera no quieren convertirse en seguidores de Cristo porque no tienen lo necesario.[5]

La verdad es que pocos de los de afuera dicen evitar el cristianismo a causa de que los estándares morales sean tan restringidos. Solamente un cuarto de jóvenes de entre los de afuera están convencidos de que el cristianismo limitaría su estilo de vida y sus opciones en la vida. Más bien, los de afuera dijeron que nunca se convertirían en un seguidor de Cristo por otra cantidad de razones: porque nunca lo han pensado, porque no están interesados particularmente en la espiritualidad, por que ya están comprometidos con otra fe o porque son repelidos por los cristianos.

Cuando la principal manera a través de la cual medimos nuestra fe está basada en el estilo de vida de ser buenos, es fácil asumir que el ingrediente que le falta a los de afuera es una vida moral y de virtud. Nuevamente, los asuntos morales no son prioridades inherentemente equivocadas. Dios se preocupa profundamente por nuestras acciones, tal como nosotros deberíamos hacerlo. Sin embargo, ¿no parece como que nuestras prioridades están al revés?

El evangelio —las Buenas Nuevas de Jesús— es que Dios nos ha librado del esfuerzo infinito de tratar de cumplir con los estándares de Dios, ya no hablemos de las expectativas de otros seres humanos. En una cultura en la que los valores morales se están deslizando junto con una nueva generación, asumimos que la mejor manera de enderezar el barco es arreglando lo moral.

En este contexto, ¿por qué cosa son conocidos los cristianos? Los de afuera piensan de inmediato en nuestras moralinas, nuestros juicios condenatorios y nuestros intentos por establecerle límites a todo. Aun y cuando estos estándares son precisos y bíblicos, parecen ser todo lo que tenemos que ofrecer. Y nuestra vida es un anuncio pobre de estos estándares. Hemos arreglado el tablero para registrar los puntos por nuestro estilo de vida santo; y luego nos sorprendemos de ser atrapados por nuestros propios errores. La verdad es que nosotros somos los que hemos convocado a la imagen hipócrita.

Pablo uno de los escritores del Nuevo Testamento, específicamente les advierte a los primeros cristianos que al tratar de ser buenos por sus propios esfuerzos fracasarían. "¿Tan torpes son? Después de haber comenzado con el Espíritu, ¿pretenden ahora perfeccionarse con esfuerzos humanos? [...] Cristo nos libertó para que vivamos en libertad. Por lo tanto, manténganse firmes y no se sometan nuevamente al yugo de esclavitud" (Gálatas 3:3; 5:1).

Luego Pablo enfatiza su punto en términos bastante claros: "Les hablo así, hermanos, porque ustedes han sido llamados a ser libres; pero no se valgan de esa libertad para dar rienda suelta a sus pasiones. Más bien sírvanse unos a otros con amor. En efecto, toda la ley se resume en un solo mandamiento: «Ama a tu prójimo como a ti mismo.» Pero si siguen mordiéndose y devorándose, tengan cuidado, no sea que acaben por destruirse unos a otros" (Gálatas 5:13-15).

La fe casi cristiana —hipócrita, criticona y llena de esfuerzos morales vacíos— ¡es sobre lo que Pablo les advirtió a estos lectores! Y es parte de la razón por la que somos conocidos como hipócritas.

UN VISTAZO INTERNO

Otra razón por la que debemos preocuparnos por el tema de la hipocresía es que los jóvenes en nuestras iglesias están mostrando grietas enormes en sus perspectivas morales. A pesar de haber sido expuestos a enseñanzas sobre moral y ética —más que sobre ningún otro tema— los jóvenes que asisten a la iglesia no parecen estar captando el mensaje. Mientras que los creyentes mayores son tentados a comunicar el cristianismo principalmente como estándares para un estilo de vida santo, los creyentes jóvenes están luchando con la pureza. Los Mosaicos y los "Busters" están enfrentando dificultades importantes con sus licencias morales y de carácter, incluso dentro de la iglesia.

En algunas maneras, este es el típico juego de tirar la cuerda entre generaciones, pero hay nuevos niveles de tensión. En nuestros estudios, descubrimos que los cristianos jóvenes abrazan que muchas de las conductas que los creyentes mayores rechazan rotundamente podrían ser aceptables. Por ejemplo, una mayoría de adultos nacidos de nuevo en sus veintes y treintas creen que el juego, la cohabitación y las fantasías sexuales son aceptables moralmente. También hay brechas inmensas entre los cristianos jóvenes y los mayores cuando se trata de si es aceptable el sexo fuera del matrimonio, la profanidad, la borrachera, la pornografía, las relaciones sexuales entre personas del mismo sexo y el uso de drogas legales sin receta. Los únicos dos aspectos en los que los cristianos nacidos de nuevo mayores y jóvenes tiene una similitud estadística son en la opinión del aborto y el uso de la palabra más ofensiva en inglés en TV.[6]

Los cristianos jóvenes hacen las cosas a su manera

	"Busters" nacidos de nuevo (23–41)	Adultos mayores nacidos de nuevo (42+)
	Porcentaje de creyentes que creen que cada uno es moralmente aceptable	
Cohabitación	59%	33%
Juegos de azar	58	38
Pensamientos sexuales y fantasías sobre alguien	57	35
Sexo fuera del matrimonio	44	23
Decir malas palabras	37	17
Emborracharse	35	13
Ver imágenes de desnudez o comportamiento sexual explícito	33	19
Abortar	32	27

	"Busters" nacidos de nuevo (23–41)	Adultos mayores nacidos de nuevo (42+)
	Porcentaje de creyentes que creen que cada uno es moralmente aceptable	
Tener relaciones sexuales con personas del mismo sexo	28	13
Consumir drogas sin receta	16	8
Permitir que se transmita la palabra más ofensiva del idioma inglés por TV	7	6

Es fascinante ver que el lenguaje indecente en televisión —el aspecto en el que virtualmente todos están de acuerdo en que está mal— es quizá el *menos* conectado con los asuntos del corazón. De todos los problemas morales que se abordaron, los cristianos son más reticentes a las malas palabras por televisión, mientras que se dan licencia moral en muchos otros aspectos de la vida.

Este es otro punto interesante de comparación: solamente 5% de los "Busters" nacidos de nuevo dicen que hace poco le hicieron a alguien la señal del "dedo". Pero comparado con esta seña vulgar, los jóvenes *cristianos nacidos de nuevo* fueron *tres veces* más proclives a tener sexo fuera del matrimonio en el último mes (18%), *cinco veces* más proclives a emborracharse (24%), y *cinco veces* más proclives a haber comprado un boleto de lotería (25%). Levantan el dedo medio con *mucho menos* frecuencia de lo que usan malas palabras en público (36%), ven contenido explícito en una revista o película (36%), o hablan mal de los demás (40%).[7]

Me duele hablar de esta investigación porque no es halagadora para los jóvenes de las iglesias, no obstante, tenemos que ser realistas acerca de la instantánea de la vida que es proyectada por los "Busters" nacidos de nuevo. Los jóvenes —incluso en las iglesias— están redefiniendo las reglas morales y sexuales. Esto le da a la percepción casi cristiana todavía más potencia, porque muchos creyentes jóvenes están viviendo su fe cristiana con una enorme laxitud moral.

Esto produce un doble riesgo: los creyentes nacidos de nuevo mayores quizá están enfatizando el estilo de vida santo y evitando el pecado como un medio de medir la madurez de su fe, pero el comportamiento y las perspectivas de los cristianos jóvenes solamente intensifican la percepción de que los cristianos son hipócritas. Los cristianos mayores nacidos de nuevo necesitan considerar con más cuidado lo que Jesús enseña, que la madurez espiritual es demostrada en la vida como *resultado* de la condición del corazón y el alma de la persona, el comportamiento sigue a la creencia. Y los cristianos nacidos de nuevo más jóvenes necesitan hacer una evaluación honesta de su vida y darse cuenta de que son cada vez más un testimonio pobre de una vida y una mente transformadas por su fe. Abrazar la integridad personal y rechazar las componendas a la pureza personal son metas cruciales para los creyentes jóvenes. No podemos tener la esperanza de quitarnos la etiqueta de hipocresía si nuestros estilos de vida no ofrecen prueba del "fruto" de nuestra semejanza a Cristo. Estas son realidades duras en qué pensar, pero debemos hacerlo si esperamos cambiar nuestra reputación de casi cristianos a cristianos.

CAMBIAR DE VELOCIDAD

Otro antídoto significativo para la hipocresía (además de la integridad y la pureza) es la transparencia. En cierto nivel, la hipocresía está fallando en reconocer las inconsistencias de nuestra vida. Eso es negación. Es, como la Biblia lo describe, tratar de remover la paja del ojo de alguien más cuando uno tiene una viga en el propio. Vivir con integridad comienza con ser transparente.

Los jóvenes en estos días hablan acerca de la necesidad de autenticidad, para "mantenerlo real" y no pretender ser algo que uno no es; ser abierto acerca de los errores propios. Los jóvenes están buscando este tipo de persona, este tipo de estilo de vida. En una encuesta descubrimos que "hacer lo que uno dijo que iba a hacer" estaba entre las características más admiradas por los jóvenes.

¿Se da cuenta de que algunas de las empresas más importantes de Estados Unidos ahora están publicando de manera intencional sus imperfecciones, algunas veces incluso señalando en sus anuncios la visión sin adornos que los clientes tienen de su marca? Ford hizo una serie de películas para la Internet que describen algunos de los desafíos que enfrenta la empresa. Están tratando de conectarse con personas escépticas a través de ser directos y claros acerca de la manera en que los consumidores se sienten realmente. La portada de abril de 2007 de la revista *Wired*, una revista que versa sobre las tendencias de la tecnología, ostentaba el encabezado "Desnúdese y... gobierne al mundo". La historia explicaba la tendencia de esta manera: "Las empresas inteligentes están compartiendo secretos con sus rivales, publicando comentarios diarios en la Internet desde su producción, incluso admitiendo sus fracasos. El nombre de este nuevo juego es Transparencia Radical, y está barriendo con las salas de juntas a lo largo de la nación".

¿Los cristianos aprenderán la lección? Deberíamos ir a la cabeza. La transparencia simplemente significa admitir lo que la Biblia dice sobre nosotros: somos personas caídas que necesitamos desesperadamente a Dios en nuestra vida; todos los días. David Crowder canta acerca de esto en la canción "Rescue is coming" [Viene el rescate]: "Hay una oscuridad en nuestra piel; nuestra cubierta se está luyendo". Romanos 12:3 dice que deberíamos pensar con moderación acerca de nosotros mismos, midiendo nuestro valor con los propósitos de Dios para nuestra vida. Transparencia no solamente significa tratar de actuar correctamente, sino ser honestos acerca de nuestra propia vida; incluso ser abiertos sobre los problemas y los estilos de vida que hemos creado.

Este es un ejemplo: Josh, uno de mis compañeros de cuarto en la universidad, es pastor en la zona de Los Ángeles. Se propuso hacer una serie de pláticas durante cinco semanas llamada "Confesiones de una iglesia pecaminosa". Algunos de los líderes en su iglesia necesitaron un poco de labor de convencimiento, pero lo hizo. Para promover los eventos, su equipo repartió tarjetas tamaño postal en los campus de las universidades locales.[8] La tarjeta decía:

> 5 de abril—Disculpa 1: Sentimos mucho nuestra hipocresía y hacernos pasar como justos.
>
> 12 de abril—Disculpa 2: Sentimos mucho haber respaldado la esclavitud.
>
> 19 de abril—Disculpa 3: Sentimos mucho nuestro maltrato hacia los homosexuales.
>
> 26 de abril—Disculpa 4: Sentimos mucho las cruzadas medievales.
>
> 3 de mayo—Disculpa 5: Sentimos mucho haber dicho que la tierra es plana.
>
> Entrada libre: traigan amigos, vecinos, conocidos, enemigos, hijos, extraños que estén en edad universitaria. Sentimos en serio la necesidad de confesarnos delante de ustedes. No es una broma.

Josh me describió lo que sucedió en un mensaje por correo electrónico: "Creo que el solo hecho de repartir varias tarjetas en diferentes universidades fue un éxito. La mayoría de los comentarios que recibimos de la gente en los campus era en la idea de: '¡Wow! Admiro esto'. Tuvimos visitantes durante ese par de semanas, pero una de las metas principales era desarticular algunos de los estereotipos y murallas que la gente tiene contra la iglesia. Los que nos visitaron recibieron una sentida disculpa y un mensaje sobre la verdad enseñada en la Biblia sobre el tema. Pensé que la gente no nos iba a escuchar hasta que no nos bajáramos del caballo y fuéramos honestos con ellos. Necesitábamos reconocer donde habían estado nuestras fallas y pecados. Entonces probablemente la gente estaría desarmada hasta el punto de realmente escuchar al verdadero mensaje de Cristo".

Las conferencias de Josh también atrajeron la atención de varios periodistas. El periódico *San Francisco Chronicle* lo entrevistó sobre un tema relacionado. Otro reportero de un boletín universitario asistió una noche y escribió un artículo para el boletín. Josh habló con él durante un tiempo largo. Josh en su mensaje me escribió: "Alguien incluso después de haber leído el artículo me llamó para pedir la grabación de la conferencia".

La transparencia desarma a la generación de "la imagen lo es todo".

VERDADERA VISIBILIDAD

Aún así, incluso las personas transparentes tienen límites.

☐ Primero, hay situaciones en las que la precaución tiene sentido. Como en momentos en los que su confesión podría provocar que los creyentes más jóvenes sean tentados en su fe. No me malentienda: los jóvenes quieren —y necesitan— experimentar transparencia en sus líderes, pero eso no es sinónimo de dar detalles gráficos. Ser transparente y auténtico requiere verdadero equilibrio, y erramos demasiado a menudo en el lado de ser superficiales y falsos.

☐ Segundo, tenga en mente que la base de la transparencia es la clara enseñanza de la Escritura de que en esta vida no vamos a alcanzar la perfección. Es un estándar por el cual todos podemos regirnos, y es una verdad única de la fe cristiana. Los humanos no son capaces de jamás alcanzar los estándares de Dios, y vamos a estar en constante tensión con esta meta elusiva. Esto aborda perfectamente nuestra condición —esforzarnos duro pero fallar a menudo— eso lo deberíamos fundir en la misma manera en que expresamos nuestro cristianismo a los de afuera. Este es el mensaje de gracia: podemos aceptarnos a nosotros mismos y a los demás incondicionalmente, así como Dios nos ha aceptado. El adagio "los cristianos no son perfectos, solamente salvos" es una excusa en comparación con lo que la Biblia enseña sobre esto. La Escritura considera las fracturas profundas de nuestro corazón y nos dice que admitamos que jamás podremos probar nuestra valía; Jesús nos hizo dignos a través de su sacrificio. Esta parte del mensaje del cristianismo va a ayudar a una generación joven que está tratando de entender la lucha constante entre amar a Dios y tratar de agradarlo.

☐ Tercero, la motivación de la transparencia es importante. La cultura le enseña a la gente que sea sincera y franca, pero esto suele girar alrededor del egoísmo: usted tiene el derecho de expresar sus verdaderos sentimientos y furia. Esto es transparencia por causa del valor del impacto y reivindicación personal. Más bien, la manera cristiana de abordar la transparencia es darnos cuenta de que nuestra sinceridad debería ser motivada por un deseo de tener un corazón puro delante de Dios y los demás. Mi amigo Josh, estaba motivado a confesar los problemas de una iglesia pecaminosa porque quería conectarse con la gente que sentía profundamente que la iglesia es poco cristiana.

☐ Cuarto, el resultado de nuestra transparencia debería ser restauración. Debe producir más de lo que Dios quiere en nuestra vida. Uno de los escritores del Nuevo Testamento lo dijo de esta manera: "Por eso, confiésense unos a otros sus pecados, y oren unos por otros, para que sean sanados" (Santiago 5:16). En lugar de aparentar tener todas las respuestas, la transparencia piadosa está orientada hacia ayudar a la gente a restaurar su vida. Como un ejemplo, considere el difícil tema del aborto. Para muchas mujeres, es más fácil mantener escondido el "problema" que ser sinceras. No hace que la situación sea más fácil para las jovencitas que creen que no tienen otra opción. Pero qué mejor lugar para tratar con las dificultades de estos embarazos que dentro de la iglesia. ¿Estamos hablando de manera abierta y honesta acerca de sexualidad en nuestras iglesias? ¿O nos estamos escondiendo detrás de apariencias religiosas, alejando a la gente que tiene heridas y necesidades profundas? ¿Estamos ayudando a la gente a entender la gravedad de sus decisiones, pero al mismo tiempo exhibiendo un proceso claro de restauración, incluyendo provisión económica para las mujeres y las familias adoptivas? ¿Nos esperamos a que una persona se vea forzada a agonizar sobre la decisión de abortar, o alimentamos ternura y transparencia en su vida? ¿Hemos creado relaciones y expectativas dentro de nuestras iglesias en las que las mujeres mayores son accesibles y transpa-rentes con las jóvenes sobre sus luchas, no solamente de manera ocasional, sino de maneras continuas en la vida real?

CAPÍTULO 3 **HIPÓCRITAS**

Con base en nuestras investigaciones, los cristianos no son conocidos por tal transparencia, sino por adherirse a reglas rígidas y estándares estrictos.

Lo insto a considerar la transparencia en su vida —con su familia, vecinos y compañeros de trabajo— y a comenzar a preguntarse como cree que deba abordar los asuntos morales importantes. Las leyes de Dios son importantes, y Él está igual de preocupado por nuestros pensamientos y actitudes internas como por nuestro comportamiento. ¿Qué le preocupa a usted? Los problemas morales fuertes: pornografía, sexualidad, adicción, integridad, homosexualidad, profanidad, egoísmo, etcétera; son síntomas de problemas más profundos. Cada ser humano lucha con la inmoralidad, porque en el centro de nuestro ser está la rebelión de nuestro corazón contra Dios.

Como seguidor de Cristo, ¿su respuesta a estos temas morales refleja su complejidad? ¿Es honesto con usted mismo sobre sus propias luchas? ¿Lo motivan a llevar su corazón —y el de otros— hacia Dios, buscando maneras para manejarlos? ¿O está enfocado en mantener las reglas y normas?

Una cosa que esta discusión trae a colación es la consecuencia el pecado. Ser transparente con respecto al pecado —y estar dispuesto a restaurar a la gente— no niega los efectos de nuestras acciones. Por ejemplo, tener hijos fuera del matrimonio simplemente es, gracias a enormes cantidades de información sociológica, una manera más difícil de educar a los hijos. Como cristianos, deberíamos comunicar la realidad de una situación, pero debemos tener cuidad de elegir el tiempo y la manera adecuada de abordarla.

Piense nuevamente en la historia de Victoria, cuyos encuentros con personas hipócritas que asistían a la iglesia la frustró y la dejó fuera de la iglesia. La espiritualidad no se mide solamente por el número de sermones que escuchamos, la piedad de nuestra vida, o la bondad de nuestras acciones. Como gente que depende de la gracia de Jesús, deberíamos saberlo. Pero es fácil perderse del hecho de que mucho de nuestra vida se forma de las simples conversaciones e interacciones que tenemos con la gente; lo que se dice en el pasillo después de la iglesia, el tono de voz que alguien usa, las fiestas a las que uno es invitado (o no), lo genuino del interés de la gente, la manera en que la gente le responde a usted y a su hijo. Victoria le dio una oportunidad a los cristianos y encontró que somos hipócritas. La manera en que reaccionamos delante de la gente y las circunstancias de su vida también es una medida de nuestra madurez espiritual.

Esto es importante porque algunos cristianos de hecho creen que debemos simplemente ignorar las percepciones negativas. Para ellos, no importa que nos tachen de hipócritas. Ellos asumen erróneamente que es porque la mayoría de los de afuera "no entienden".

No obstante, pregúntese acerca de Victoria. ¿Dijo ella que somos hipócritas porque *decidió* rechazar la ayuda benevolente que los cristianos le ofrecieron? ¿Malinterpretó a las docenas de personas bienintencionadas? ¿No se dio cuenta de los hombres en la iglesia que estaban tratando de ayudar, posiblemente a través de llevar a su hijo de pesca o a juegos de básquetbol?

Lo dudo. Victoria observó, esperó y escuchó a personas como usted y como yo para que abrazaran sus necesidades y restauraran su vida —y la de su hijo— a los propósitos de Dios. ¿Cometió un error? Por supuesto, cometió uno. Pero también los cristianos a su alrededor.

La fe casi cristiana dice que es importante recordarle a Victoria que una familia con un solo padre no es tan buena como una familia casada. Nos dice que le demos consejos, sin amor o interés genuinos, sobre cómo educar a su hijo. Nos lleva a creer que sabemos cómo hacerlo porque lo tenemos todo resuelto.

TRATAR CON LA MUGRE

Podemos estar a la defensiva con respecto a la idea de que somos hipócritas. Podemos ignorarlo. Pero, ¿y si las acusaciones de hipocresía de una cultura son la manera en que Dios nos despierta a las necesidades abrumadoras de los demás? ¿Y si está usando nuestra cultura para hacer que nos demos cuenta de nuestra religiosidad hueca y nuestras respuestas vacías?

Los "Busters" y los Mosaicos están buscando autenticidad. Quieren encontrar personas en quienes confiar y con quienes intimar, pero muchas veces encuentran más personas transparentes y auténticas fuera de la iglesia. Tenemos oportunidades para ayudar a los de afuera; si es que estamos dispuestos a poner a un lado nuestras maneras nada cristianas de interactuar con ellos.

Philip Yancey en su libro *What's So Amazing About Grace?* [¿Qué es tan sublime de la gracia?] llega a esta sincera conclusión:

> Habiendo pasado tiempo alrededor de "pecadores" y también alrededor de supuestos santos, tengo una corazonada sobre la razón por la que Jesús pasó tanto tiempo con el primer grupo: creo que prefería su compañía. Porque los pecadores eran honestos acerca de sí mismos y no tenían apariencias, Jesús

CAPÍTULO 3 **HIPÓCRITAS**

podía tratar con ellos. En contraste, los santos con ínfulas, lo juzgaron y buscaban atraparlo en una trampa moral. Al final fueron los santos, y no los pecadores, los que arrestaron a Jesús.[9]

Si solamente nuestra visión de los de afuera se pareciera más a la de Jesús. Y si solamente condenáramos a los hipócritas de la misma manera que Él: "Atan cargas pesadas y las ponen sobre la espalda de los demás, pero ellos mismos no están dispuestos a mover ni un dedo para levantarlas" (Mateo 23:4).

Piense en la percepción abrumadora entre los de afuera de que solamente somos hipócritas. ¿Su vida le señala a la gente una vida en Cristo que explota de: libertad para amar, restauración, pureza y transparencia?

¿O usted está enterrando a la gente —a los de dentro y los de afuera— bajo el peso de una vida que aparenta rectitud? ¿Levanta usted un dedo para ayudar?

Como cristiano, es mi deber preguntar: ¿Está levantando un dedo en este momento?

¿Cuál?

CÓMO CAMBIAR LAS PERCEPCIONES

ESTÁ BIEN NO ESTAR BIEN

Muchos adultos jóvenes ven a los cristianos como hipócritas, queriendo decir con ello que decimos una cosa y hacemos otra. Tienen razón. Pero la hipocresía no es el problema. Todos creemos en ciertas cosas y luego actuamos en maneras que son contradictorias a nuestras creencias. Una persona declara la belleza de la vida sencilla en el balcón de una casa de un millón de dólares con una nueva Cadillac Escalade en el garaje. Otro dirige sus quejas contra todo lo corporativo sosteniendo un latte de Starbucks en la mano. Soy un hincha de los Dallas Cowboys, pero *abucheo* a Terrel Owens que juega *para* los Cowboys: necesito terapia.

El problema no es fundamentalmente la hipocresía. Todos somos hipócritas en cierto nivel. El problema es el aire de superioridad moral que muchos de nosotros llevamos. Dejamos de reconocer las imperfecciones de nuestra vida. Nos olvidamos de dónde vinimos y todo lo que Dios ha hecho en nuestra vida. No veo en las enseñanzas de Jesús un llamado a aparentar una superioridad moral. Soy un pecador que lo sigue. No lo tengo todo resuelto, y ese reconocimiento es precisamente lo que cambia la percepción de la hipocresía. En nuestra comunidad de fe digamos: "Está bien no estar bien". Hablemos de la manera en que como seres humanos tenemos mucho en común sin importar dónde estamos en nuestra travesía de fe. En el nivel más básico, todos compartimos la condición humana con todo su quebrantamiento. Y tenemos la esperanza de que Jesús puede realmente transformar vidas y redimir el futuro.

La percepción de hipocresía también surge cuando comenzamos a participar en la "guerra de la cultura" dando a entender que atacamos los patrones de conducta de la gente en lugar de amarlos como personas, o cabildeamos para legislar la moralidad. En Las Vegas, donde vivo, la guerra de la cultura

CAPÍTULO 3 **HIPÓCRITAS**

terminó. Perdimos. Déjenme repetirlo: PERDIMOS. Ahora nuestro llamado es amar y aceptar a la gente de uno a uno preocupándonos por ellos donde están. Nuestro papel es subversivo a medida que llevamos la luz y el amor de Jesús a los casinos, los clubes y las calles de nuestra ciudad. Estamos tratando de voltear la percepción de la hipocresía a través de ser honestos y directos sobre nuestras faltas y nuestra esperanza de transformación en Jesús. Y vamos a unirnos a nuestra comunidad en una guerra cultural diferente: una que ataque la pobreza, el crimen, la adicción y el dolor. Estamos ayudando a los indigentes, hemos declarado la guerra al hambre infantil en el valle de Vegas y estamos mostrando nuestra fe con nuestras acciones, aun de manera imperfecta.

Jud Wilhite
Pastor de la iglesia Central Christian Church, Las Vegas
Autor de *Stripped*

NECESITAMOS AYUDA

Somos etiquetados como hipócritas porque lo somos. Sé que soy una hipócrita, y *no* me siento mal por ello. Tengo esta cosa llamada pecado que es como una enfermedad —o por lo menos me trae bastante malestar— entretejido en mi ser. No lo pedí; no lo quiero. Con frecuencia el pecado se manifiesta en conductas autodestructivas. Así que si me veo un poco incongruente por fuera, ¡imagínese lo que está pasando por dentro!

Al tratar con la percepción, creo que debemos ser honestos con nosotros mismos y con otros y reconocer no solamente la hipocresía, sino el hecho de que necesitamos ayuda. Yo lo sé en mi propia vida, me he abierto a amigos (incluso cuando duele) que me señalan mi hipocresía. Lentamente, me está ayudando, pero tengo mucho que andar.

Una entrada reciente de mi blog dice:

Pensé que al convertirme en seguidora de Jesús me ayudaría a dejar el hábito del pecado, proveyendo la inoculación que necesito, pero en algunas maneras los síntomas solamente empeoraron. Me di cuenta de lo mucho que estaba infectada y cómo estaba afectando mi actitud, mis relaciones, mi vida. Así que la verdad es que estoy peleando. Estoy peleando contra el pecado con todo lo que tengo. Algunos días son mucho mejores que otros. Es probable que si usted me está señalando como hipócrita es por que me atrapó en uno de mis peores días.

Lo siento. Siento mucho haberlo decepcionado. Pero la verdad es que no me estoy rindiendo ni dejándolo ir. He encontrado a un Dios que promete que la batalla termina en victoria: vida en lugar de muerte. Así que llámenme loca, pero me estoy asiendo de esa promesa. También estoy tratando de levantar los estándares que Dios ha establecido. Son bastante altos, y algunas veces termino en el piso, viendo el techo. Pero entonces siento un impulso, una energía de levantarme y pelear nuevamente.

Me encantaría que me ayudara. La próxima vez que me vea comportándome como una hipócrita, lléveme aparte y gentilmente hágamelo saber. Realmente se lo agradecería.

Margaret Feinberg
Escritora y conferencista

ENAMORADO DE LAS CALLES

Hay una separación entre la iglesia y el barrio. Y la hipocresía —hablar sin actuar— tiene su responsabilidad en este alejamiento.

He invertido mi vida viviendo y trabajando en los centros urbanos de Filadelfia y Atlanta. En estas comunidades, uno puede encontrar una abundancia de iglesias. En mi barrio actual en Atlanta hay una en cada manzana. Luego, uno observa que en la misma esquina de la calle reinan la venta de drogas y la prostitución. No es insólito observar la venta de drogas en la escalinata de la iglesia. La institución ha hecho su propio negocio callado y tácito con los traficantes que se ganan la vida ahí. La gente que más necesita la iglesia está sentándose afuera, esperando sentirse lo suficientemente digna para venir.

Para los jóvenes que crecieron en la calle, es una vieja historia: el cabecilla conoce su nombre, y el pastor no. Los maestros en la escuela no creen que puedan aprender, siendo que aprueban con honores las "lecciones de la calle". La cultura de la calles siempre los procura y les da la bienvenida, pero las puertas de la iglesia solamente se abren el domingo. La iglesia quiere que vengan arreglados y limpios, pero las calles los acepan como son.

Durante los últimos dieciocho años he trabajado con jóvenes adultos en los programas de misiones que suelen hacer participar a seguidores de Jesús en edad universitaria para que vengan a estos mismos barrios, listos y dispuestos a representar a la iglesia delante de la gente herida. Ellos quieren ser las manos y los pies del Evangelio. Así que se mudan a la ciudad y buscan conocer a sus vecinos. Sirven en campamentos de verano y en programas después de clase. Se convierten en tutores y mentores. Y vienen listos para encontrar apoyo en la iglesia local, conectándose con lo que sea que ya esté haciendo en el barrio.

Los jóvenes adultos con el corazón lleno están listos para servir y escuchar las voces de los que pocas veces son escuchados. Se proponen llevar el amor de Cristo fuera de las paredes de la iglesia. Estos adultos jóvenes rápidamente descubren una lealtad a su nuevo barrio. Se enamoran de las calles y de todos los que viven allí.

Lo cual podría parecer una pareja hecha en el cielo. Pero no lo es. Más bien termina siendo una aguda ráfaga de viento, que extingue la llama de confianza que estos adultos jóvenes mantenían encendida para su visión de "iglesia". Su nueva iglesia no esta lista para el muchacho del barrio que viene al grupo de jóvenes sin un fundamentos cristianos. Los indigentes realmente huelen mal cuando vienen a las reuniones. El fondo para el edificio, el fondo para las bancas y el fondo para el órgano pierden importancia cuando uno encuentra personas hambrientas a diario. Los que han dedicado un año o más viviendo con las familias en dolor, la gente en la calle y las víctimas de la injusticia, rápidamente pierden el respeto por la iglesia.

Creo que los adultos jóvenes de hoy están comenzando a ver la iglesia como un lugar que no ha tratado bien a los pobres y a los marginados, sin importar que sea un indigente en la ciudad de Atlanta o un muchacho en los suburbios luchando contra la pornografía.

Los jóvenes no se van a comunicar o a buscar ayuda de padres, pastores y maestros cuyos estilos de vida y pasiones no compaginan con sus palabras y su fe. Van a ir con aquellos que tengan una relación con ellos; aquellos que también estén heridos y que estén dispuestos a compartirlo.

Los adultos jóvenes están alejándose de una iglesia moderna que no la consideran otra cosa que hipócrita. Los estándares y reglas sin sacrifico y solidaridad son hipocresía. La retórica cristiana sin actos tangibles de amor es hipocresía. Las iglesias en cada esquina con personas heridas fuera de ellas, es hipocresía.

Un gran edificio con poca relación con las calles está esencialmente vacío.

Leroy Barber
Presidente, Mission Year

REDUCIR LA ESPIRITUALIDAD A PARÁMETROS MORALES

Sin duda, una de las principales piedras de tropiezo que tiene el mundo cuando se trata de la fe cristiana tiene que ver con los cristianos mismos, y específicamente con la cuestión de la hipocresía.

Y con toda razón.

La palabra *hipócrita* es tomada de una antigua palabra griega que se refiere a llevar una máscara. En la antigua Grecia, los actores a menudo utilizaban máscaras según el personaje que estuvieran representando. La aparición en el escenario de su personaje era una fachada, un "número". Entonces los hipócritas son personas que usan máscara. Parecen ser una cosa, pero es solamente un frente; detrás de la máscara son otra persona.

La única manera en que esto se va a resolver es que los cristianos mismos entiendan lo que significa seguir a Cristo, y después le comuniquen eso de manera auténtica al mundo. Lo que está detrás de muchas—no de todas, pero si de muchas—acusaciones y cargos en contra del carácter e integridad de los cristianos es la exigencia de perfección en la vida de cualquiera que diga ser cristiano e insta a otros a considerar ser cristianos. Este no es, por supuesto, el verdadero significado de un hipócrita, pero todavía más al punto, no es un entendimiento claro de lo que significa entrar a la vida cristiana.

No obstante, el mundo nos mide así, porque nos medimos a nosotros mismos y a otros de esa manera. Caemos presa del cargo de hipocresía porque hemos reducido la espiritualidad a una lista de parámetros morales aparejada de una buena dosis de crítica.

La única manera de recuperar nuestra posición es recordarnos a nosotros mismos y a los demás que un cristiano auténtico es sencillamente alguien que ha tomado la decisión de creer en Jesús como su perdonador y luego intentar seguirlo como su líder. Pero *en ningún lado* de esta serie de eventos se encuentra la perfección o la ausencia de pecado. Más bien, simplemente encontramos el esfuerzo intencional y el deseo sincero de reconocer a Dios, bueno, como Dios.

Y luego debemos comunicarle eso mismo al mundo. De manera auténtica. Recuerdo las palabras del gran novelista ruso León Tolstoi, quien escribió en una carta personal:

Atáquenme, yo también hago esto mismo, pero atáquenme a mí en lugar del camino que estoy siguiendo y que le señalo a cualquiera que me pregunte dónde pienso que queda. Si conozco el camino a casa y estoy andándolo borracho, ¿deja de ser el camino correcto porque me estoy tambaleando de lado a lado?

En pocas palabras, debemos dejar de presentarnos como el mensaje y empezar a presentar a Jesús como el mensaje. Seguirá habiendo decepción con los cristianos siempre y cuando siga existiendo gente imperfecta. Como todos los cristianos son imperfectos, siempre habrá decepción. Así que debemos dejar de tener atado el mensaje de Cristo a nuestros raídos esfuerzos.

Jim White
Escritor

4

¡RECIBE A CRISTO!

Los cristianos están demasiado preocupados con convertir a la gente. No son sinceros. Todo lo que escucho es: "¡Recibe a Cristo!". Yo ya probé toda "la onda de Jesús". No me funcionó entonces, y ahora no me interesa.

Shawn, 22

PERCEPCIÓN: **Los cristianos no son sinceros y solamente están preocupados por convertir a otros.**

NUEVA PERCEPCIÓN: **Los cristianos cultivan relaciones y ambientes en los que otros pueden ser transformados profundamente por Dios.**

Suena el timbre. Usted no está esperando a nadie. Rápidamente arregla un poco la casa, y se revisa en el espejo del pasillo para asegurarse de estar un poco presentable. Usted abre la puerta y encuentra dos jóvenes con camisa blanca y corbata. Oh, oh. No necesita buscar otras pistas visuales, pero al hacerlo, confirman sus sospechas. Mochilas. Distintivos con su nombre. Cada uno trae un libro en la mano. *Mormones.*

Le sonríen. Usted sabe lo que viene antes de que digan una palabra. Están allí para presentarle el "otro" testamento de la vida de Jesús, el Libro del Mormón. Quieren ganarse su lealtad espiritual.

Nuestras investigaciones entre los de afuera muestran que los cristianos tienen una reputación similar a la de los evangelistas mormones. Cuando se trata de asuntos de la fe, los jóvenes de entre los de afuera saben lo que los cristianos quieren antes de que digan nada. Aunque los Mosaicos y los "Busters" generalmente se identifican con temas espirituales, no les gusta

CAPÍTULO 4 ¡Recibe a Cristo!

sentirse "acorralados" en conversaciones acerca de la fe. Una generación criada en un mundo empapado de mercadotecnia fácilmente identifica lo que ellos creen ser las motivaciones subyacentes y las superficialidades.

Este tipo de comentario es impulsado en gran parte por su escepticismo generacional. Por supuesto cada generación tiene su ración de cínicos, pero los Mosaicos y los "Busters" han sido criados en un ambiente en el que la certidumbre está por alcanzarse. Entre los adultos jóvenes, el proceso es más importante que el producto y el viaje es más importante que el destino. Este punto de vista escéptico afecta la manera en que piensan acerca de las creencias y la conversión.

En el disco de mayor venta de John Mayer llamado *Continuum*, el músico de veintitantos años atrapa el epítome de la perspectiva generacional. Su canción "Belief" levanta preguntas sobre la motivación de la gente y lo mucho que reconoce la complejidad de su perspectiva. Una de las frases toca el corazón de esta idea: "Creer es una armadura hermosa, pero hace la espada más pesada".

Dése cuenta de que el escepticismo tiene implicaciones positivas y negativas. Uno de los resultados favorables es que los Mosaicos y los "Busters" rehúyen "vender" su fe y son altamente sensibles a lo que otras personas piensan y sienten. No obstante esto también significa que es menos probable que los cristianos jóvenes se sientan impulsados a compartir su fe en comparación con los adultos mayores. También es más probable que los jóvenes crean que se puede vivir una vida plena sin recibir a Jesucristo. También es interesante que los Mosaicos y los "Busters" estén menos inclinados a abrazar la perspectiva de "una vez salvo, para siempre salvo", o sea, que un compromiso con Cristo altera permanentemente el destino eterno de uno.

Ahora, considere la manera en que esto le afecta a los jóvenes fuera de la fe. Los jóvenes de entre los de afuera generalmente no reciben la impresión de que los cristianos tienen buenas intenciones cuando tratan de "convertirlos". La mayoría rechaza la idea de que los cristianos muestra interés genuino en ellos como individuos. Esta fue una de las mayores brechas en nuestra investigación: la mayoría de los cristianos están convencidos de que sus esfuerzos son vistos como genuinos, pero los de afuera no están de acuerdo. Cuando se trata de la fe, los jóvenes de entre los de afuera son escépticos acerca del "truco de Jesús". Este es un descubrimiento clave en nuestra investigación. Solamente un tercio de los jóvenes de entre los de afuera creen que los cristianos se preocupan por ellos de manera genuina (34%). Y la mayoría de los cristianos ignoran estas percepciones: 64% de los cristianos dijeron creer que los de afuera percibían sus esfuerzos como genuinos. Esto es especialmente significativo porque los cristianos fueron sumamente precisos al predecir muchas de las percepciones negativas de los de afuera, pero ser percibidos como insinceros sorprendió a los creyentes. Mostrar interés genuino en alguien es difícil de simular.

Así como los cristianos son escépticos acerca de los evangelistas mormones, los de afuera son escépticos con respecto a nuestros motivos. Aun y cuando nuestras intenciones nos parecen puras, los de afuera muchas veces se sienten como una presa o como que simplemente queremos otro miembro en la iglesia o una nueva marca en nuestro tablero de convertidos. Mientras estamos tratando de comunicar el mensaje más importante de la historia humana —que Jesús ofrece nueva vida a través de la fe en Él— algo se pierde en la interpretación.

Cuando los de afuera cuestionan nuestros motivos, neutraliza su interés en el cristianismo. Solamente un cuarto de jóvenes de entre los de afuera percibe firmemente que el cristianismo les ofrece "esperanza para el futuro" (23%), y solamente uno de cada siete cree firmemente que el cristianismo es "genuino y real" (15%). A pesar del hecho de que la mayoría de los jóvenes de entre los de afuera dicen que el cristianismo tiene buenos valores y principios (79%), una mayoría dice que la fe cristiana enseña en una buena parte las mismas ideas básicas que otras religiones (81%).

Al preguntar la impresión que tiene la gente de los cristianos, entrevistamos a Steven (34 años) quien se mudó de Phoenix a Nueva York. Durante la entrevista, describió su emoción inicial cuando conoció a otro joven en una ciudad poco familiar. "Una vez, en la estación del tren subterráneo, se me acercó un muchacho amigable, lleno de preguntas e interesado en conversar. Parecía realmente agradable, y yo no podía creer que una persona de Nueva York fuera tan, bueno, ¡agradable! Intercambiamos números telefónicos y quedamos en vernos después para salir. La siguiente vez que me llamó me invitó a un estudio bíblico, y eso era de lo único que quería hablar. Cuando le dije 'no gracias' jamás volví a escuchar de él de nuevo". Más que estar genuinamente interesados en la gente por su amistad, muchas veces parecemos como reclutadores espirituales.

Muchos de los jóvenes que entrevistamos también señalaron lo difícil que es tomar en serio a los cristianos a la luz de algunas de sus tácticas. En todas las entrevistas que hicimos, no escuchamos comentarios favorables sobre testificar en la calle, donde los cristianos interceptan paseantes desconocidos para compartir las Buenas Nuevas. "La gente te acosa y te aturde con sus palabras. Yo los veo como diciendo '¿te conozco? ¿por qué me debería importar lo que estás diciendo?'", fue uno de los comentarios.

Y los de afuera expresaron un desdén particular por métodos que engañan a la gente para que preste atención. Un encuestado le llama a esto "la estafa de la conversión". Ella dijo: "Los cristianos quieren que uno le ponga atención a su mensaje acerca de Jesús. No creo que Jesús hubiera estado contento de ser convertido en un ardid".

Los de afuera son escépticos y conocedores. En la vasta mayoría de los casos, más que desarrollar profundidad espiritual en la gente, estos métodos producen barreras casi cristianas —obstáculos mentales y emocionales— hacia Jesús.

IDEAS ERRÓNEAS

Con una docena de años en Barna, he conducido una cantidad importante de investigaciones acerca de actividades de evangelización y para compartir la fe. Nuestra firma ha tenido la oportunidad de explorar la eficacia de muchos de los programas y recursos de evangelización más populares, desde videos hasta Biblias, desde programas de las congregaciones a otras formas de capacitación y eventos. Con base en este gran cúmulo de investigación hemos identificado varios mitos acerca de la manera y la razón por la que la gente se hace cristiana. Estas ideas falsas lleva a los cristianos a estar en un estado de negación acerca de sus esfuerzos de conversión. Y estos mitos a menudo inhiben el tipo de relaciones y ambientes en los que la gente puede ser cambiada profundamente por su fe en Jesús. Vamos a explorar un puñado de estos que se relacionan con entender a los de afuera.

> *Mito:* Los mejores esfuerzos de evangelismo son los que alcanzan el mayor número de personas al mismo tiempo.
>
> *Realidad*: Los esfuerzos más eficaces de compartir la fe están basados en la interacción y relaciones personales. Cuando les pedimos a los "Busters" nacidos de nuevo que identificaran la actividad, evento ministerial o persona más directamente responsable de que ellos aceptaran a Jesucristo, 71% identificó a una persona; casi siempre a uno de sus padres, un amigo, otro pariente o un maestro. Una mayoría de estas decisiones fueron descritas como conversaciones y oración, mientras que un tercio fueron ocasiones en las que su amigo o pariente los llevó a una reunión en la iglesia o a un evento de evangelización. En una era de medios masivos, es fácil creer que entre más público, mayor es el impacto. Pero la radio, la televisión y los folletos fueron

reconocidos como un total combinado de menos de 0.5% por los "Busters" nacidos de nuevo. La implicación clara es que la mayoría de los jóvenes vienen a Cristo por personas que conocen muy bien usualmente en el contexto de interacción "diaria".

Mito: Cualquier cosa que atraiga a la gente a Cristo vale la pena.

Realidad: Cuando hablamos de dinero, no hay un precio demasiado alto por un alma. Pero el problema no solamente es el costo. En nuestra investigación con algunos de los esfuerzos más importantes de "evangelismo masivo", descubrimos que muchas veces estas medidas generan entre tres a diez veces una respuesta negativa tanto como positiva. En otras palabras, imagínese que su iglesia está considerando enviar Biblias o videos u otros materiales cristianos por correo a los hogares de la comunidad. Nuestras investigaciones muestran que el "daño colateral" de hacerlo; la cantidad de personas cuyas impresiones sobre su iglesia y el cristianismo serán más negativas como resultado será significativamente mayor que el número de individuos en los que tendrá un impacto positivo y que responderán favorablemente a estos esfuerzos. Además, los esfuerzos masivos de evangelización son más efectivos con los adultos que asisten parcialmente a la iglesia, mientras que los de afuera son los que suelen responder de manera más negativa.

Como cristianos, tenemos que tener en mente que los índices de respuesta no son la meta final, sino la sabia y cuidados mayordomía de la imagen de Dios. Los medios y la tecnología de hoy generan oportunidades sin paralelo, pero también ostentan el potencial de dañar la imagen cristiana entre muchos de los de afuera. Si usted levanta más barreras con los de afuera gracias a sus tácticas, usted no ha sido un buen mayordomo del evangelio. La manera en que escojamos compartir a Cristo es tan importante como realmente hacerlo.

Mito: No tenemos porqué preocuparnos por la posibilidad de ofender a la gente al compartirles la verdad acerca de Jesús.

Realidad: Obedecer el mandamiento de hacer discípulos no nos da permiso de ofender a la gente, especialmente cuando esas ofensas de hecho nos están inhibiendo para cumplir ese mismo mandamiento. Jesús utilizó lenguaje fuerte, pero ¿a quienes era más probable que ofendiera? A la gente religiosamente arrogante, no a los de afuera. Es verdad que la cruz es ofensiva para la gente, pero eso no nos da una motivación adicional para ser ásperos o resentidos. El verdadero respeto por la gente es el factor clave en la evangelización eficaz. La Biblia específicamente aborda esto: "Y un siervo del Señor no debe andar peleando; más bien, debe ser amable con todos [...] Así, humildemente, debe corregir a los adversarios, con la esperanza de que Dios les conceda el arrepentimiento para conocer la verdad" (2 Timoteo 2:24-25). Esta Escritura también nos recuerda que la gente se entrega a Cristo porque Dios cambia su corazón.

Mito: La gente abraza el cristianismo por argumentos lógicos.

Relidad: La mayoría de la gente, por su personalidad, no son pensadores lógicos y no es probable que cambien sus creencias por una argumentación elegante o apologética. Por supuesto, algunos de los de afuera están hechos así y las respuestas bien pensadas son particularmente importantes para comunicar la capacidad extraordinaria de abordar todos los aspectos de la vida. La cultura se define con ideas y cosmovisiones, así que no subestime el papel apropiado de pensar adecuadamente, la lógica y las conversaciones intelectuales. No obstante, la mayoría de la gente no se hizo cristiana por la evidencia abrumadora. Y como los Mosaicos y los "Busters" están más inclinados a poseer una manera fluida no lineal de procesar la vida, se sienten cada vez más cómodos con la sutileza, los matices, la ambigüedad y la contradicción. Así que incluso si usted es capaz de tejer un fascinante argumento lógico, los jóvenes van a asentir con la cabeza, sonreír e ignorarlo.

Cuando le preguntamos a los de afuera cual era el factor más importante de su fe, dijeron que es algo "con lo que se sienten bien personalmente" (69% de los de afuera dijeron que esta era una faceta importante de su espiritualidad). Antes de comenzar a lamentarse sobre la dependencia de los sentimientos, usted debe darse cuenta de que 67% de los *cristianos* entre dieciséis y veintinueve dijeron que esto también era importante. Entre los jóvenes, nos guste o no, su sentido de individualismo, su lealtad a sus amigos y su perspectiva emocional y experimental en la vida, guía sus búsquedas espirituales.

Mito: Todos tienen la misma oportunidad de llegar a ser seguidor de Cristo.

Realidad: Con base en una extensa investigación sobre este tema, nuestra información señala claramente que la trayectoria de fe de la vasta mayoría de estadounidenses es trazada antes de llegar a ser adultos, muchas veces antes de llegar a la adolescencia. De hecho, por cada cien personas que no han nacido de nuevo para cuando lleguen a los dieciocho años, solamente seis de ellos le entregará su vida a Cristo por primera vez ya de adultos. Por supuesto, siempre tenemos que asumir lo mejor acerca del potencial espiritual de la gente. Dios puede hacer cualquier cosa en la vida de una persona en cualquier momento, y muchas veces lo hace. Pero consideren lo probable que es que usted como adulto lo persuadan de convertirse a otra religión en este momento. Tiene que admitirlo, se necesitaría bastante para cambiar su punto de vista tan dramáticamente.

Piense en las implicaciones de esto. Primero, subraya que los cristianos deberían darle prioridad al desarrollo de la fe de los niños, un tiempo único en el desarrollo humano en el que la amplia mayoría de nosotros "escogemos" una fe. Segundo, implica que debemos trabajar duro para fortalecer la muchas veces tenue fe de los adolescentes, porque es cuando su fe está cuajando (más sobre esto en un momento). Finalmente, nos recuerda porque el respeto a la fe de los demás es tan crucial. No es probable que cambiemos la trayectoria espiritual de otro adulto a través de hacer un comentario aquí y darle una pequeña dosis de Jesús acá. Si realmente queremos ayudar a los de afuera a ver la libertad única disponible a través de Cristo, un mensaje simplista de "recibe a Cristo" es un insulto a su inteligencia. Quizá pensemos que la gente necesita una transacción espiritual rápida, pero este tipo de renovación no sucede sin el permiso de la persona y la actividad del Espíritu Santo.

Mito: Solamente necesitamos ayudar a los de afuera a encontrar una conexión con Dios.

Realidad: Mientras que es verdad que la presencia de Dios es transformadora, la mayoría de los de afuera reconocen que rehúyen tener nada que ver con este tipo de experiencia. Casi la mitad de los jóvenes de entre los de afuera (42%) dicen que son escépticos y desconfiados de la fe y la religión. Parte de ese escepticismo es una feroz independencia. No quieren ser agitados a un estado de emocionalismo y dependencia de la fe. Solamente un cuarto de los de afuera dijeron estar buscando una fe que los ayude a conectarse con Dios. En comparación, esta fue la motivación principal entre los cristianos jóvenes, lo cual confirma que es un aspecto de disonancia inmensa entre los que estamos dentro y los que están fuera de la iglesia. Hemos experimentado la presencia de un Dios viviente, pero los de afuera desconfían de que se les lave el cerebro o que los manipulen.

FE OLVIDABLE

Otro error que cometen los cristianos es no darse cuenta de la mucha experiencia y trasfondo que tienen la mayoría de los de afuera con la fe cristiana. La mayoría de los de afuera "ya estuvieron allí y ya lo hicieron". Más que ser algo nuevo y sin probar para la mayoría de los de afuera, el cristianismo parece monótono y banal. Se ha convertido en una parte ignorable de su existencia diaria. Eric, de veintinueve años, hizo esta observación: "El cristianismo parece el viejo edificio a punto de derrumbarse que paso todos los días. Ya ni siquiera lo notó".

Eso es en parte porque en Estados Unidos, la amplia mayoría de personas (incluso los de afuera) son expuestos al mensaje del cristianismo muchas veces a lo largo de su vida: en iglesias, a través de los medios, de sus amistades y demás. Por ejemplo, entre los que no son cristianos entre los dieciséis y los veintinueve años, o sea: los ateos, los agnósticos, los que no han decidido qué creer y las personas afiliadas a otra fe, más de cuatro de cada cinco han ido a una iglesia cristiana en algún momento en su vida (82%). La mayoría de ellos asistieron por lo menos durante tres meses. Y dos tercios de los no cristianos (65%) dijeron haber tenido una conversaciones en el año con un amigo cristiano sobre sus puntos de vista de la fe. Más de la mitad (53%) dijeron que en los últimos años han sido abordados directamente con el asunto de convertirse en cristianos.

Las oportunidades que tienen los de afuera para escuchar acerca de Cristo y conocer a Cristo no se quedan cortas de ser sorprendentes. Durante casi dos décadas el equipo Barna ha estado explorando la participación en la iglesia de los adolescentes estadounidenses. Consistentemente encontramos que la amplia mayoría de los adolescentes a nivel nacional pasaran una cantidad importante de su adolescencia participando en una congregación cristiana. La mayoría de los adolescentes en Estados Unidos entran a la edad adulta considerándose cristianos y diciendo haber hecho un compromiso personal con Cristo. Pero una década después, estos jóvenes habrán dejado la iglesia y habrán puesto la conexión emocional con el cristianismo en el librero. Para la mayoría de ellos, su fe era superficial. Esto lleva al descubrimiento aleccionador de que la amplia mayoría de los de afuera en este país, particularmente entre las generaciones jóvenes, son personas de hecho que han salido de la iglesia.

A pesar del hecho de que muchos de ellos están actualmente desconectados de una iglesia, la mayoría de los estadounidenses, incluyendo dos tercios de Mosaicos y "Busters" (65%), nos dicen que han hecho un compromiso con Jesucristo en algún punto de su vida. Esto es ligeramente más bajo en comparación de los adultos mayores que dicen haber hecho tal compromiso (73%). Este es un dato interesante sobre nuestra cultura. ¡La amplia mayoría de estadounidenses, sin importar su edad, afirman haber tomado una decisión significativa de seguir a Cristo!

Por supuesto, esto hace surgir dudas sobre la profundidad de su fe. Si tantos estadounidenses han tomado la decisión de seguir a Jesús, nuestra cultura y nuestro mundo se vería revolucionado si simplemente vivieran esa fe. Es fácil abrazar una forma de cristianismo que no cueste en Estados Unidos el día de hoy, y probablemente hemos contribuido con ella al darle a la gente un entendimiento superficial del Evangelio y enfocarnos solamente en su decisión de convertirse.

En Barna empleamos docenas de herramientas para evaluar la profundidad de la fe de una persona. Déjeme sugerirle uno de los temas sobre los que hablamos; una cosmovisión bíblica. Una persona con una cosmovisión bíblica experimenta, interpreta y responde a la realidad a la luz de los principios bíblicos. Lo que la Escritura enseña es el tamiz principal para tomar decisiones e interactuar con el mundo. Para los propósitos de nuestra investigación, indagamos la cosmovisión bíblica con base en ocho elementos. Una persona con una cosmovisión bíblica cree que Jesús vivió una vida sin pecado, que Dios es el todopoderoso y omnisciente Creador del universo y que todavía hoy lo gobierna, que la salvación es un reglo de Dios y no se puede ganar, que Satanás es real, que un cristiano tiene la responsabilidad de compartir su fe en Cristo con otras personas, que la

Biblia es precisa en todos los principios que enseña, que la verdad moral inamovible existe y que tal verdad moral es definida por la Biblia.

En nuestra investigación, hemos encontrado que la gente que adopta estos ocho componentes tiene una fe sustancialmente distinta a la de otros estadounidenses —de hecho— de otros creyentes. Lo que creemos influencia nuestras decisiones.

Volviendo al tema de la profundidad espiritual, si dos tercios de adultos jóvenes anteriormente hicieron un compromiso con Jesús, ¿cuántos de ellos cree usted que poseen una cosmovisión bíblica? Nuestras investigaciones muestran que solamente 3% de los Mosaicos y los "Busters" abrazan estos ocho elementos. Eso es solamente uno de cada veintidós adultos que han hecho un compromiso con Cristo (aunque es más probable que los adultos más maduros tengan esa perspectiva, son también una pequeña porción de solamente 9%).

Esto significa que de noventa y cinco millones de estadounidenses cuyas edades fluctúan entre los dieciocho y los cuarenta y uno, alrededor de seis millones dicen que han hecho un compromiso con Jesús que todavía es importante; no obstante, solamente tres millones de ellos tienen una cosmovisión bíblica.

El amplio, aunque no profundo, compromiso de los estadounidenses con el cristianismo

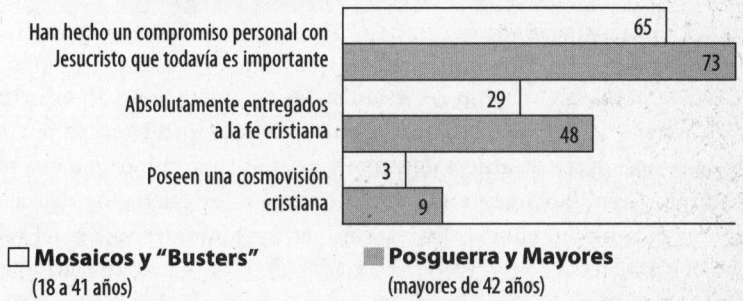

☐ Mosaicos y "Busters"
(18 a 41 años)

■ Posguerra y Mayores
(mayores de 42 años)

No quiero desalentarlo, sino encauzar su atención hacia la profundidad espiritual. En Barna utilizamos la investigación y la información para motivar a los líderes a que enfrenten problemas en la iglesia. Este es uno de los desafíos que enfrentamos: no seremos efectivos con los "Busters" y los Mosaicos si no abordamos el problema de la fe superficial.

Nuestra firma a gastado una gran cantidad de tiempo y energía estudiando cosmovisiones, pero nuestros esfuerzos ciertamente no son la respuesta final para definir o evaluar perspectivas bíblicas. ¿Cómo es su definición de cosmovisión bíblica? Quizá haya otros elementos que usted quiera añadir o suprimir. Finalmente, por supuesto, la fe no es responder correctamente un montón de preguntas en una encuesta.

Es más profunda que eso.

¿Qué tan profunda es la fe que usted le comunica a los de afuera? ¿Qué tipo de profundidad le estamos pidiendo a nuestros amigos y vecinos que tengan? Un acercamiento enfocado en que los demás acepten a Cristo ignora el hecho de que la mayoría de la gente en Estados Unidos ya tuvo antes una conexión emocional con Jesús; ahora necesitan mucho más que una comprensión unidimensional de Él.

Más de la misma exposición ligera al cristianismo, donde una decisión por Cristo es retratada como simple y gratuita, fallará en producir fe perdurable en los jóvenes. Tenemos que decidir cuáles serán nuestras medidas de éxito a lo largo de la década siguiente. ¿Dónde seremos más eficaces, en tratar de incrementar el número de adultos jóvenes que hacen compromisos emocionales con Cristo o en facilitar un crecimiento significativo de ese 3% que tiene una cosmovisión bíblica?

Nuestras investigaciones indican que hemos dejado que el discipulado languidezca en la vida de demasiados jóvenes. Nuestro entusiasmo por la evangelización no se compara con nuestra pasión y paciencia con el discipulado y la formación de fe.

¿GENUINO Y REAL?

Volvamos a algunas de las estadísticas que mencioné anteriormente. Vale la pena repetirlas ahora que ya sabe más de la historia. Solamente uno de cada siete de los de afuera describe el cristianismo como algo que parece genuino y real. Solamente un tercio cree que los cristianos demuestran interés genuino en ellos. Estas no son percepciones derivadas del vacío o por ver a los cristianos siendo retratados de una manera negativa en los medios. Muchos de los de afuera han crecido alrededor de cristianos; muchos le han dado a "la onda de Jesús" una probada detallada; la mayoría han probado a las iglesias y las han encontrado desesperadamente carentes de relevancia.

La familiaridad de los de afuera con el cristianismo produce la fascinante condición de que la gente de hecho tenga *demasiado* trasfondo en la fe. La mayoría de los jóvenes han llegado a sus conclusiones sobre el cristianismo. Estas personas han escuchado acera de Jesús, pueden recitar conceptos e historias que se encuentran en la Biblia, y creen que lo tienen bastante "dominado". Es una tarea sobrecogedora vencer los prejuicios de la gente cuando piensan que ya vieron la película.

En algunas instancias, la familiaridad genera un fuerte menosprecio. Algunos de los de afuera tienen objeciones bien desarrolladas y razonadas contra la fe. No son carentes de defectos, pero el punto clave es que estos individuos han pasado una cantidad de tiempo poco común estudiando y considerando el cristianismo para llegar a las conclusiones a las que han llegado Aunque su punto de vista no está a favor de Jesús. Estos individuos a menudo exhiben una mayor familiaridad con la Escritura que sus pares cristianos, un hecho que los dota de un desdén particular contra los cristianos que "siguen a Cristo de una manera ignorante". Lamentablemente, estas personas de los de afuera no están completamente equivocados acerca de las creencias tan superficiales de muchos cristianos.

Todo esto lleva a un descubrimiento asombroso entre los menores de treinta. Incluso entre aquellos que nunca han hecho un compromiso con Cristo, casi la mitad (45%) dijeron haber considerado hacerse cristianos antes, con la otra mitad diciendo que nunca habían pensado mucho en tal noción. ¡Estos dos grupos representan experiencias ampliamente diferentes! En el último caso, son jóvenes que jamás han considerado "convertirse". Muchos de ellos tienen amigos y conocidos cristianos, y la mayoría de ellos dicen que entienden en lo general la historia básica del cristianismo, pero que son demasiado devotos a otra perspectiva de fe o demasiado desinteresados en asuntos espirituales como para pensar mucho en el cristianismo. Esto es un poco como preguntarle a un hincha de los Yankees si alguna vez consideró cambiarse a los Red Sox. Saben acerca del otro equipo, y ciertamente no tienen carencia de percepciones acerca de eses equipo, pero no están interesados en cambiar lealtades. El otro grupo incluye a personas que han pensados, considerado y rechazado el mensaje de Cristo. Conversar con estos individuos acerca del cristianismo es para ellos como si les sirvieran sobras. Pueden estar hambrientos espiritualmente, pero el menú no es apetitoso.

Nuestras investigaciones confirmaron que muchos de estos jóvenes de hecho pasaron por una época en la que estuvieron probando la fe. Sondearon la fe cristiana, probándosela para ver si les quedaba, pero no pudieron ir más allá de las barreras mentales, emocionales o espirituales —a menudo exacerbadas por su experiencia con la fe casi cristiana— así que se rindieron. Esto debería ser un llamado importante de atención para nosotros. Los Mosaicos y los "Busters" han estado viniendo a nuestras iglesias y a nuestros hogares, pero en buena parte hemos perdido sus momentos de apertura espiritual. La mayoría termina desconectándose sin una relación perdurable con Jesús. Simplemente no podemos continuar malgastando la enorme cantidad de oportunidades que tenemos para ministrarle a los Mosaicos y los "Busters".

Esta es una historia que describe esta idea de oportunidades perdidas; entrevistamos a Rachel, una joven agradable y desenvuelta de veintiún años. En esa época era estudiante de enfermería en Kentucky. Calmadamente y casi de manera apologética, explicó su experiencia. "Hubo este periodo de transición, creo, en mi fe personal, donde no tenía la certeza de todo lo que estaba pasando, pero estaba comenzando a inclinarme a donde me encuentro ahora, donde no creo realmente en la religión mucho que digamos. Iba a las iglesias y me decían: '¿Eres católica? Bueno, no puedes ser católico y asistir a esta iglesia. Necesitas convertirte'. Y yo pensaba que no debería importar. No debería importar qué marca de esto eres, o la creencia que tengas en temas individuales y pequeños…".

Grabamos en video la entrevista con Rachel, así que cada vez que explico su historia, la imagino con una sonrisa amable, buscando una pequeña cantidad de aceptación de parte del entrevistador. Tengo profunda compasión por esta joven y los individuos que representa su historia. Ella fue buscando ayuda con su vida abierta a recibir, pero gracias a la mentalidad de "recibe a Cristo" de los líderes de la iglesia, ahora está más lejos de comprender la gracia de Dios. Como Rachel, muchos de los de afuera de hecho pierden la oportunidad de experimentar la verdadera vida en Cristo porque abaratamos el mensaje de Jesús con membresía a la iglesia o lealtad a una denominación. Rachel reconoció que necesitaba dirección. ¿No se podrían haber manejado las cosas de manera distinta? Como resultado de su experiencia, ahora *no* está recibiendo ningún tipo de dirección de la comunidad cristiana. La fe de Raquel es una baja a manos de nuestro método nada cristiano de convertir a la gente.

EXPLORAR LA TRANSFORMACIÓN

La Escritura es clara en que hay un punto básico de inicio en la fe cristiana: admitir que necesitamos a Jesús. Cuando Jesús estaba muriendo en la cruz, el criminal crucificado junto a él dijo simplemente:

—Jesús, acuérdate de mí cuando vengas en tu reino.

—Te aseguro que hoy estarás conmigo en el paraíso —le contestó Jesús (Lucas 23:42–43).

En el libro de los Hechos, la gente acepta el mensaje y luego entra a la fe cristiana sin obstáculos que saltar (ver Hechos 2:37–41).

No obstante el punto de la investigación que he presentado es clarificar

CAPÍTULO 4 **¡Recibe a Cristo!**

cuando el simple punto de inicio se convierte en sustituto del discipulado cristiano. De manera intencional o no, promovemos la idea con los de afuera que ser un seguidor de Cristo se trata principalmente de la decisión de convertirse. No lo retratamos como una entrega total, una respuesta al reclutamiento del Reino que dramáticamente influencia todos los aspectos de la vida. Quizá esté pensando que usted *sí* lo describe en esos términos. ¿Entonces por qué hay tantos millones de jóvenes que no están entendiendo el punto principal, fallando en desarrollar los elementos básicos de una cosmovisión cristiana? Nuestra investigación muestra que la mayoría de los que tomaron una decisión por Cristo ya no siguieron conectados a una iglesia Cristiana después de un breve periodo, que suele ser de entre ocho a doce semanas, después de su decisión inicial. En una cultura de "recibe a Cristo", demasiadas conversiones terminan en creyentes "abortados" o cristianos casuales. ¿Cómo le comunicamos a la gente tanto la seriedad como el gozo de la decisión de seguir a Cristo?

Para cambiar la percepción de que solamente estamos enfocados en los prosélitos, tenemos que abrazar una idea más integral de lo que significa ser un seguidor de Cristo. Esto requiere que enfoquemos nuestra atención en la transformación espiritual (o formación espiritual como algunos la describen). En los últimos dos años, hemos hecho una reingeniería de la organización Barna alrededor de este concepto: de que la iglesia debe convertirse en un catalizador y en un ambiente para una transformación espiritual genuina y sustentable. Como consecuencia, de nuestro equipo está surgiendo más investigación sobre este tema crucial. Sin embargo, estas son algunas de las cosas que hemos descubierto hasta ahora.

DEFINIR TRANSFORMACIÓN

La mayoría de la gente no tiene un sentido claro de lo que es la transformación espiritual o cuál debería ser su apariencia. Esto es en parte comprensible porque es un tema elusivo. Por definición, la formación espiritual se trata de profundidad más que de fórmulas simplistas. No obstante es difícil procurar algo que no está definido.

Una manera de ver la formación espiritual, aunque ciertamente no es la única, es examinar las pasiones que podrían definir a un seguidor de Cristo. En nuestro trabajo en Barna, examinamos estos siete elementos:

- ☐ Adorar a Dios de manera íntima y apasionada.
- ☐ Entablar amistad espiritual con otros creyentes.
- ☐ Procurar la fe en el contexto de la familia.

- ☐ Adoptar formas intencionales de crecimiento espiritual.
- ☐ Servir a otros.
- ☐ Invertir tiempo y recursos en proyectos espirituales.
- ☐ Tener conversaciones sobre la fe con los de afuera.[1]

Si recuerda el capítulo anterior sobre hipocresía, le mostré que la investigación reflejaba estas siete pasiones de un creyente. Ahora puede recordar lo que le preguntamos a los cristianos nacidos de nuevo sobre cuáles ellos creían debían ser las prioridades de la vida cristiana. Sus respuestas se enfocaron principalmente en el estilo de vida santo y evitar el pecado. Es aleccionador darse cuenta de que la mayoría de los cristianos nacidos de nuevo tienen muy poco entendimiento de cuales deberían ser sus pasiones o prioridades como seguidores de Cristo. Posiblemente los de afuera podrían darse cuenta de que no solamente estamos interesados en la conversión si nuestra fe presentara una imagen más integral de seguir a Cristo, siguiendo estas siete pasiones.

TENER RESULTADOS CLAROS EN MENTE

La meta final de la transformación es llegar a ser como Cristo. Pablo escribe en Gálatas: "Para nada cuenta estar o no estar circuncidados; lo que importa es ser parte de una nueva creación" (Gálatas 6:15). Pero, ¿qué otra cosa debería producir la transformación espiritual en la vida de los seguidores cristianos? Estos son tres resultados que deberíamos considerar.

- ☐ *Mentalidad*. Nuestras investigaciones muestran que una de las influencias más constantes en el comportamiento es la manera en que una persona piensa.[2] La gente que tiene una cosmovisión bíblica tiene más probabilidades de actuar como Jesús porque ve cosas como la vida, los demás y las crisis de una manera distinta a la mayoría de las personas. Romanos 12:2 es posiblemente la Escritura más famosa sobre el tema: "No se amolden al mundo actual, sino sean transformados mediante la renovación de su mente". Estamos aprendiendo que una de las razones principales en que el ministerio a los adolescentes fracasa en producir una fe perdurable es que no se les está enseñando a pensar. Esto llega a la médula de la percepción de "recibe a Cristo": los jóvenes experimentan un mensaje unitalla que fracasa en conectarse con su sensibilidad, personalidad o capacidades intelectuales únicas. Los jóvenes necesitan desesperadamente ser enseñados a procesar las ricas complejidades de la vida, a sondear, probar y estirar su fe desde la perspectiva de un seguidor de Cristo.

- ☐ *Amar*. Si estamos siendo transformados por nuestra fe, la manera en que percibimos y amamos a la gente, incluyendo a los de afuera, va a cambiar. La Escritura continuamente habla de amor. Dios es descrito como amor, y Jesús lleva el amor al frente de sus mandamientos, enseñando que debemos amar a Dios con todo lo que somos; que debemos amarnos de manera sacrificada; que debemos ser identificados por el amor (vea Marcos 12:30; Juan 11:35-36; 13:34; 1 Juan 4:16). Solamente porque una persona crea lo correcto acerca de Jesús —esto es, que tenga una cosmovisión bíblica altamente desarrollada— no hace que la persona sea automáticamente amorosa. Se necesita un cambio profundo de las perspectivas alteradas por el pecado, egoístas y consumistas que nos aquejan como cristianos en Estados Unidos. Como Cristo dice que seremos conocidos por el amor, y como es la manera más clara en que le podemos mostrar a Jesús a la gente, esta es una de las manera en la que Satanás quiere disminuir y manchar a la iglesia. Creo que la fe casi cristiana es potente principalmente por esta desconexión entre nuestro conocimiento de Dios y nuestra capacidad y disposición para amar a la gente. No nos vemos como Jesús delante de los de afuera porque no amamos a los de afuera como Jesús.

- ☐ *Escuchar*. Un tercer resultado de la transformación es la capacidad para escuchar, a Dios y a los demás. En mi docena de años como investigador profesional, he llegado a la conclusión de que la cualidad de carácter más importante es la misericordia. Esto requiere escuchar lo que Dios nos está diciendo, dentro del contexto de la Escritura, la oración, las crisis y las relaciones. Dios está comunicándose constantemente con su gente. ¿Cómo podemos orientar nuestros esfuerzos como cristianos para aprender y responder a las maneras en las que habla? Conocer las respuestas correctas no es suficiente; tenemos que ser capaces de aplicar lo que sabemos. El primer paso es darnos cuenta de que *no sabemos*. Escuchar a Dios, a través de la Biblia, y muchas veces mediante otras personas, es la manera en que aprendemos. Entre mejor escuchemos, más productivos nos volvemos para los propósitos de Dios. La imagen bíblica de un viñedo captura la idea: "Yo soy la vid verdadera, y mi Padre es el labrador. Toda rama que en mí no da fruto, la corta; pero toda rama que da fruto la poda para que dé más fruto todavía" (Juan 15:1-2; también vea 1 Corintios 3:18).

ADAPTARSE A UNA GENERACIÓN

La mayoría de la gente en Estados Unidos, cuando es expuesta a la fe cristiana no es transformada. Toman un paso dentro de la puerta, y allí termina la travesía. No se les está permitiendo, alentando o capacitando a amar o a pensar como Cristo. Sin embargo, en muchas maneras el enfoque sobre la formación espiritual se adapta a lo que la nueva generación realmente está buscando. La transformación es un proceso, un viaje, no una decisión de un momento. Esto es algo con lo que los Mosaicos y los "Busters" se pueden identificar. La profundidad y la textura del cristianismo debería apelar a los jóvenes, pero la noción casi cristiana reduce la vida en Cristo a una mera lealtad mental a Cristo, este es solamente el primer paso hacia una realidad mucho mayor. Cuando la gente se hace cristiana, debemos describirles expectativas apropiadas para ellos; hacerlos participar en relaciones significativas, de rendición de cuentas; y elaborar ambientes en el que el profundo cambio de vida se pueda lograr.

CAMBIAR NUESTRAS PRIORIDADES

¿Qué diferencia puede marcar la transformación? Cambia nuestros conceptos de la eficacia espiritual. Debemos medir el éxito no solamente por el tamaño de nuestra iglesia o por el número de personas bautizadas o decisiones por seguir a Cristo, sino también por la profundidad y la calidad del crecimiento espiritual en la vida de la gente.

Cuando los cristianos viven lo que la Biblia enseña, tenemos influencia en nuestra cultura, así como la sal sobre la comida o como la luz revela lo que hay en una habitación oscura (vea 2 Corintios 2:3; Mateo 5:13-16). Estamos representando de manera activa a Cristo a un mundo necesitado. Al vivir todos los días, haciendo a un lado la religión rancia, las palabras y las acciones de Dios fluyen de nosotros.

El cristianismo debe revertir su imagen actual y convertirse en dinámico, genuino y real. Si podemos evitar que el mensaje sea diluido por los cristianos casuales, los de afuera comenzarán a experimentar creyentes que han sido (y están siendo) transformados por su fe y que están trabajando en maneras humildes y respetuosas de transformar la cultura. En la Biblia, Pablo lo pone de esta manera: "A procurar vivir en paz con todos, a ocuparse de sus propias responsabilidades y a trabajar con sus propias manos. Así les he mandado, para que por su modo de vivir se ganen el respeto de los que no son creyentes, y no tengan que depender de nadie" (1 Tesalonicenses 4:11-12). No hay nada más poderoso que la vida cristiana vivida en obediencia; no hay nada peor que una forma de fe plana y que se cree justa en sí misma y que se pasea aparentando ser cristiana.

¿Cómo es que esto se relaciona con los de afuera? El cambio de la percepción de "recibe a Cristo" viene cuando aprendemos que las relaciones son la clave, no solamente para llevar a la gente a Cristo, sino también para ayudarlos a ser transformados. Podemos crear un ambiente en el que las relaciones faciliten una formación espiritual. En su interacción con los de afuera, ¿se toma el tiempo para entender su historia espiritual? ¿Su iglesia le señala a la gente la fe en Cristo con base en un entendimiento firme de las necesidades, perspectivas, estilos de aprendizaje y experiencias de cada persona? Ayudar a la gente a considerar el estilo de vida cristiano es trabajo extremadamente duro, pero no hay mayor recompensa cuando se hace de una manera que honra a Dios y desarrolla una fe perdurable en la gente.

SEGUIR ADELANTE

Frente a la crítica de que estamos demasiado orientados hacia las decisiones por Cristo, los cristianos no podemos perder la motivación o el corazón para conectar a los de afuera con Jesús. Cuando los de afuera se enfurecen porque alentamos a la gente a tomar una decisión por seguir a Cristo, no podemos responder simplemente yéndonos a casa. Algunos creyentes olvidan lo que significa ser atraídos por el mensaje de libertad y gracia que recibimos solamente a través de Jesús. Algunas personas contienden que los cristianos no deberían hablar de Jesús o enviar misioneros a ninguna parte, ya que eso de alguna manera ofendería a la gente. Esta es una amenaza seria al cristianismo porque esencialmente dice que la evangelización deber ser intercambiada por el camino de la menor resistencia.

La reacción opuesta es ser más directos y abiertos sobre las decisiones, pero entonces la crítica de los de afuera gana tracción. ¿Por qué el mensaje más importante de la historia humana debería ser percibido como una maniobra barata de mercadotecnia? Si los de afuera dejan de escuchar, no podemos simplemente subir el volumen.

El punto medio entre estos extremos sugiere que nos enfoquemos en cultivar relaciones con la gente y en desarrollar ambientes que faciliten la transformación espiritual profunda.

Hace algunos años, en un viaje de negocios para presentarle información a uno de nuestros clientes, estaba esperando a registrarme en el hotel. Mi cliente había arreglado mi transporte al aeropuerto. Enviaron a un ex pastor que estaba trabajando dentro de la organización, un hombre que se desenvolvía bien que no parecía perturbado por llevar a cabo el papel de taxista. El que atendía la recepción, un joven probablemente en sus veintes, estaba procesando mi cuenta. Sentado a la computadora del hotel me preguntó acerca de mi profesión. Le expliqué que hacía investigaciones sobre la vida espiritual de los estadounidenses. No lo recuerdo, pero es probable que haya mencionado algo sobre estudiar el cristianismo. Ya agotado por los esfuerzos del día, no estaba preparado para lo que sucedería después. Él comenzó a hablar con mucho detalle acerca de su trasfondo espiritual. Sus comentarios revelaban que solía ser un asistente regular a la iglesia, que su madre lo forzaba a asistir y que ahora estaba pensando las cosas por sí mismo. Reflexionando en su nueva independencia recién encontrada, describió un "libro excelente" que acababa de leer, un texto que aparentemente no era muy halagador hacia el cristianismo.

Posiblemente, no era coincidencia, que *yo* acababa de leer también un libro excelente, un volumen breve que describía el cristianismo de una manera fresca. Así que le pregunté:

—¿Estarías abierto a leer otro libro, uno que quizá te ayude a pensar acerca del cristianismo de una manera distinta?

—Claro. Pero usted tendrá que leer mi libro también.

—Esta bien. Aquí, escribe el título en este papel y lo voy a leer —no me sentía entusiasmado por añadir otro libro a mi pila de lectura, pero tenía las intenciones de hacerlo—. Si quieres, esta es mi dirección de correo electrónico —le ofrecí—. Me puedes escribir lo que te pareció y yo hago lo mismo.

—Sí, está bien. Este es el mío —dijo, mientras escribía su identidad digital en un pedazo de papelería del hotel.

Cuando mi amigo y yo nos alejamos del hotel, oré por el encargado de la recepción, pero luego mi siguiente pensamiento era que no podía esperar a quedarme dormido en el avión.

Hay dos detalles que deberían conocer de esta historia. El primero fue el comentario de mi amigo cristiano: "Realmente me gustó tu técnica en el hotel, cómo hiciste que leyera un libro prometiéndole que leerías el que te sugirió". Francamente, estaba demasiado cansado para explicar que no había sido una técnica, que simplemente parecía la manera adecuada de conectarme con el joven. Tampoco le dije al conductor que su comentario

CAPÍTULO 4 ¡Recibe a Cristo!

me parecía superficial, y que hacia parecer una conversación natural como un tipo de fórmula.

Pero ahora, varios años después, luego de estudiar la vida de los de afuera, habiendo visto el bagaje negativo de los cristianos con buenas intenciones, pero que muchas veces son percibidos como insinceros, también voy a comunicarles otro detalle de la historia.

En mi viaje a casa, perdí la dirección de correo electrónico.

Escuche a Gabe Lyons y Chuck Colson hablar, en inglés, sobre los desafíos de una fe basada solamente en la conversión en www.unchristian.com/fermi

CÓMO CAMBIAR LAS PERCEPCIONES

EL EVANGELIO EN SU PLENITUD

Las buena nueva se encuentra resumida en 1 Corintios 15: "Cristo murió por nuestros pecados" en la cruz para que fuéramos redimidos. Esa es la definición estrecha que la mayoría de los evangélicos abraza. Creo que estamos mal al limitarla a eso. Si usted lee las primeras veintisiete palabras que Jesús dijo en Marcos, es claro que Él anunciaba el Reino. Dijo que el Reino de Dios había irrumpido en la historia. Estaba diciendo que estaríamos viendo en su vida una imagen del Reino por venir. Es una imagen de lo que los hebreos llamaban shalom, o paz, o salud, extendiéndose a cada faceta de la vida: los enfermos sanados, los cautivos liberados, los oprimidos soltados, las relaciones correctas restauradas con Dios y la humanidad.

Luego más tarde en Hechos 4 vemos esta historia increíble de cómo se reunía la comunidad de creyentes. Nadie tenía necesidad porque eran personas que compartían su riqueza; estaban orando y estudiando la Biblia. Crearon una comunidad que sacudió al mundo por completo después del tiempo de Jesús. Brindaron una probada previa del Reino por venir en Apocalipsis 21 y 22.

Así que, soy uno de los que cree que mientras el Evangelio es definido con mayor precisión por los evangélicos como las "Buenas Nuevas", va más allá de eso. Por ejemplo, los católicos lo llevan más allá de eso. La defensa de la vida humana es parte del Evangelio porque le importa bastante a Dios. Creo que los católicos tienen realmente razón en esto. Cuando pensamos acerca de Jesús trayendo el Reino, mientras oramos, por cierto, "venga tu reino, hágase tu voluntad en la tierra como en el cielo", creo que comenzamos a ver el Evangelio en un contexto mucho más amplio.

La iglesia local es responsable de "hacer visible el Reino invisible", como dijo Calvino. Cuando la iglesia local hace lo que la iglesia ha sido llamada a

CAPÍTULO 4 ¡Recibe a Cristo!

hacer: predicar el Evangelio, administrar los sacramentos y ejercer disciplina, inevitablemente la cultura de alrededor será afectada. En otras palabras, si realmente vivimos como cristianos, la iglesia se expande exponencialmente.

Considere el auge de los cristianos durante la época romana. La gente era atraída a los cristianos, no por los esfuerzos de evangelización, de alcance o cruzadas, o a través de los medios masivos, ya que no existían. La iglesia crecía porque los cristianos estaban *llevando a cabo* el Evangelio y tenían una comunidad —una iglesia local— donde la gente realmente se amaba. Durante las grandes plagas que barrieron a Roma en el segundo siglo, todos los doctores huyeron, pero los cristianos se quedaron y atendieron a los enfermos. Personificaron lo que los cristianos son llamados a hacer. Aunque muchos cristianos murieron por atender a los enfermos, los paganos fueron atraídos a Cristo porque vieron el amor de los cristianos y del cristianismo mismo como una mejor forma de vida. Cuando Constantino declaró a Roma el Santo Imperio Romano, la gente pensó que lo hizo por razones políticas, pero no fue así. Ya había sido cristianizado; solamente reconoció la realidad de lo que había sucedido realmente.

Una de las cosas que hago cuando me encuentro con personas es preguntarles: "¿Qué es el cristianismo?". Sin lugar a dudas la mitad me responde: "Una relación con Jesús".

Eso está mal. El Evangelio no puede ser meramente una transacción privada. Dios no irrumpió en la historia, a través del tiempo y el espacio para encarnarse, venir como un bebé y sufrir en la cruz solamente para que podamos venir a Él y decir: "Oh, acepto a Jesús y ahora puedo vivir mi vida feliz para siempre". Esa no fue la razón por la que vino… Jesús vino como un radical para voltear al mundo de cabeza. Cuando creemos que se trata solamente de Jesús y uno mismo, perdemos todo el concepto.

Ya ni siquiera me gusta usar las palabras "aceptar a Cristo" porque es mucho más que eso. El cristianismo es una manera de ver todo en la vida y la realidad a través de los ojos de Dios. Esto es el cristianismo: una cosmovisión, un sistema y un estilo de vida. Creo que cuando uno ve verdaderamente el Evangelio en su plenitud, es mucho más. Es la historia más emocionante, radical y revolucionaria jamás contada.

Chuck Colson
Fundador de Confraternidad Carcelaria Internacional

NO PONGA EL CARRO DELANTE DEL CABALLO

Entiendo por qué la mayoría de los no cristianos creen que los cristianos solamente están preocupados por convertir a la gente y meterlos al cielo. Si usted es parte de mi generación recordará las cruzadas, las reuniones de avivamiento y los servicios de adoración que terminaban con invitaciones a pasar al frente para ser *salvos*. Los que lo hacían de inmediato los llevaban a desfilar al frente de la iglesia y eran declarados *cristianos*. Durante un par de generaciones, el énfasis estaba puesto solamente en el momento de la conversión.

En algunas maneras, esto es entendible. Los cristianos saben que la salvación es importante. Pero la verdad es que hemos puesto el carro delante del caballo. Hemos comunicado que queremos que la gente crea algo que es crucial para su vida antes de habernos conocido, experimentado o recibido algo de nosotros... y antes de conocerlos.

Si pudiéramos reescribir la reputación del cristianismo, creo que pondríamos énfasis en desarrollar relaciones con los no creyentes, sirviéndolos, amándolos y haciéndolos sentir aceptados. Solamente entonces podríamos ganarnos el derecho de compartir el evangelio. Su aceptación de nuestra parte hacia ellos no estaría basada en su disposición a aceptar a Cristo. Después de todo, Dios nos amó antes de que fuéramos amables; Dios amó a todo el mundo antes de que el mundo supiera nada acerca de Él. Este debería ser nuestro modelo.

Este es mi consejo para los cristianos que quieran cambiar la percepción del cristianismo de nuestra cultura: "Hagan brillar su luz delante de todos, para que ellos puedan ver las buenas obras de ustedes y alaben al Padre que está en el cielo". En otras palabras, hagan algo que lleve a la gente a mirar hacia Dios de manera favorable. Todavía creo que todos van a pasar la eternidad en alguna parte. Si ese es el caso, enderezar este asunto no es un problema marginal. Es *el* problema.

Andy Stanley
Pastor principal, North Point Ministries, Atlanta, GA

INFORMACIÓN INSUFICIENTE

Al tratar de comunicarle el evangelio a las masas, el mensaje con el tiempo fue reducido a una historia parcial: los humanos son pecaminosos

CAPÍTULO 4 ¡Recibe a Cristo!

y necesitan a Jesús para ir al cielo. Esto hizo que el cristianismo perdiera un poco de su vida porque la descripción total de la actividad de Dios —como su creación, sus planes de restaurarla, su soberanía— fue dejada fuera. Fue la reducción máxima: "Renuncie a sus pecados y coloque su esperanza en Jesús". Esta frase no está mal por sí sola. Pero es insuficiente, particularmente a medida que nuestra cultura se vuelve más y más pluralista. Como resultado de esta mentalidad uno puede fácilmente aceptar a Jesús, a Buda y una forma de Wicca y no tener el más mínimo problema con las contradicciones significativas. Al reducir el evangelio a un mensaje del tipo "qué hay para mí" la gente siente que Jesús existe para su propio beneficio.

El mayor problema con este modelo de comunicación es que Dios no tiene porque honrarlo. Solamente porque alguien pronunció una oración, no significa que haya puesto su fe en Jesús, haya sido regenerado por el Espíritu de Dios, y haya llegado a ser una nueva creación en Cristo. Puede ser una herramienta útil para algunos, pero podría ser un punto de alejamiento y confusión para otros.

Algunas veces creemos que la mayor virtud cristiana es llevar a otro a Cristo. La Escritura le enseña a los seguidores de Cristo que deben amar a su prójimo y hacer discípulos en el camino. Hacer discípulos es un largo proceso. No me malentienda, creo que es importante que la gente tome la decisión de seguir a Jesús; solamente que creo que necesita suceder en un contexto de amor y no ser reducido a alimentar la mentalidad del consumidor de encontrar consuelo espiritual. Los evangelios retratan una gran y polifacética imagen de Jesús. Creo que realmente deberíamos interactuar con este retrato al compartir a Cristo con otros. Leer a lo largo de los evangelios con ellos y permitirles encontrarse con la persona en lugar de con la fórmula. Solamente pienso que pedirle a alguien que se que comprometa con un estilo de vida mayor como seguir a Cristo merece mucho más respeto que fórmulas espirituales simples.

Lo triste es que cuando nosotros (Imago Dei Church) salimos y amamos a la gente en Portland sin las intenciones de obtener un "retorno" por nuestro tiempo; esto es considerado revolucionario. Creo que esto debería ser la norma, y tenemos mucho que aprender para hacerlo mejor. Si compartimos el evangelio y la gente rechaza a Jesús, ¿dejamos de amarlos?

Rick McKinley
Pastor, Imago Dei, Pórtland

5

ANTIHOMOSEXUALES

Muchas personas en la comunidad gay no parecen tener problemas con Jesús, sino más bien con la gente que dice representarlo hoy. Es mucho como una mentalidad de "nosotros contra ellos", como si se hubiera declarado una guerra y un lado pensara que el otro hizo el primer disparo.

Peter 34

Percepción: Los cristianos muestran desdén por los gays y las lesbianas.

Nueva percepción: Los cristianos le muestran compasión y amor a toda la gente, sin importar su estilo de vida.

"¿David, entonces sigues pensando que me voy a ir al infierno porque soy gay?"

La pregunta de mi amigo me tomó fuera de guardia.

Después de pasar el día visitando a algunos de los clientes de investigación de nuestra firma, estaba cenando con Mark. Agotado por un día de juntas, estaba ávido por actualizarme con mis amigos de mucho tiempo. Mark había sido mi amigo desde la escuela superior. Nos separamos durante la universidad, y fue en ese tiempo que Mark salió del clóset. Empezó a decirle a la gente que era gay.

No habíamos hablado mucho del tema. Él sabía que yo era cristiano y que creía que los actos homosexuales eran pecaminosos, pero yo no podía recordar que le había dicho a Mark antes de nuestra cena que podría haber dado pie a esta pregunta.

Aparentemente Mark sí lo recordaba, porque después de una hora o más de una amigable conversación llegamos a esta pregunta provocativa acerca del infierno.

CAPÍTULO 5 **ANTIHOMOSEXUALES**

Me quedé allí sentado en silencio durante un minuto, buscando en su rostro alguna clave o señal. Finalmente, tuve la valentía suficiente para preguntar:

—¿Alguna vez te dije eso *realmente*?

—Palabras más palabras menos. ¿Es lo que sigues pensando?

Su rostro reflejaba frustración y también un poco de dolor, y su pregunta seguía esperando ser respondida.

Mi mente recorrió una docena de posibles respuestas. *Debería haber estado preparado para esto,* pensé. "Bueno...", comencé, aprovechando un segundo extra para pensar mientras le daba un trago a mi café.

Voy a terminar la historia de Mark más tarde en este capítulo, pero primero permítanme describirles lo que los de afuera piensan de los cristianos a la luz de este tema acaloradamente debatido. En nuestras investigaciones, la percepción de que los cristianos están en "contra" de los homosexuales —no solamente que objetan su estilo de vida, sino que también albergan un miedo irracional y expresan una burla inmerecida hacia ellos— ha llegado a su masa crítica. El tema homosexual ha llegado a ser el "más grande", quizá la imagen negativa más entretejida con la reputación cristiana. Es también la dimensión que demuestra con mayor claridad la fe casi cristiana a los jóvenes actuales, haciendo surgir un torrente de percepciones negativas: criticones, prejuiciosos, retraídos, derechistas, hipócritas, insinceros y desinteresados. Los de afuera dicen que nuestra hostilidad contra los homosexuales —no solamente la oposición contra las políticas y comportamientos homosexuales sino desdén por los individuos homosexuales— ha llegado a ser virtualmente sinónimo de la fe cristiana.

La severidad de la percepción me sorprendió, pero comenzó a salir a flote desde el comienzo de nuestra investigación. Durante nuestras entrevistas exploratorias iniciales, el tema del tratamiento de los homosexuales de parte de los cristianos seguía mencionándose. Las primeras entrevistas fueron de naturaleza cualitativa, esto es, principalmente una serie de anécdotas que no brindaban "información dura". Al principio, asumí que la frecuencia de los comentarios era solamente un eco del radar.

Entonces llevamos a cabo nuestras entrevistas cuantitativas, proveyendo datos representativos acerca de las percepciones de los de afuera y encontramos que las primeras entrevistas no habían sido una aberración.

De los veinte atributos que evaluamos, tanto los positivos como los negativos, en la manera en que se relacionaban con el cristianismo, la percepción de ser antihomosexuales figuraba en lo más alto de la lista. Más de nueve de cada diez Mosaicos y "Busters" de entre los de afuera

(91%) dijeron que "antihomosexual" describe al cristianismo actual. Y dos tercios de los de afuera tienen opiniones sumamente fuertes sobre los cristianos a este respecto, generando con facilidad el grupo más numeroso de críticos abiertos. Cuando uno se presenta como cristiano a un amigo, vecino o colega que es de los de afuera es como si se hubiera tatuado el brazo con: antihomosexual, odia a los homosexuales, homofóbico. Dudo que usted piense de sí mismo en estos términos, pero eso es lo que los de afuera piensan de usted.

Por supuesto, la homosexualidad es un tema eléctrico. La mayoría de la gente tiene fuertes sentimiento hacia él. Y el tema es increíblemente complejo, afecta las familias y los niños e influencia los medios y la cultura. Los activistas homosexuales han sido agresivos en sus intentos por cambiar las percepciones de los estadounidenses, y los medios han jugado un papel importante en darle forma a las actitudes y los valores de la gente en este tema. No podemos subestimar cómo una generación moralmente relativista, junto con sofisticadas estrategias políticas y los medios han creado un barril de pólvora para la reputación de los cristianos a este respecto.

No obstante los cristianos muchas veces han respondido a este ambiente de maneras poco cristianas. Aunque este capítulo no es una guía exhaustiva a todos los problemas, vamos a explorar un poco las complejidades de la homosexualidad y a tratar de desenmarañar lo que una nueva generación realmente piensa de nosotros.

Aunque los desafíos son únicos y las emociones están cargadas, no debemos fallar en comprender lo que está sucediendo en el corazón y la mente de los jóvenes. Tanto dentro como fuera de la iglesia, se nos está diciendo que despertemos a este tema, para vernos de una manera objetiva. Cuando muchos de nosotros tratamos con homosexuales somos vistos como arrogantes, que nos creemos ser justos e indiferentes, lo opuesto de la manera en que Jesús trataba con los de afuera. Más que articular una perspectiva bíblica y vivir una respuesta bíblica a los homosexuales, la investigación demuestra lo inconsistentes y lo poco compasivos —lo nada cristianos— que hemos sido.

Y los de afuera han estado prestando atención de cerca. Este es un puñado de ejemplos señalados por los de afuera:

☐ Los cristianos creen que los sucesos como el 11 de septiembre y el huracán Katrina es el juicio de Dios sobre los homosexuales.
☐ Los comentarios públicos de los pastores y otros líderes cristianos son muchas veces percibidos como indebidamente recriminando a los homosexuales.

CAPÍTULO 5 **ANTIHOMOSEXUALES**

- ☐ Otro de afuera señaló la manera en que los cristianos se oponen a los homosexuales en cargos públicos: "¿Por qué ellos estarían menos calificados para servir en el gobierno".
- ☐ Los cristianos utilizan bromas burdas y lenguaje ofensivo para describir a los homosexuales como "maricas" o "sodomitas".
- ☐ Algunos de los de afuera que entrevistamos señalaron sitios web llamados "Dios odia a los homosexuales". Uno de estos sitios web yuxtapone una lista de versículos bíblicos condenando la homosexualidad junto con un muñeco de caricatura sosteniendo un letrero amarillo que condenaba a los homosexuales con dos figuras de palitos en una pose sugestivamente homosexual. El comentario del de afuera: "¿Qué mas se necesita para ver que los cristianos odian a los homosexuales?".

¿Son estos solamente ejemplos extremos? Probablemente la mayoría de los seguidores de Cristo quedarían avergonzados por estas historias, pero nuestras inconsistencias y prejuicios son más profundos de lo que podemos imaginar. Considere estas realidades:

- ☐ Es más probable que los cristianos nacidos de nuevo desaprueben la homosexualidad que el divorcio. La vasta mayoría de los cristianos dicen que la homosexualidad no debería ser considerada un estilo de vida legítimo y rechazan fuertemente las bodas aprobadas por la iglesia para uniones del mismo sexo. Sin embargo, una minoría de creyentes nacidos de nuevo (39%) abrazan las enseñanzas de Jesús sobre que el divorcio es un pecado excepto en los casos de adulterio (vea Mateo 5:32). Incluso entre los evangélicos, solamente tres de cada cinco describen el divorcio como un pecado, bastante debajo de su oposición al matrimonio gay.
- ☐ La mayoría de los cristianos nacidos de nuevo se les dificulta saber cómo deben responder a los estilos de vida de los homosexuales o cómo responder a los esfuerzos políticos de los activistas gay y lésbicos. Por ejemplo, muchos creyentes defienden las restricciones legales sobre la conducta homosexual. Una mayoría de cristianos nacidos de nuevo, incluyendo a más de cuatro de cada cinco evangélicos, dicen que las relaciones homosexuales entre dos adultos de mutuo consentimiento deberían ser ilegales.[1]
- ☐ Millones de estadounidenses incluyendo dos de cada cinco de los que asisten a las iglesias, dicen que las juntas directivas de las escuelas deberían tener el derecho de despedir a los maestros que

sean homosexuales. Por supuesto los temas son complicados, pero los cristianos están alimentando la idea de que los gays y las lesbianas no se les debería autorizar trabajar en escuelas públicas.[2]

☐ Muchos cristianos siguen siendo sumamente escépticos sobre donar a causas relacionadas con VIH o sida, incluso al extranjero, a pesar de la generosidad de los cristianos en muchos otros aspectos. En una encuesta encontramos que solamente 14% de los cristianos nacidos de nuevo dicen que se sentirían altamente motivados para ayudar a los huérfanos que sufren de VIH o sida en el extranjero.[3] En otro estudio descubrimos que dos de cada cinco cristianos nacidos de nuevo, incluyendo la misma proporción de evangélicos, admitieron tener más compasión por las personas con cáncer que por la gente con VIH o sida.[4] Al sondear las actitudes de la gente, descubrimos que esta perspectiva suele provenir de la idea de que esta enfermedad es merecida. Creen que Dios está castigando a esta gente; o que sus decisiones y estilo de vida merecen este resultado.

Como podrá ver, nuestra crítica contra los gays y las lesbianas no es solamente poco eficaz, sino que también repele a muchos "Busters" y Mosaicos. Como un encuestado lo dijo: "No puedo imaginarme a Jesús tratando a los gays y a las lesbianas como los cristianos lo hacen hoy en día". Al terminar de leer este capítulo, mi oración es que usted sea inspirado y desafiado a revertir esta imagen en su propia vida y comunidad. Dios tiene el propósito de usar su vida como conducto de su gracia y compasión hacia los de afuera sean homosexuales, heterosexuales, bisexuales o transexuales.

Los de afuera están recibiendo el mensaje fuerte y claro de que los cristianos rechazan el estilo de vida gay, y dicen que el desdén de los cristianos contra los homosexuales es inequívoco. Sé que este tema es controversial, pero para deshacernos de la fe casi cristiana, necesitamos observar las duras realidades de la etiqueta *antihomosexual*. Tenemos que ayudar a una generación que tiene pocos límites sexuales o morales a que entienda y abrace la verdad rica y profunda del cristianismo. Mi investigación me lleva a concluir que no hemos estado haciendo esto.

¿QUÉ ES LO QUE USTED CREE?

Primero, debemos tener claro lo que creemos. ¿Hay algún crimen o pecado que Dios no pueda perdonar? Si usted lo cree así, no esta solo.

Nuestras encuestas muestran que casi un tercio de los estadounidenses lo creen, incluyendo a un cuarto de cristianos nacidos de nuevo.

Sin embargo, la enseñanza central de la Biblia es que todo el pecado, en su esencia, es rebelión contra Dios. Shayne Wheeler, quien escribe una respuesta a este capítulo (encontrada en las páginas 110–111), hace esta observación: "No existe un juicio especial contra los homosexuales, y no existe una rectitud especial para los heterosexuales". Otro pastor lo dijo sencillamente como: "La lucha de los homosexuales por ser atraídos a personas del mismo sexo no es en nada distinta a mi lucha por ser atraído por el sexo opuesto". Todos somos pecadores. Ninguno está más inclinado a recibir el regalo gratuito de la gracia de Dios. Todos se han quedado cortos de los estándares de Dios. La Biblia dice que mientras todavía éramos *enemigos* de Dios, Él hizo paz con nosotros a través de la cruz (Romanos 5:19). Como Él amó al mundo, envió a su Hijo a morir (Juan 3:16). Todo gira sobre lo que una persona decida hacer con Jesús: entregarse a él o rechazarlo. Sin importar el pecado que cometamos, Él todavía nos ama.

Déjeme llevar este punto a su justo sitio con relación a la homosexualidad. Es verdad que los pecados sexuales son particularmente destructivos en la vida de la gente, pero esto es verdad de todo pecado sexual. Y francamente, cuando reconocemos la complejidad e importancia del pecado y del pecado sexual, debería atrapar nuestra preocupación y compasión sobre el tema de la homosexualidad todavía más.

Una cosa es estar *contra la homosexualidad* y afirmar que la Biblia rechaza la práctica de ciertos estilos de vida homosexuales,[5] pero otra es estar en *contra de los homosexuales*, y dejar que su desacuerdo con su comportamiento contamine sus sentimientos y palabras hacia ellos como personas. No es nada cristiano enfocar su animosidad contra otro ser humano, sin importar lo que haga o cuál sea su apariencia. Billy Graham, uno de los líderes más respetados en la historia de los Estados Unidos, hizo esta observación acerca de la homosexualidad durante una conferencia de prensa: "Voy a citar la Biblia ahora, y no a mí mismo, en que está mal [la homosexualidad] y es un pecado. Pero hay otros pecados. ¿Por qué saltamos sobre ese pecado como si fuera el mayor de todos? El mayor pecado en la Biblia es la idolatría: adorar otras cosas en lugar de al Dios vivo y verdadero. La envidia es un pecado. El orgullo es un pecado. Todas estas cosas son pecados. Pero la homosexualidad también es un pecado y la persona necesita tratar con ello y necesita ser perdonada, y por eso es que Cristo vino y murió en la cruz".[6]

Nuestra investigación muestra que los cristianos luchan con ofrecer una respuesta bíblica a la homosexualidad para abordar los desafíos únicos y significativos que surgen a causa de este estilo de vida. Necesitamos considerar cuáles deben ser los objetivos de los seguidores de Cristo. ¿Realmente queremos que el gobierno regule la vida sexual de los ciudadanos adultos? Nuestra preocupación por evitar el avance de los derechos homosexuales a menudo se traduce en un deseo por límites irreales en la vida de la gente.

Aquí hay una aclaración importante: no estoy al tanto de ningún esfuerzo concreto de parte de un líder cristiano importante u organización para aprobar leyes que prohíban las relaciones sexuales voluntarias entre adultos del mismo sexo, pero a muchos cristianos les gustaría ver que se impusieran tales leyes. Los seres humanos se alarman con facilidad, y los cristianos a menudo responden a sus temores a través de exagerar el peligro y buscar soluciones que no abordan los problemas de manera apropiada.

LIMPIAR EL AIRE

Una dificultad para comunicarse y conectarse con los homosexuales es lo fácil que los malinterpretamos. Y, lamentablemente, encontramos resistencia significativa entre algunos cristianos a desafiar su opinión con respecto a los gays y las lesbianas. Aparentemente ya tomaron su decisión y no tienen nada que aprender. Considere algunas de las premisas falsas que los cristianos abrazan:

Los homosexuales son incapaces de actuar moralmente. Constantemente encontramos esta perspectiva en nuestra investigación entre cristianos: es mejor evitar totalmente a los homosexuales porque son inmorales. Al enfrentar una decisión de negocios, un joven cristiano describió el consejo que recibió de su pastor: "No puedes confiar en que los homosexuales te traten de una manera justa porque no tienen un código moral". Los cristianos echan una mirada a la orientación sexual de una persona y le asignan estereotipos a otros elementos de su carácter.

Los homosexuales son un movimiento organizado con el propósito de subvertir el cristianismo conservador. Otra premisa es que todos los homosexuales piensan de la misma manera con respecto a su participación política así como en su antagonismo contra los cristianos. No obstante, en nuestras investigaciones encontramos que los gays y las lesbianas tienen diversos sentimientos acerca del cristianismo así como diversas experiencias y percepciones.

CAPÍTULO 5 **ANTIHOMOSEXUALES**

En comparación con otro segmento de los de afuera, algunos homosexuales son más escépticos y hostiles contra el cristianismo, pero esto no es verdad sobre todos los homosexuales. Nuestra investigación muestra que un tercio de los gays y las lesbianas asisten a la iglesia de manera regular, yendo a iglesias a lo largo de un amplio espectro de denominaciones, incluyendo a católicas, históricas, no históricas y sin denominación. La mayoría de los homosexuales y las lesbianas en Estados Unidos se alinean con el cristianismo, y un sexto tiene creencias que los califica como cristianos nacidos de nuevo. La mayoría ha estado activo en una iglesia en algún momento, como este gay: "Algunas veces es difícil para mí reconciliar el 'movimiento cristiano' que veo en la política con la gente amable y generosa que conocí durante el tiempo que estuve en la iglesia. Recuerdo que los cristianos que conocí (y así me consideraba a mí mismo) eran estudiosos de Dios, querían servirlo y difundir sus Buenas Nuevas y su mensaje de esperanza a un mundo necesitado". La conclusión: algunos homosexuales son contrarios al cristianismo, pero muchos no lo son.

La homosexualidad es un problema sencillo. Es fácil asumir que la vida de los homosexuales se trata de solamente de decisiones (y es especialmente fácil creerlo sin mucha interacción con los homosexuales). Pero la simplicidad no es característica de muchos aspectos de la vida humana. Muchos psicólogos cristianos y pastores consideran que la sexualidad humana es un rompecabezas complejo de nuestra personalidad, nuestra manchada naturaleza pecaminosa, la historia del individuo y sus necesidades personales. Algunas personas recogen toda su identidad sexual de estilos de vida homosexuales, otros luchan con sentimientos homosexuales mientras viven relaciones heterosexuales y algunos han pasado por una experimentación de sexo homosexual en el pasado del cual se siguen sintiendo avergonzados. Algunas personas se sienten cómodos con su identidad homosexual en público, mientras que otros viven en secreto sin estar plenamente conscientes de sus atracciones por el mismo sexo.

Los jóvenes de entre los de afuera que entrevistamos explicaron que la mayoría de los cristianos parecen invertir poca energía en verdaderamente tratar de conocer a los homosexuales o lo que sucede en la vida de los que han tenidos encuentros sexuales o atracción con personas del mismo sexo. Esta falta de interacción lleva a los cristianos a malentender la complejidad de los problemas que enfrentan los homosexuales y las lesbianas. También esta ya dejó de ser una conversación de una sola categoría ya que se ha incrementado la complejidad con los individuos bisexuales y transexuales. Una nueva generación está explorando todo tipo de actitudes y experiencias sexuales.

Es mejor evitar entablar amistad con homosexuales. Muchos cristianos creen que se debe evitar la amistad con los homosexuales, cuando Jesús no parecía asustado de pasar el tiempo con todo tipo de personas. La gente religiosa se escandalizaba de la selección de amistades de Jesús. Irónicamente, cuando nos esforzamos por evitar a los homosexuales, levantamos barreras contra la gente y no le permitimos experimentar a Jesús a través de nosotros. Un comentario ilustra esto: "Mi amiga tiene una hermana lesbiana. Los cristianos se le acercan y le dicen que no quieren tener nada que ver con ella o con ese estilo de vida. Mi amiga ha sido realmente lastimada por que incluso afecta su relación con la gente, ¡y ella ni siquiera es homosexual!".

En nuestras investigaciones, una de cada treinta y tres persona en Estados Unidos reconoce ser gay, lesbiana o bisexual (3%). Nuestra investigación entre los adultos jóvenes demuestra que en la escuela media superior o en la universidad, la mayoría de la gente va a tener amigos gays, lesbianas, bisexuales o transexuales. Así que cuando criamos a los jóvenes para rechazar a sus pares que son "diferentes", en realidad limitamos la influencia espiritual que puedan tener, y los forzamos a que creen barreras falsas que los lleven a cuestionar su fe en maneras más significativas (más de esto en un momento).

CAMBIO DE VALORES

Para entender más allá la razón por la que los de afuera piensan que los cristianos son antihomosexuales, echemos un vistazo a lo que la nueva generación piensa de la homosexualidad. Quizá no nos guste su actitud moral relativista, pero tenemos que entender lo que piensan y por qué.

Los estadounidenses de todas las edades permanecen profundamente divididos sobre los gays y las lesbianas, pero en general, la mayoría tiene una imagen negativa. Los conservadores algunas veces se consuelan con

CAPÍTULO 5 **ANTIHOMOSEXUALES**

el hecho de que la mayoría de los estadounidenses no se identifican con su petición y rechazan su interés en el matrimonio y la adopción, entre otras cosas. En este contexto, los esfuerzos políticos han encontrado tracción, porque las iniciativas antihomosexuales generan suficiente número de votantes para ganar las elecciones.

Pero cuando hablamos de los Mosaicos y "Busters" es una historia completamente distinta. Su actitud hacia los homosexuales es sumamente diferente a la de sus padres. Una nueva generación de adultos ha cambiado significativamente su visión y ahora acepta la homosexualidad como un estilo de vida legítimo. Mientras que la población en general lentamente se ha suavizado hacia una mayor aceptación de los gays y las lesbianas a lo largo de los últimos veinte años, los menores de veintiséis son más proclives a aceptarla sin consideración. En la década de 1980 las diferencias de opinión en este tema eran extrañas a lo largo de diferentes grupos de edad, pero desde entonces ha comenzado a ampliarse la brecha entre las opiniones de los adultos jóvenes y los adultos mayores.[7]

Ahora la mayoría de los adultos jóvenes respalda la idea del matrimonio homosexual, y la mayoría esta a favor de darle derechos legales a los gays y a las lesbianas de adoptar niños.[8] También, generalmente creen que las leyes se deben cambiar para darles más derechos y protecciones a los homosexuales. La mayoría de los adultos mayores rechazan definitivamente estas alternativas.

Y aquí hay una prueba más del cambio de actitudes. Un indicador importante de la opinión pública no es meramente cuantos residentes *respaldan* una idea, sino la firmeza con la que la gente se resista a ella. Incluso en un país en el que la mayoría gobierna, una fracción minoritaria movilizada puede realizar un avance significativo en lograr que la sociedad acepte sus ideas. No obstante, hemos encontrado, que los que se oponen a los derechos de los homosexuales tienen poca influencia sobre los adultos jóvenes; fuera o dentro de la iglesia. De hecho, solamente uno de cada siete Mosaicos (14%) y uno de cada cuatro (28%) "Busters" dijeron oponerse firmemente a cambiar las leyes para otorgarles más libertades, derechos y protecciones a los homosexuales. Entre las generaciones mayores, más de dos quintos (42%) firmemente se oponen a tal protección legal contra los gays y las lesbianas. No solamente los adultos jóvenes apoyan más a la comunidad homosexual, sino que solamente un pequeño porcentaje quiere resistirse a las iniciativas homosexuales.

Los valores poco convencionales de los adultos jóvenes representarán un papel cada vez más importante al darle forma a nuestra sociedad en los años por venir, haciendo que sea mucho más difícil para los que tienen otras opiniones generar tracción en este ámbito. A medida que estas nuevas generaciones constituyan la mayor parte del público, los homosexuales obtendrán mayores derechos y protecciones, así como aceptación abierta en nuestra cultura.

CONFRONTAR EL CAMBIO

Los cristianos y particularmente los evangélicos, han descansado en dos métodos de tratar con las amenazas que perciben de parte de la comunidad homosexual: predicaciones y política. A lo largo de los últimos veinte años o más, ha habido un incremento sustancial en el porcentaje de los que asisten a la iglesia que han escuchado un sermón acerca de la homosexualidad; más de dos tercios de los asistentes a iglesias evangélicas recuerdan haber escuchado tales sermones.[9]

La segunda solución ha sido la participación política. Entre estos cristianos nacidos de nuevo que han sufragado con respecto a los matrimonios homosexuales, casi nueve de cada diez recuerdan haber votado en contra.

Quizá lo más revelador es la ausencia comparativa de la comunidad cristiana en cualquier otro frente que no sea frenar la homosexualidad. Aunque la mayoría de los cristianos dicen que están preocupados por los estilos de vida homosexuales, solamente 4% de los estadounidenses (y 10% de los cristianos nacidos de nuevo) dicen haber participado en algún otro medio no político para abordar lo que perciben como un problema. Solamente 1% de estadounidenses dicen que oran por los homosexuales; de manera similar, una proporción minúscula dice que han abordado el tema por medio de donar dinero a organizaciones que ayudan a la gente a tratar con el estilo de vida, o tratando de tener conversaciones significativas con personas acerca de ello. Esta información se derivó de una muestra aleatoria representativa de 1,007 adultos, entre los cuáles más de 600 dijeron que el estilo de vida homosexual es un problema que Estados Unidos está enfrentando A medida que la gente describió lo que pensaban que podía ayudar, solamente un encuestado ofreció la palabra amor como solución potencial. Otro encuestado sugirió: "Ser compasivos". De manera sencilla: los cristianos piensan que hay un problema, pero no tienen idea de qué hacer con él.

CAMBIO DE LEALTADES

Esta ausencia de soluciones espirituales y sociales al problema del estilo de vida homosexual ha dejado a la iglesia particularmente vulnerable. Los

CAPÍTULO 5 **ANTIHOMOSEXUALES**

Mosaicos y los "Busters" están hechos para las conexiones sociales, así que cuando los cristianos dejan de lado abordar estos problemas, le dan la imagen a los adultos más jóvenes de ser insinceros e indiferentes. Quizá no nos guste esto, pero así es como evalúan la realidad de la fe cristiana.

Incluso entre los Mosaicos y los "Busters" que asisten a la iglesia, menos de un tercio creen que los estilos de vida de los homosexuales constituyen un problema importante, en comparación con la mitad de los de la Posguerra y casi tres de cada cinco de los Mayores. Esto es significativo porque, a pesar de más sermones desde el púlpito sobre el tema y más énfasis en la participación política, los Mosaicos y "Busters" que asisten a la iglesia siguen sin convencerse de que el estilo de vida homosexual sea un problema para la sociedad. Mientras que la mayoría de los jóvenes que asisten a la iglesia creen que la Biblia no permite la homosexualidad, su convicción sobre esto se esta desvaneciendo, y se sienten avergonzados por la manera en que la iglesia trata a los gays y a las lesbianas. No obstante, tienen poca idea o capacitación sobre la manera en que un cristiano puede participar en amistades significativas con gays, lesbianas, bisexuales u otros con estilos de vida alternativos.

Los de afuera y los jóvenes que asisten a la iglesia: falta de preocupación similar con respecto a la homosexualidad

El porcentaje que percibe que lo siguiente sea un problema importante que está enfrentando Estados Unidos

	Estilos de vida homosexuales	Esfuerzos políticos de los activistas homosexuales
Todos los adultos	35%	35%
Mosaicos y "Busters" de entre los de afuera	17	18
Mosaicos y "Busters" que asisten a la iglesia	29	33
De la Posguerra que asisten a la iglesia	46	44
Mayores que asisten a la iglesia	58	52

Con base en varios años de estudiar estos temas, no puedo enfatizar lo suficiente la manera en que las iglesias y los líderes cristianos no solamente están perdiendo la oportunidad de abordar las luchas sexuales de los jóvenes, sino que están dañando la confianza de los creyentes jóvenes al no ofrecer una respuesta bíblica al problema de la homosexualidad.

Este es un ejemplo: un joven de diecisiete años que asiste a la iglesia, describió su experiencia al llevar a un amigo gay a la iglesia. "El pastor de jóvenes sabía que lo iba a llevar, y aunque su plática realmente no tenía nada que ver con la homosexualidad, aun así encontró la manera de insertar el típico 'Dios creó a Adán y a Eva, no a Adán y a Esteban' en sus comentarios. Yo estaba sentado allí sintiendo que me moría. Esto sucedió más de una vez. Mi amigo estaba en un punto en el que estaba interesado en ver lo que Jesús podía ofrecer, y le dieron el portazo".

Hace unas semanas estaba conversando con Katie, que es una joven periodista y una cristiana. Le mencioné la manera en que los jóvenes en las iglesias no están seguros de qué hacer con la homosexualidad porque se sienten increíblemente leales a amigos que son homosexuales, y en muchas iglesias no les han dado el concepto de cómo tratar con el tema, excepto sentirse raros, avergonzados o que dan asco; evitar el tema; y temer por el alma de su amigo o amiga homosexual.

"Estás contando mi historia —dijo Katie—. Mi mejor amigo durante los últimos ocho años me dijo que es gay. Quedé impactada y me enojé bastante. Sé lo que la Biblia dice, pero también sé lo que siento por él. Se me ha hecho difícil rechazarlo por ser gay. Pero no sé que pensar. No les he dicho a mis padres porque serían demasiado... no lo sé... no tengo idea de lo que harían".

Estos ejemplos subrayan un descubrimiento crucial de nuestra investigación: los jóvenes están enfrentando un mundo sexualmente abierto y diverso, muchas veces sin ayuda o consejo bíblico de parte de sus iglesias o sus padres.

Y es importante darnos cuenta de que las relaciones de los Mosaicos y "Busters" se han convertido en una brújula moral y espiritual, a un grado muchos mayor que el que sus padres podrían comprender. Déjenme explicarles como funciona. Los Mosaicos y los "Busters" son intensamente leales a su "tribu", que es su red de relaciones. Esta telaraña de conexiones sociales, muchas veces fluidas, los capacita para entender la realidad. Al enfrentar un abanico de opciones en la vida, sus pares se convierten en un filtro para la toma de decisiones. Ellos determinan lo que está bien o mal con base en parte de lo que les hace sentido dadas sus experiencias y sus amistades. Para su manera de pensar, descargar música de manera ilegal es solamente una manera de "compartir" música entre los usuarios de un sitio. Regalarles productos o servicios a sus amigos, aun y cuando eso técnicamente sería robar de su lugar de trabajo, es simplemente "conectar" a sus amigos con mercancía gratis. Aceptar más a los gays y a las lesbianas es lo mismo que ser leales con las personas a las que conocen mejor.

La lealtad para los Mosaicos y "Busters" es importante. Implica que la iglesia todavía puede encontrar maneras de conectarse con estos adultos en términos de rendición de cuentas, comunidad, transparencia, propósito y gracia. Pero no podemos olvidar lo profundamente que esta lealtad afecta la cuestión homosexual. Los Mosaicos y los "Busters" realmente se esfuerzan por poner en práctica la aceptación de la gente y su estilo de vida. Y están bastante sintonizados con el corazón de la gente y sus motivaciones. Si perciben que los cristianos están siendo incongruentes, no están dispuestos a aprender o son indiferentes, son rápidos para concluir que los cristianos están solamente equivocados por completo. Y esta es una razón por la que la comunidad lésbica y gay se está volviendo más aceptable para los de afuera. Bien o mal, a causa de su respeto hacia los demás y sus puntos de vista relativistas, los jóvenes de entre los de afuera valoran lo que perciben como una mentalidad más abierta y amigable dentro de la comunidad gay.

A medida que los Mosaicos y los "Busters" se mueven de tribu en tribu, los cristianos que no muestran compasión, bondad o gracia los hacen sentir en desequilibrio con quienes quieren ser como personas. Gracias a que se siente tan condenatoria contra los homosexuales, la fe casi cristiana no les ofrece significado o relevancia. Si algunas personas interpretan la Biblia para hacer de los homosexuales criaturas aberrantes, y si los cristianos hacen sentir a los homosexuales como seres humanos de segunda clase, los cristianos jóvenes comienzan a cuestionar su propia lealtad hacia la fe. Si el cristianismo no es la mezcla de gracia y de verdad que Jesús representa, se les hace difícil reconciliarlo con sus amistades.

Si se les fuerza a escoger, muchos jóvenes preferirían ser leales a sus amigos que adherirse a la fe casi cristiana.

RESPUESTAS BÍBLICAS

A causa de nuestra oposición a los homosexuales, los de afuera no pueden imaginarse a la iglesia como la comunidad amorosa de creyentes que Jesús tenía en mente. Un pastor amigo, Rob Brendle, recibió la visita de un hombre homosexual de alto perfil en su congregación recientemente. Este individuo había iniciado una crisis para la iglesia al revelar una aventura con uno de los líderes de la iglesia. Así es como Rob explicó la razón por la que la iglesia lo recibió con tanta calidez, incluso después de haber pasado por una experiencia tan dolorosa. "Una de las verdades perdurables del cristianismo es amar a la gente que el mundo te presenta como tus enemigos".[10]

¿Cómo podemos poner la "verdad perdurable" del amor en práctica en nuestra vida y nuestras iglesias? ¿Cuál es la perspectiva cristiana que la comunidad cristiana necesita tener? Aquí hay algunas perspectivas y respuestas a considerar:

RECONOZCA LA COMPLEJIDAD

La respuesta bíblica a los homosexuales debería ser tratar con las necesidades fundamentales que todos los hombres y las mujeres tienen. Debemos reconocer que todos traen un bagaje sexual, pero también el potencial de ser restaurados totalmente. Hay problemas grandes a lo largo del espectro de la sexualidad que la iglesia necesita abordar. Por ejemplo, una *mayoría* de "Busters" nacidos de nuevo creen que la cohabitación y las fantasías sexuales son aceptables moralmente.

Estar "en contra" de los gays y las lesbianas no es una bandera a ondear. Más bien, desarrolle un proceso dentro de su iglesia o dentro de su vida que le permita a la gente trabajar con sus problemas sexuales en un contexto de rendición de cuentas, respeto y transparencia. Este proceso debería comenzar lo más pronto que se pueda, especialmente a medida que nuestra cultura presenta la sexualidad a edades cada vez menores. La sexualidad no debería ser vista como dualista —todo bien o todo mal— sino como una buena parte de nuestra naturaleza creada que está en constante necesidad de reparación. El proceso le enseña a la gente que sea sensible y que tenga un corazón abierto hacia Dios y los demás y no termina una vez que la persona se casa porque el pecado sexual puede invadir a todos. Debemos depender de soluciones espirituales como la oración, el discernimiento y otras disciplinas espirituales. Recuerde, Jesús levantó el estándar más allá del contacto piel a piel y dijo que incluso una cosa sencilla como los pensamientos sexuales pueden contaminarnos. Nuestra perspectiva debería abrazar este alto estándar de sexualidad: finalmente es un asunto del corazón, y el quebrantamiento es tan común en nuestros pensamientos privados y actitudes como en nuestro comportamiento (vea Mateo 5:28).

ABRA PUERTAS CON CONVERSACIONES

Un elemento vital de tener contacto con los homosexuales es elevar la importancia de las conversaciones. Los cristianos esperan resultados de la noche a la mañana y están impacientes con la necesidad de cultivar relaciones profundas y abiertas, así como interacciones de confianza. Peter, un hombre homosexual que entrevistamos, hizo este comentario: "Muchas personas en la comunidad gay no parecen tener problemas con Jesús, sino más bien con la gente que dice representarlo hoy. Es mucho como una mentalidad de 'nosotros contra ellos', como si se hubiera declarado una guerra y un lado pensara que el otro hizo el primer disparo".

Se realizó un esfuerzo para facilitar las conversaciones en el Festival de Cine de Sundance de 2007, donde los cineastas presentaron las películas *Save Me* [Sálvenme] y *For the Bible Tells Me So* [Porque así lo dice la Biblia] con el propósito de ayudar a desmilitarizar el conflicto de "cristianos contra homosexuales". Nuestras investigaciones muestran que las conversaciones comienzan a abrir avenidas para la influencia espiritual. Por ejemplo, estar dispuesto a hablar del HIV o del sida ha abierto puertas a las conversaciones con la gente que había jurado no tener nada que ver con cristianos conservadores.

TRATAR A LOS DEMÁS CRISTIANOS CON RESPETO

Los cristianos necesitan diluir la importancia de ser antihomosexual como una "credencial" para probar que somos más fieles a Dios que nadie más. Por ejemplo, una joven cristiana a la que entrevistamos dijo que tenía que ser discreta en sus intentos de ministrar a algunos homosexuales que había conocido en su trabajo. "Si mis amigos de la iglesia me escuchan hablar de manera compasiva acerca de los homosexuales, se enfurecen. Es interesante que nuestra antena no se levanta cuando la gente reconoce tener problemas con la comida, con las mentiras, con ver pornografía o con divorciarse, pero parecemos obsesionados con la homosexualidad".

Si no trabajamos en desarrollar relaciones significativas con nuestros compañeros de trabajo, sean homosexuales o no, ¿cómo podemos esperar que nos respeten a nosotros y a nuestras creencias? Cuando llegamos a conocer y a amar a los homosexuales porque son personas, es probable que nos amen y nos estimen e incluso quizá escuchen lo que creemos. Necesitamos estar más preocupados por alcanzar a los que necesitan a Jesús que por "probar" nuestra fe a los que ya dicen conocer a Jesús. ¿Pablo exhibió una falta de fe en Atenas cuando reconoció al Dios no conocido? ¿O estaba escuchando al Espíritu Santo ayudándolo a conectarse con una cultura que necesitaba a Jesús? Necesitamos confiar en nuestros hermanos creyentes, dándonos cuenta de que su amor por Jesús y por los demás es mayor que su temor a ser desaprobados.

TENER LA PERSPECTIVA CORRECTA

No debemos renunciar a canales de influencia, como en la política, solamente porque nuestra posición probablemente provoque percepciones negativas, pero debemos procurar nuestros esfuerzos en esas ámbitos con integridad, respeto y amor por la gente. Por ejemplo, las leyes brindan parámetros significativos que determinan el comportamiento de los estadounidenses, de manera que los abogados y legisladores puedan trabajar diligentemente para procurar una perspectiva bíblica que logre metas apropiadas. Es necesario y apropiado para los cristianos afirmar que el matrimonio debe darse entre un hombre y una mujer. Sin embargo, aun y cuando pudiéramos "ganar" cada batalla legal, legislativa y política —una realidad que se volverá cada vez más difícil a medida que los Mosaicos y los "Busters" tomen el liderazgo— el cisma entre los cristianos y los de afuera solamente se profundizará. No podemos asumir que la política es la única o la mejor manera de influenciar a la gente.

A pesar de la amplia movilización a lo largo de la última década, la mayoría de los cristianos han quedado todavía más aislados de los homosexuales. No obstante, los gays y las lesbianas no deberían de sorprenderse de encontrarnos trabajando hombro a hombro con ellos para resolver el problema del HIV y el sida y terminar con la discriminación en el lugar de trabajo y en ambientes no religiosos. Uno puede cambiar a un país no únicamente a través de reforzar sus leyes sino por medio de transformar el corazón de su gente.

EXPRESAR INTERÉS POR LOS MUCHACHOS

A medida que los gays presionan para tener derechos sociales, uno de los debates importantes es si deberían poder adoptar niños. Los cristianos señalan la importancia de un padre y una madre en el desarrollo del niño y rechazan la idea de que las parejas homosexuales deberían poder adoptar. Y, por supuesto, reconozco que es ofensivo para los homosexuales decir que un niño necesita tanto a su padre como a su madre; es una parte difícil de lo que creen los cristianos. No obstante, aunque esta es una convicción importante, los cristianos tienen que evitar la retórica que deshumaniza a la gente, especialmente en las interacciones interpersonales. Nuestra mayor preocupación debe estar en la respuesta de los jóvenes a Cristo, no meramente sobre en qué tipo de hogar crecieron.

Me doy cuenta de que muchos cristianos quizá se ofendan por esta conclusión. No obstante considere la meta final de nuestra vida: dirigir a la gente a Jesús. Pero si los cristianos atacan a los homosexuales y a las lesbianas como si no fueran dignos de valor y respeto, manchamos la reputación de Cristo. Si la gente de Jesús ataca, se burla y critica a los padres de un niño, la probabilidad de que el niño le entregue su vida a Cristo se reduce.

Esta es la fe casi cristiana en acción: alejar a la gente de Jesús. En lugar de ponernos en orden de batalla en contra de estas familias, recuerde que la verdadera conexión entre la gente y Cristo se lleva a cabo cuando las amamos y las servimos. Si nuestra preocupación es que amarlos y servirlos de alguna manera condone su comportamiento, probablemente no amamos a la gente como Cristo. Ser verdaderamente motivado por el amor de Dios siempre produce cierto tipo de vida divina en la gente, aun y cuando no vemos los resultados de inmediato. Lea 1 Corintios 13 —el famoso "pasaje del amor" de la Biblia— y luego considere su preocupación por los homosexuales. Pablo escribe que el amor es paciente y bondadoso. No guarda rencor. Todo lo cree. *El amor jamás se extingue.*

TENER COMPASIÓN

Dietrich Bonhoeffer, el pastor alemán que fue ejecutado por su oposición al partido Nazi, escribió esto desde un campo de concentración: "Nade de lo que menospreciamos en el otro esta completamente ausente en nosotros mismos. Debemos aprender a considerar a la gente menos a la luz de lo que hacen o no hacen y más a la luz de lo que sufren".[11] Los cristianos deberían tener esta actitud hacia los homosexuales. Deberíamos pensar en lo que pasan. ¿Se imagina que hayan sido influenciados por la fe casi cristiana? ¿Qué tipo de cosas se imagina que la gente casi cristiana les haya escrito o dicho? Nuestras palabras en un mundo "nosotros contra ellos" pueden ser armas a utilizar en contra de los de afuera, especialmente los homosexuales. Esto pone lo escrito por Santiago bajo una nueva luz: "Si alguien se cree religioso pero no le pone freno a su lengua, se engaña a sí mismo, y su religión no sirve para nada" (1:26). Es fácil denunciar un exceso de cortesía y diplomacia, pero es mucho más difícil permanecer en el concepto bíblico de guardar nuestra lengua y rendir cuentas por lo que le comunicamos a otros. Es fácil aprender qué palabras son ofensivas y simplemente evitarlas; es mucho más difícil aprender maneras significativas de hablar la verdad en amor. ¿Nuestro lenguaje y nuestras acciones comunican compasión a los demás? Si nuestra teología dice que la homosexualidad está mal y que es pecaminosa, ¿sigue siendo verdad que los homosexuales tienen profundas necesidades sexuales, igual que el resto de nosotros? ¿Cómo no pronunciar palabras de compasión y llevar a caobo acciones compasivas?

DE VUELTA A LA HISTORIA DE MARK

—Entonces, David, ¿sigues pensando que me voy a ir al infierno porque soy gay?

—Bueno... no sé que fue lo que te dije antes. Perdóname si te dije que te ibas a ir al infierno por ser gay. Más bien, esto es lo que creo: Todo se reduce a lo que hacemos con Jesús. Yo creo que Él es el Hijo de Dios. No todos creen eso, pero daría cualquier cosa para que vieras la realidad de Jesús. Él le da significado y propósito a mi vida. Él puede hacer lo mismo por ti.

Hice una pausa para dejar que lo dicho penetrara y pensé en dejarlo así, pero me aventuré un poco al corazón de la pregunta de Mark.

—Nadie se va al cielo por lo que hace o deja de hacer. Ese es el mensaje de Jesús. Todos los seres humanos pecan, y todos merecemos irnos al infierno por ello. Pero Jesús les ofrece a todos su gracia libremente. Sé que no es una parte fácil de la teología cristiana, pero sí, creo que la homosexualidad es un pecado, pero no es distinta de cualquier otro pecado, no es diferente a si me acuesto con alguien que no sea mi esposa, o incluso tengo una fantasía sexual momentánea. Dios creó la sexualidad, así que es buena, pero se puede expresar de maneras equivocadas. Cada uno de nosotros, gay o no o lo que sea, expresa la sexualidad de maneras rotas.

Miré a mi alrededor, contento de que el restaurante estuviera casi vacío. Mark me estaba mirando fijamente. Y no parecía particularmente feliz.

—Pero, sabes qué, daría cualquier cosa por verte conocer a Jesús. Realmente lo haría. Yo moriría por eso. Todo esto gira sobre lo que decidas acerca de Jesús.

Nuevamente tomé mi taza de café. Mi hábito era imbuirme en largas respuestas con Mark (que probablemente fue la razón por la que recibió mensajes mezclados de nuestra conversación anterior). Pero esta vez sentí que había sido claro.

—David, esto es lo que necesitas saber sobre mi vida —comenzó Mark—. Yo estaba increíblemente solo. Me odiaba a mí mismo. No podía dilucidar qué me estaba pasando y me estaba comiendo vivo. Casi dejo la escuela. Fue horrible. Conozco gente que se suicidó a causa de los profundos conflictos que existen entre quiénes son y lo que la religión dice que está bien o mal.

—Creo que no tenía idea de lo que pasaste, Mark —dije—. Perdóname por no haber sido un mejor amigo para ti cuando estabas pasando por eso.

La mesera vino a la mesa para volver a servirnos bebidas, y nuestra conversación cambió a un nuevo tema.

Desearía decirles que Mark cambió esa noche. Lo que sí sé es que mi perspectiva sobre los homosexuales sí cambió.

Escuche una Conversación Fermi de dieciocho minutos, en inglés, acerca de la *Homosexualidad y la iglesia* [Homosexuality and the Church] con Chris Seay, Mike Foster y Shayne Wheeler en www.unchristian.com/fermi

CÓMO CAMBIAR LAS PERCEPCIONES

LA FRACTURA EN NUESTRA ALMA

Durante la plaga alejandrina (tercer siglo), los cristianos arriesgaron su vida al cuidar a los enfermos, tomando una postura de gracia que decía: "Aquí estoy contigo. Quizá muera, pero no vas a estar solo". La iglesia encarnó el evangelio y el mensaje no se olvidó.

En la década de 1980, la epidemia del sida golpeó a la comunidad gay. Hombres que de otro modo estaban saludables, estaban muriendo y nadie sabía por qué. El único vínculo parecía ser su sexualidad. La iglesia tuvo nuevamente la oportunidad de hablar gracia y, en lugar de eso, vomitó veneno. Más que mostrar compasión, de manera religiosa proclamamos el juicio de Dios. El mensaje llegó fuerte y claro.

Era el mensaje equivocado.

Y no se ha olvidado.

Cuando Greg, que es gay, descubrió que soy pastor, cambió la expresión de su rostro. Sus heridas tenían una historia. Después de algunos minutos de una diatriba hiperbólica, lo detuve.

—Mira, no presumas que yo soy un prejuicioso que odia a los gays, y yo no voy a asumir que seas un pedófilo. ¿Está bien? Si nos metemos en estereotipos, nunca podremos amarnos.

Lágrimas inundaron su rostro y me preguntó:

—¿Estás *seguro* de que eres cristiano?

Y entonces yo lloré.

Los cristianos pueden decir: "Ama al pecador y odia al pecado", pero Greg y muchos homosexuales escuchan: "Dios odia a los maricas". Es una desgracia. Está mal. Y es nuestra culpa.

Puede que se vea diferente de una persona a otra, pero el pecado ha fracturado *cada* alma humana (vea Romanos 3:23; 5:12; 1 Juan 1:10).

CAPÍTULO 5 **ANTIHOMOSEXUALES**

Aleksandr Solzhenitsyn dijo: "La línea que divide el bien y el mal pasa por el corazón de *cada* ser humano". Es momento de que vivamos y amemos como si realmente lo creyéramos.

En nuestra iglesia decimos regularmente: "Como cristianos, ninguno de nosotros tenemos la libertad de vivir como queramos. Hombre o mujer, joven o viejo, gay o no, todos estamos bajo la autoridad de Dios y somos llamados a conformar nuestra vida a Cristo".

La Biblia es clara: la práctica del homosexualismo es inconsistente con el discipulado cristiano. Pero no existe un juicio especial contra los homosexuales, así como no existe una justicia especial para los heterosexuales. Para todos nosotros, nuestra única esperanza para la fractura de nuestra alma es la cruz de Cristo.

Shayne Wheeler
Pastor, All Souls Fellowship, Decatur, GA

PLANTAR ÁRBOLES

El descubrimiento de que los cristianos son percibidos como antihomosexuales no me sorprende. Con la brutal guerra cultural que se ha librado en la última década, los cristianos ciertamente han quedado atrapados en una retórica destructiva y en política equivocada y se han alejado de la comisión de Cristo de amar. Lamentablemente, las banderas de DIOS ODIA A LOS MARICAS se han ondeado vigorosamente en nombre del cristianismo. Esta batalla ha sido transmitida en los medios de comunicación, ha sido discutida en las estaciones de radio habladas y ha polarizado radicalmente a los de las comunidades cristianas y homosexuales. Ambos grupos han sufrido, y ahora los que han sido testigos de esta horrible escaramuza han llegado a algunas conclusiones lamentables sobre la fe cristiana.

Yo sería el primero en decir que mucho de lo que ha sido representado en esta guerra cultural es una representación injusta de mi fe y mis creencias. Yo respondo a menudo: "Ese no soy yo. Esas personas en la televisión están dementes. ¿Por qué están gritando, chillando y cabildeando maliciosamente en contra del matrimonio homosexual? ¡Odio esto!". Y probablemente, esta sea su respuesta también. Pero en cierto nivel, todos debemos reconocer que todos los cristianos, incluyéndome a mí mismo, hemos tropezado en presentar un mensaje alternativo de amor, compasión y las Buenas Nuevas de Jesús a la comunidad homosexual. Hemos permanecido deplorablemente en silencio y hemos permitido que los que gritan más fuerte nos representen. El hermoso evangelio ha sido reducido a un comentario lleno de odio en las noticias de la tarde. Y en mis conversaciones con mis amigos homosexuales, esos comentarios les importan bastante así como a muchos otros. Como cristianos hemos fallado en hablar y representar apasionadamente el verdadero corazón del mensaje de Cristo en nuestra sociedad.

Mi compromiso personal en transformar esta percepción negativa es que he dejado de permitir que las organizaciones políticas y religiosas me representen en este asunto. He decidido representarme a mí mismo, ya al hacerlo representar de una manera más precisa a Cristo. En mi humilde entendimiento de Jesús en el Nuevo Testamento, veo a un hombre que buscó restaurar relaciones, no destruirlas. Un hombre de compasión que estaba locamente enamorado de los que los religiosos de su tiempo consideraban "el equipo equivocado".

El filósofo francés Albert Schweitzer cierta vez señaló que el ejemplo no es lo principal que influencia a otros; sino lo único. Si vamos a presentar una verdad más precisa, entonces debemos poner el ejemplo en nuestra propia vida, comenzando desde hoy. Debemos ser deliberados, introspectivos y comprometidos a tomar responsabilidad personal para redefinir la percepción. Nuestras acciones, respuestas y relaciones deben estar llenas constantemente de compasión, honor y amor. Debemos dejar de identificar a la gente como "seres sexuales" y más bien identificarla como "seres humanos". El cambio viene a través de sentarnos con nuestros amigos y parientes homosexuales en su comedor y en su sala de estar. De ir a sus eventos y servir. De buscar vivir juntos y encontrar entendimiento. Es tiempo de que sirvamos y honremos con humildad a los que hemos herido con tanta eficacia en el pasado.

Pero debemos mantener esto en mente: es crucialmente importante que lo hagamos no porque nos sintamos impulsados a "anotar un gol a favor del cristianismo", sino porque así es el cristianismo. Dejar las agendas en la puerta, y participar con la comunidad homosexual en una expresión simple, veraz y orgánica. No debemos deslizarnos a convertirlo en un proyecto de misión o en alguna causa. Eso sería desastroso.

Un dicho relevante dice: "Alguien está sentado en la sombra porque plantó un árbol hace mucho tiempo". Que usted y yo comencemos a plantar una nueva manera de vivir, amando y sirviendo a los de la comunidad homosexual y a cambio presentemos un nuevo tipo de cristianismo.

Mike Foster
Presidente, Ethur
Fundador, XXXchurch.com

DIOS AMA AL HOMOSEXUAL

He aventurado pocas conversaciones de la vida real con amigos homosexuales. Recuerdo en particular como me sentí en cierta ocasión. Mareado principalmente. Sabiendo que los cristianos muchas veces van a la cabeza en la carrera de la intolerancia, no tenía el deseo de ganar más medallas para la comunidad.

En cada conversación mi afiliación cristiana me traicionaba. Por lo tanto, mis amigos homosexuales gesticulaban hacia el bolsillo trasero de mi alma sabiendo de antemano que allí había metido temporalmente el hecho de que la homosexualidad no compagina con mi fe.

En una rara ocasión, incluso inicié la conversación… solamente porque mi amigo esperaba que nuestro grupo cristiano abrazara su homosexualidad y su fe, y posiblemente nos uniéramos a él en defender la homosexualidad y que dijéramos que no es pecado.

Temiendo que sería cocinado vivo en el grupo, le ofrecí un resumen más suave de las respuestas que quizá encontraría.

Esto me forzó a revelar el contenido de mi bolsillo trasero. Sacar, desdoblar y mostrar las arrugas y manchas de mi perspectiva en evolución sobre la homosexualidad y la fe.

Había decenas de características tangibles que estimaba en mi amigo, y se lo dije. Pero —con una voz temblorosa con nerviosismo y compasión— le confesé que mi amistad parecería insincera si yo no podía reafirmar lo que él mantenía como una parte central de su identidad: su sexualidad.

—Hasta donde puedo decir —tragué saliva—, la Biblia solamente introduce un tipo de unión sexual, y es entre un hombre y una mujer. Así que, tengo que creer que este es el curso que lleva a la vida más plena; la vida que el Creador planeó para nosotros.

Cuando escupí estas oraciones definitorias, me preocupé de que lo único que mi amigo escuchara fuera "bla bla" cristiano.

Pero me miró amablemente, así que continué, agradecido de que no hubiera micrófonos o cámaras mientras luchaba con terminar mi declaración sobre la homosexualidad.

"Quiero que sepas que creo que Dios ama a cada persona de la misma manera y eso incluye al homosexual. Sería deshonesto para mí aparentar que estoy de acuerdo o que entienda el camino que tú crees es el correcto, pero acepto que eres libre de escoger tu propio camino en la vida. Eso no porque yo sea especialmente caritativo o generoso, sino porque Dios lo es."

Creo que la conversación me cambió a mí más que a mi amigo, porque me forzó a reconocer partes de la voluntad de Dios que algunas veces pasaba de largo. Aceptar que Dios no quiere que haga cosas que ni siquiera Él escogió hacer: controlar o secuestrar la libertad de alguien más.

No se me pide que encarne al Espíritu Santo sino que viva una vida que deje brillar la fluorescencia de Dios. Y yo decido recordar que Dios muchas veces nos permite que aprendamos lo mismo cuando viajamos por los caminos que escogemos para nosotros mismos como lo hubiera hecho si hubiéramos caminado solamente en las porciones alumbradas por Él.

Pero esperen —protestamos— es como decir que Dios nos permite apren-der incluso cuando nos vamos por el camino equivocado. Pero esperen —continuamos— ahora que lo pensamos, eso se parece mucho a la gracia.

Sarah Raymond Cunningham
Escritora, *Dear Church: Letters from a Disillusioned Generation* [Querida Iglesia: Cartas de una generación desilusionada]

SIN CRISTO SOMOS INCAPACES DE TRATAR CON NUESTROS PROPIOS PECADOS

Ecclesia se localiza en el distrito Montrose de Houston, que alberga a una de las mayores concentraciones de homosexuales en el país. Cuando al principio compramos esta propiedad como iglesia, decidimos salir a caminar una noche para experimentar mejor la dinámica del barrio. Al acercarme al lugar donde nuestra iglesia se encontraba, me di cuenta de que había tres prostitutas travestis que estaban trabajando en la esquina de la calle. Decidí comenzar una conversación con ellas, lo que me llevó a entrar para sacar un poco de agua. Tenían sed, así que les di de beber.

Unas pocas semanas después, nuestra iglesia había organizado un festival de arte. Dos lesbianas de la comunidad asistieron y de inmediato se conectaron

CAPÍTULO 5 **ANTIHOMOSEXUALES**

con el arte que estábamos mostrando. Durante el festival, una de las mujeres se me acercó con curiosidad y preguntó: "¿Por qué tanto arte cristiano?", le dije que yo era pastor, lo cual de inmediato provocó la respuesta: "No es cierto". Le dije acerca de la historia de Jesús, el evangelio y la razón por la que me sentí impulsado a plantar una iglesia. Ella estaba fascinada y energizada por esta nueva visión de la vida, mientras todo el tiempo respondía: "No es cierto". Ese día ella comenzó a procurar la travesía.

Comparto estas historias porque creo que una de las razones que más contribuyen para que los cristianos causen una impresión tan negativa fluye de nuestra hiperpreocupación por la moral. En lugar de expresar de lo que se trata el cristianismo, hemos puesto el carro delante del caballo y alejamos a la gente por la cual deberíamos preocuparnos más.

Esto debe cambiar.

No se puede afectar la moral de nadie sin presentarles a Jesús. Debemos aprender a contar la historia de Jesús, lo cual lleva a una conversación bastante diferente, una discusión completamente distinta.

En la plática con mi nueva amiga lesbiana, si hubiera hecho de la moral el centro de la conversación, hubiera sido bastante más corta. Se hubiera ido ofendida y hubiera sido probable que no volviera a comenzar una búsqueda de Jesús.

El enfoque reciente moral sobre la homosexualidad nos lleva a señalar la homosexualidad como un pecado "malo", peor que los demás. Encuentro irónico que muchos son prontos a señalar el pecado de homosexualidad y su conexión con el sida, pero que se complacen en pasar de lado el pecado de obesidad que está directamente vinculado con la enfermedad de la diabetes.

Si somos impulsados a tratar con la homosexualidad de la manera en que la Biblia lo hace, debemos tratar con él como con cualquier otro pecado. Creo que se ha vuelto mucho más fácil hablar acerca de la homosexualidad que tratar con la idea de que Dios vino para todos nosotros cuando todos éramos pecadores. No podemos tratar con el pecado apartados de Cristo. Si la gente no conoce a Jesús, es incapaz de tratar con su propio pecado. Nosotros en Ecclesia tratamos con el pecado cuando la gente está en la posición de estar lista para seguir a Dios.

Los cristianos necesitan ser listos, sabios y educados. No deberíamos tratar a la gente de una manera distinta con base en sus pecados. La Escritura es clara en que un pecado no es mayor que otro. La gracia es lo suficientemente grande para la homosexualidad... solamente que toma tiempo. La redención y la santificación no suceden de la noche a la mañana.

Chris Seay
Pastor, Ecclesia, Houston

UNA DESPEDIDA SALUDABLE

La manera en que los cristianos suelen entender el homosexualismo es natural contra cultivo. Nos forzamos a tomar un lado e identificar la razón por la que alguien es gay, lo cual de inmediato coloca a la gente en campamentos antagónicos.

Esta posición probablemente no sea el mejor punto para comenzar al entrar en una amistad con alguien que es homosexual.

Imago Dei Church tiene una amplia variedad de personas que asisten y que se encuentran en algún punto del espectro, luchando con la homosexualidad. Como iglesia, nos hemos tomado de lo que la Escritura dice que es verdad acerca de la práctica de la homosexualidad: tener relaciones sexuales con personas del mismo sexo es pecado. Sin embargo, nos estamos preguntando si es posible experimentar esa misma atracción por personas del mismo sexo y entregarse a un estilo de vida célibe. ¿Qué pasaría si pudiéramos brindar una comunidad íntima de rendición de cuentas para él o ella en esta búsqueda? Creemos que la comunidad es la respuesta para que cualquiera se sienta amado y humano.

Recientemente, pasé un año con amigo que pensó que había nacido siendo gay. Pasamos tiempo trabajando con lo que yo creía que era el diseño de Dios para él. Creo que el diseño de Dios es claramente una unión entre un hombre y una mujer o la heterosexualidad, no obstante, él concluyó que Dios lo había hecho así (homosexual) y quería abrazar este estilo de vida a plenitud. Por lo tanto se fue de la iglesia, pero fue una despedida saludable. No estoy seguro como evitar este tipo de complicación al desarrollar relaciones y amar a la gente que está luchando con problemas de identificación sexual.

Rick McKinley
Pastor, Imago Dei, Portland

UN MOMENTO DE DEFINICIÓN

Creo que casi cada hombre que trata con la homosexualidad tiene un momento de definición cuando se da cuenta de que todo lo que está sucediendo en su cuerpo, su mente y en el lugar secreto de su corazón es lo que es llamado "gay". Es un momento extremadamente atemorizante que no suele olvidarse jamás.

Recuerdo mi momento claramente. Estaba sentado en la oficina de mi pastor de jóvenes en una sesión de consejería con mi padre. Tenía catorce años, y había sido expulsado de la escuela, me había tratado de suicidar dos veces y nadie sabía cómo ayudarme o amarme. Estaba actuando y me estaba doliendo tan fuerte. No sé por qué.

Con la mejor de las intenciones, mi pastor de jóvenes trató de llegar al fondo de mis problemas. El resultado, por otro lado, fue que me di cuenta de que era gay, eso era realmente malo, y sin importar lo mucho que amaba la iglesia, jamás sería aceptado allí.

En cierta manera sentí alivio, porque los muchachos de la iglesia me llamaban "marica" o "raro" y me rechazaban, de igual manera que los muchachos de mi escuela cristiana. A todos lado hacia donde iba, encontraba rechazo... en todos lados. Excepto con otros gays.

No regresé de nuevo a la iglesia. No hasta hace cuatro años.

Me tomó veinte años de depresión, doce años de adicción y tráfico de drogas, y varios intentos de suicidio para encontrarme buscando a Jesús donde había querido regresar cuando era adolescente. Allí encontré un Dios compasivo que me amaba y me entendía. Cuando mi búsqueda de respuestas fue más desesperada, mi familia, mis amigos y mi iglesia no estaban bien equipados para manejar mi situación. Lamentablemente, lo más difícil que tuve que vencer fueron las palabras llenas de odio y el rechazo que provino de personas que se hacían llamar cristianos.

Levi Walker

QUEBRANTAMIENTO SEXUAL

Durante diez años, dirigí la clínica de consejería New Life en Scottsdale, Arizona. Cuatro clientes murieron de sida y todos eran gays. Sigo entristecido por sus muertes porque eran personas amables y afectuosas a quienes llegué a conocer. Eran como otras personas, pero gay. Especialmente extraño a un joven que estaba lleno de vida y de talento. Por supuesto, yo estaba en desacuerdo con su conducta sexual, pero también estaba sorprendido y frustrado por la manera en que los cristianos trataban a estas personas.

Creo que una de las razones por las que muchos cristianos son hostiles hacia los gays es que se les hace difícil dilucidar como ver la "homosexualidad". ¿Es un pecado, una enfermedad, un síndrome o simplemente una enfermedad? Me recuerda como hace treinta años la sociedad luchaba por resolver la situación con los alcohólicos. Con el tiempo llegamos a entender a los alcohólicos y al alcoholismo. Ahora tenemos que llegar a las misma respuestas con el quebrantamiento sexual, incluyendo la homosexualidad. La homosexualidad es solamente una faceta de una sociedad sexualmente quebrantada. Así que necesitamos ser claros en que poner en práctica la homosexualidad no es aceptable, no obstante que permanecemos amables, compasivos, afectuosos y al servicio de cualquiera que esté luchando con su sexualidad.

Y yo añadiría esta advertencia: he aconsejado a muchos más cristianos heterosexuales que homosexuales. Muchos creyentes están luchando con problemas sexuales fuertes, desde infidelidad marital a las adicciones a la pornografía y otras cosas que no se pueden imaginar. No subestime el poder de los problemas sexuales —homosexuales o no— para devastar incluso a las mejores familias y las mejores iglesias.

Rev. Alfred Ells
Director ejecutivo, Leaders That Last Ministries

6

RETRAÍDOS

> Los cristianos disfrutan estar en su propia comunidad. Entre más se recluyen, menos pueden funcionar en el mundo real. Demasiados cristianos están atrapados en la "burbuja" cristiana.
>
> *Jonathan, 22*

Percepción: **Los cristianos son aburridos, poco inteligentes, anticuados y fuera de contacto con la realidad.**

Nueva percepción: **Los cristianos son participativos, informados y ofrecen respuestas sofisticadas a los problemas que la gente enfrenta.**

Piense en las mayores marcas de Estados Unidos: Apple, McDonald's, Starbucks, Wal-Mart, Disney, Microsoft, Coca-Cola. ¿Qué le viene a la mente cuando piensa en el logotipo de cada una de estas empresas? La gente suele tener reacciones poderosas y profundas delante de estas entidades corporativas, y estas reacciones difieren ampliamente entre la gente.

Le pedimos a los de afuera que describieran sus imágenes del cristianismo. Y aunque el cristianismo no es una marca, la realidad es que la gente tiene un conjunto de percepciones en su cabeza sobre la fe cristiana. Cuando se les pidió que describieran cómo es el cristianismo, los de afuera ofrecieron analogías provocativas:

- El Titanic: una nave a punto de hundirse, pero sin estar al tanto de su destino.
- Un poderoso amplificador siendo socavado por cableado defectuoso y altoparlantes débiles.

Una manada de gatos domesticados que parecen estar teniendo pensamientos profundos pero que solamente están esperando la comida siguiente.
Un avestruz con la cabeza en el suelo.
Un pasatiempo que distrae a la gente.

Estas imágenes capturan una idea que repetidamente encontramos en nuestras investigaciones: los cristianos son retraídos. La percepción de que somos retraídos se expresó en diversas maneras.

FUERA DE SINTONÍA

Los de afuera piensan que el cristianismo está fuera de sintonía con las decisiones del mundo real, los desafíos y los estilos de vida que enfrentan. Solamente un quinto de los jóvenes de entre los de afuera creen que la fe activa ayuda a la gente a vivir una vida mejor y más plena. Tres cuartos de Mosaicos y "Busters" fuera de la iglesia dijeron que el cristianismo actual podría ser descrito con precisión como anticuado y siete de cada diez creen que la fe está fuera de contacto con la realidad. La mayoría de los de afuera y casi la mitad de los jóvenes de entre los de adentro dicen que el cristianismo es confuso. Estas percepciones son particularmente inquietantes porque los estadounidenses entre las edades de dieciocho a veinticinco creen que su generación experimenta un estilo de vida sumamente distinto a los adultos jóvenes de hace veinte años, y el cristianismo ya no parece llevar el paso con sus vidas en rápido movimiento siempre cambiantes. Una mayoría dice que tienen mejores oportunidades de educación y empleos con salarios más altos y que viven tiempos más emocionantes que la gente de su edad hace dos décadas, pero también reconocen que su generación es más proclive a tener sexo casual, recurrir a la violencia, y abusar más de las drogas y el alcohol que sus predecesores.[1] La reputación de ser retraídos deja al cristianismo con una imagen que es vista como anticuada.

FALTA DE VITALIDAD ESPIRITUALIDAD Y MISTERIO

El cristianismo es percibido como separado de la vitalidad espiritual real y del misterio. Parece una religión de reglas y normas. Sorprendentemente, la fe cristiana en la actualidad es percibida como desconectada del mundo sobrenatural: una dimensión que la vasta mayoría de los de afuera creen que puede ser accesada e influenciada. A pesar de la exposición de los de afuera *a* la iglesia, pocos dicen haber experimentado a Dios *a través* de la iglesia. Dicen que no tiene vitalidad espiritual. "El cristianismo es tan predecible", dijo con desdén uno de los entrevistados. Dos tercios de los jóvenes de entre los de afuera dicen que la fe es aburrida, una descripción que abrazó también un cuarto de los jóvenes que asisten a la iglesia. La imagen de ser retraídos significa que la fe cristiana parece monótona, plana y sin vida.

ASILADOS DEL PENSAMIENTO

Muchos de los de afuera creen que el cristianismo aísla a la gente de pensar. Muchas veces los jóvenes (incluyendo muchos de los de adentro) dudan que el cristianismo levante el intelecto. Descubrimos varias opiniones al respecto, pero el cristianismo no es generalmente percibido como que brinde una respuesta reflexiva al mundo. Un comentario ilustra esta imagen: "El cristianismo frustra la curiosidad. La gente recusa enfrentar sus dudas y preguntas. Hace que a la gente se le muera el cerebro". La amplia mayoría de los de afuera rechazan la idea de que el cristianismo "haga sentido" o que sea "relevante para su vida". Así que parte de la percepción de ser retraídos es que los cristianos no son pensadores.

VIVEN EN SU PROPIO MUNDO

Los de afuera describen a los cristianos como que viven en su propio mundo. Aunque los de afuera generalmente tienen amigos cristianos, una de sus quejas es que los cristianos no están hablando en el mismo nivel que los demás. Casi un cuarto describe que los cristianos usan palabras y frases especiales que nadie más puede entender. Y la mitad de todos los jóvenes de entre los de afuera dijeron que el cristianismo parece un club al que solamente ciertas personas se pueden unir. Una persona de Indiana los describió así: "Los cristianos disfrutan estar en su propia comunidad. Entre más se recluyen, menos pueden funcionar en el mundo real. Demasiados cristianos están atrapados en la 'burbuja' cristiana". Ser percibidos como retraídos hace que los cristianos parezcan lejanos y aislados.

UNA CONCLUSIÓN SORPRENDENTE

Una nueva generación piensa que el cristianismo es carente de vigor espiritual, parroquiano, estrecho de miras e ignorante. Esta impresión "retraída" del cristianismo actual es sorprendente por varias razones.

Primero que nada, Jesús es el camino legítimo hacia un mundo espiritual dinámico que existe más allá de nuestros cinco sentidos. Sin embargo, incluso después de participar en iglesias cristianas, no es aparente a la mayoría de los jóvenes de entre los de afuera que consideran seguir a Cristo como pertenecer a un club social que se adhiere a un lindo conjunto de principios de vida.

Otra razón por la que la imagen de ser retraídos es sorprendente es que el cristianismo ofrece una respuesta sofisticada y viable para el mundo natural y la manera en que "funcionamos" como humanos. Como cristianos, entendemos que el pecado está en todas partes y presente en todos. También sabemos que los humanos son hechos a la imagen de Dios, capaces de crear y hacer el bien. Aunque la cosmovisión bíblica no es simplista, ni muchas veces fácil de entender, nos capacita para entender la creación y a nosotros mismos. Los Mosaicos y los "Busters" dentro y fuera de la iglesia pocas veces han sido expuestos a lo bien que esta cosmovisión explica la vida como la conocemos.

Finalmente, una imagen retraída del cristianismo es un desarrollo relativamente reciente en la historia. Sí, la iglesia lleva un historial desigual de participación intelectual y política, exponiendo un lado oscuro de horribles excesos en los últimos dos mil años. No obstante, durante siglos muchos cristianos permanecieron involucrados en darle forma a la cultura, y no siendo aislados de ella. Aportaciones importantes a los campos de la educación, el gobierno, la literatura, la música, el arte, la medicina, la ciencia y la justicia social han provenido de pensadores y líderes cristianos.[2] En esta época a los jóvenes les importan poco la aportaciones históricas del cristianismo y, desde su perspectiva, ven poca o ninguna evidencia de tal participación en el mundo de hoy.

Una fe que podría ser —y ha sido— influyente solamente cumple con expectativas pedestres entre los Mosaicos y los "Busters". ¿Cómo fue que sucedió?

DESCONECTADOS DEL MUNDO "JOVEN"

Si usted pasa mucho tiempo con personas en sus veintes o treintas, se da cuenta de que los Mosaicos y los "Busters" son la antítesis de "retraídos". Esta es una de las razones por las que el cristianismo, en su forma retraída, despistada y poco intelectual, no les hace sentido. Entrenados a creer que tienen control sobre casi cualquier cosa y con la expectativa de participar en la realidad, los jóvenes adultos no se identifican con una visión de cristianismo enclaustrado. Una fe que los margina no es sostenible. Su existencia es cualquier cosa excepto metida en una burbuja.

CAPÍTULO 6 **RETRAÍDOS**

Los Mosaicos y "Busters" florecen en experiencias inesperadas y disfrutan buscar nuevas fuentes de información. Su vida consiste en un colage de diversidad, perspectivas, amistades y pasiones. Una amplia porción de su día típico es invertida en consumir medios y explorar los boyantes mundos de la Internet. Las películas, las revistas, la música y la televisión los transportan a realidades alternativas con mayor frecuencia y viveza que lo que ninguna generación anterior haya experimentado. Están expuestos a más filosofías e ideas acerca de la vida —y pueden entenderlas a un paso más rápido— que ninguna otra generación en la historia. Son una generación de "un poco de esto, un poco de aquello", siempre dispuestos a probar un poco de todo.

Junto con su constante experimentación, los jóvenes (particularmente los Mosaicos) han crecido como una de las generaciones más "protegidas", desde asientos para bebé y bolsas de aire a límites públicos para los fumadores y otros estándares de seguridad en la comunidad. La sobreprotección parece impulsar su disposición a desafiar la vida "segura" y la rutina, y a intentar algo nuevo, especialmente si significa que puedan liberarse de los límites paternales que puedan existir.

Otra razón por la que la fe retraída es poco atractiva es que los adultos jóvenes se resisten a respuestas simplistas. A los Mosaicos y los "Busters" les encanta el misterio, la incertidumbre y la ambigüedad. No les molestan las contradicciones o las incongruencias. Me sorprendió en nuestra investigación lo cómodos que están los jóvenes con los matices y la sutileza, expresando conciencia de contexto en temas complicados e intrincados. Una mayoría de "Busters", incluyendo a los jóvenes cristianos nacidos de nuevo, creen que el mundo espiritual es demasiado complejo y misterioso para que los humanos lo puedan comprender. Millones de jóvenes admiten que la vida misma es demasiado complicada para realmente abrazarla. Estas ideas son lo doble de comunes entre los Mosaicos y los "Busters" en comparación con la generación de sus padres.

Las perspectivas de los jóvenes acerca del mundo no son limpias y ordenadas. Hacen a un lado a los que no están dispuestos a explorar lo intrincado de la vida, su ironía y absurdidad, como ellos dirían. Una fe que no aborda con eficacia temas escabrosos y espinosos parece fuera de sintonía con una generación que hace grandes preguntas y expresa dudas sinceras. La espiritualidad que está meramente basada en "haz esto y no hagas aquello" suena vacía.

Los estilos de vida y perspectivas diversos de los jóvenes significan que la fe estilo burbuja no compagina con su vida. Los Mosaicos y los "Busters" dicen que hablan de moral con la misma frecuencia que los adultos mayores; la diferencia es que dicen ser mucho menos rígidos en sus perspectivas y actitudes. Parte de esto viene de su inmersión en un mundo relativista siempre cambiante. Cuatro de cada cinco se describen a sí mismos como que "se adaptan fácilmente al cambio" una percepción de sí mismos mucho más común que entre los de la Posguerra. Otro factor que hace que sean más flexibles en sus puntos de vista es su deseo por la diversidad. Les encanta estar cerca de personas que no comparten su perspectiva de la vida, con el fin de ampliar y expandir sus opiniones.

Es significativamente menos probable que los jóvenes limiten el contenido de lo que reciben en los medios por incomodidad con los valores o las perspectivas presentados en comparación con los adultos mayores. Considere este hecho: una mayoría de las personas mayores de cuarenta y dos años dicen que el contenido de las películas y la televisión es un problema importante que enfrenta Estados Unidos; pero eso se reduce a solamente un tercio entre los que tienen de dieciocho a cuarenta y un años. Nuestra investigación inicial sobre esta realidad sugiere una mezcla de dos razones: no les importa (no son amenazados por valores relativistas), o no lo notan (no tienden tanto a rechazar valores que entren en conflicto con los propios). Para bien o para mal, pocos miembros de las generaciones Mosaica o *Buster,* incluyendo a aquellos dentro de la comunidad cristiana, tienen la mentalidad de "guarecerse" para evitar el contenido que consideran ofensivo.

GENERACIONES FRACTURADAS

Finalmente, una fe retraída parece fuera de contacto con los desafíos intensos que los jóvenes enfrentan. Su mundo se está desbaratando, y el cristianismo no parece poder con el reto. Considere el mundo habitado por adultos jóvenes:

- ☐ Los "Busters" han crecido en un ambiente social más violento que el de sus padres de la generación de la Posguerra. El crimen fue tres veces más común en 1980 que en 1960, y los delitos violentos fueron casi cuatro veces más dominantes.[3] Esta violencia afecta la seguridad física de millones de jóvenes. En un estudio de estudiantes de escuela media superior en 2005, un tercio dijo haber estado en una pelea física de algún tipo en el último año.[4]
- ☐ Las estructuras familiares han pasado por un cambio dramático desde la época de la niñez de los de la generación de la Posguerra. Actualmente más de un tercio de niños nacidos en los Estados

Unidos nacen de madres solteras; en 1960 la proporción era de uno de cada veinte nacimientos. En algunas zonas metropolitanas, casi dos tercios de todos los bebés nacen de mujeres solteras.[5]

☐ En comparación con la generación de Posguerra, los adultos jóvenes en la actualidad tienen más probabilidades de ver revistas, películas o sitios web explícitos. Por lo menos dos de cada cinco "Busters" y Mosaicos admiten haber visto algún tipo de pornografía en un mes típico. Una mayoría de adultos jóvenes dicen haber sido expuestos a pornografía por la Internet en algún momento de su vida.

☐ Cuando terminó la década de 1950, 30% de los jóvenes aprobaban el sexo antes del matrimonio, en comparación con 75% de la actualidad.[6] Este cambio de actitud se refleja en su estilo de vida. Un quinto de los "Busters", y dos quintos de los Mosaicos adultos dicen que en los últimos treinta días han tenido algún contacto sexual con alguna persona que no es su cónyuge.

☐ Del final de la década de 1960 al final de la de 1990, la edad promedio en la que una señorita perdía su virginidad cayó de 18 a 15 años.[7] Y los "Busters" tienen el doble de tendencia que los de la Posguerra a haber tenido varios compañeros sexuales al llegar a los dieciocho. Para el momento en que llegan a la mitad de sus cuarentas, es típico que las mujeres hayan tenido cuatro compañeros sexuales y los hombres ocho.[8]

☐ Los adultos jóvenes abusan de las drogas con mayor frecuencia que los adultos mayores. En un mes típico, casi un quinto de los que tienen entre dieciocho y veinticinco han usado drogas ilegales o sin prescripción: lo mismo es verdad entre aproximadamente un décimo de los que tienen entre veintiséis y treinta y cuatro.[9] En el mismo periodo de treinta días, dos quintos de los Mosaicos y un cuarto de los "Busters" han consumido suficiente alcohol para ser considerado legalmente que se emborracharon. Entre los adolescentes, dos de cada cinco han consumido alcohol y uno de cada cinco han usado marihuana en los últimos treinta días.[10]

☐ Las malas palabras se han convertido en parte natural de la conversación y la expresión propia de la mayoría de los adultos jóvenes. Dos tercios de los Mosaicos y la mitad de los "Busters" dicen haber usado improperios en público en el último mes, en comparación con solamente tres de cada diez de la Posguerra.

☐ Los Mosaicos y los "Busters" enfrentan otras luchas personales importantes y están al tanto de estos desafíos. Uno de cada siete admite estar tratando con una adicción. Un tercio se describen

como con sobrepeso. Un sexto reconoce que se encuentran endeudados de manera grave. Casi uno de cada cuatro "Busters" que han estado casados ya han experimentado el divorcio.
- ☐ A pesar de lo central que son las relaciones para esta generación, casi la mitad de los adultos jóvenes dicen que están tratando de encontrar algunos buenos amigos. Un octavo se siente solo. Un cuarto no se siente pleno en la vida. Casi la mitad dice estar estresada, lo cual es el doble de la proporción de los de la Posguerra.
- ☐ Su habilidades interpersonales también son inusualmente espinosas. Los Mosaicos y los "Busters" tiene mayor probabilidad que los adultos mayores de vengarse de alguien que los haya ofendido y hablar mal de la gente a sus espaldas.
- ☐ Muchos Mosaicos y "Busters" viven con una desesperación interna que muchas veces los lleva a la aniquilación personal. El suicidio es la tercera causa de muerte entre las personas de quince a veinticuatro años. En 2005 un estudio mostró que uno de cada seis estudiantes de educación media superior dijeron haber pensado suicidarse durante el año anterior, mientras que uno de cada doce estudiantes de educación media superior dijeron haber intentado suicidarse en el año anterior.[11]

Podría seguir, pero el punto es claro: los adultos jóvenes tienen necesidades importantes, y presionan sobre los límites de los estilos de vida convencionales.

Muchas veces encuentro el argumento de que estas son las mismas luchas que cada generación sufre y que ciertamente no son distintas de la generación de la Posguerra que los precedió. Este tipo de pensamiento se me hace extraño. Primero, porque generalmente no lo respalda la evidencia. En los aspectos en los que existe información comparable, la generación *Buster* parece estar más en riesgo que los de la Posguerra a la misma edad. Segundo, aun y cuando los estilos de vida *fueran* los mismos, esta actitud parece minimizar los desafíos sumamente reales y presentes que los jóvenes enfrentan, como si los jóvenes debieran "sacar lo mejor de las cosas" porque los de la Posguerra lo hicieron.

Estos obstáculos no son modas pasajeras. Las actividades que estaban en los *márgenes* de los de la Posguerra, ahora *definen* los estilos de vida de los "Busters". Por ejemplo, en la década de 1960 quizá haya venido la revolución sexual, pero era en muchas maneras el principio de lo que es ahora parte de la perspectiva básica de la vida para los Mosaicos y los "Busters": que la sexualidad puede ser recreativa, que el sexo oral y otras formas de encuentros sexuales son conductas sexuales saludables y razonables, que no hay necesidad de esconderse detrás de la formalidad o la vergüenza al hablar de intimidad sexual.

Aunque la década de 1960 fue definida por agitaciones sociales y sexuales sustanciales, no hay necesidad de debatir qué generación ha enfrentado más problemas. Con el conocimiento fruto de nuestra extensa investigación, le insto a no dejar pasar algunos de los cambios fundamentales que están influenciando significativamente a los adultos jóvenes en la actualidad.

Los "Busters" y los Mosaicos necesitan ayuda.

PARTICIPACIÓN DE LA GENTE

Sería fácil desalentarse por estos datos y la vida de las personas que reflejan. Frente a necesidades tan urgentes ¿cómo debemos responder los cristianos? ¿Deberíamos denunciar las "fallas morales" de los jóvenes y expulsarlos de nuestra vida?

Posiblemente los desafíos que hemos mencionado lo hayan hecho reflexionar en su propia vida y usted se haya dado cuenta, como yo, de que la lista anterior, no se refiere a "otras personas". Como seres humanos, nuestra vida es una mezcla de crestas insuperables y valles aplastantes. Hay un lado personal en todas estas estadísticas, uno que vamos a ver más tarde en este capítulo.

Creo que la investigación con respecto a los estilos de vida de los "Busters" y los Mosaicos nos debería dar esperanza. Hay oportunidades extraordinarias para que Dios se glorifique. Él trabaja mejor cuando la vida de las personas es confusa y desordenada. Es verdad que los Mosaicos y los "Busters" enfrentan desafíos importantes, que no pueden ser minimizados, pero a Dios no le sirve la gente que tiene todo resuelto. Mi oración para mi generación ("Busters") y los Mosaicos es que nuestra condición desesperada nos proveerá avenidas claras hacia Dios y la restauración a través de Cristo. ¡Qué privilegio será ver a Dios trabajando en la vida de los "Busters" y Mosaicos, transformándolos en medio de las circunstancias más sobrecogedoras!

Como seguidores de Cristo, ¿nos vamos a emocionar con lo que Dios puede hacer, o recurriremos a la respuesta casi cristiana y nos retraeremos de la cultura que nos ofende?

Algo que evita que participemos en el mundo es el hecho de que nuestra conexión con los de afuera se disipa a medida que entramos al enclave bíblico. En nuestras entrevistas, un cristiano de veintiocho años describió este estilo de vida: "Demasiados cristianos están atrapados en la subcultura cristiana y están completamente cerrados al mundo. Vamos a la iglesia los miércoles y domingos y algunas veces los sábados. Asistimos a un grupo de hogar los martes y servimos en la junta de asesoría de la escuela dominical, el comité de finanzas y el comité de bienvenida. Vamos a asados con nuestros amigos cristianos y planeamos salidas en grupo. Estamos aislados del mundo. Incluso si quisiéramos alcanzar a los no cristianos, no tendríamos el tiempo ni sabríamos cómo. La única manera en que sabemos cómo alcanzar a otros es invitándolos a nuestro círculo social cristiano".

Los cristianos ven hacia adentro por muchas razones, algunas de las cuales son completamente razonables e ¡incluso bíblicas! El equilibrio es esencial en la vida del creyente. Por ejemplo, alejarse de las distracciones de la vida para recargarse y reenfocarse en Dios es enteramente necesario. Las relaciones más íntimas y ricas de algunos cristianos provienen del contexto de la comunidad cristiana. Limitar la exposición de los niños a los medios según su edad de manera que proteja su joven corazón y mente es un papel vital de cada padre. Evitar un programa de televisión o película porque el contenido podría desatar una lucha con el pecado —fantasías sexuales, malas palabras, materialismo, enojo y demás— es un tipo de retracción saludable y razonable. Dios quiere que seamos santos, lo cual significa que nos apartemos (1 Pedro 1:15), y la Escritura dice que debemos pensar en lo puro, lo amable y digno de admiración (Filipenses 4:8). Muchas veces los cristianos toman decisiones que honran a Dios para alcanzar estas metas.

No obstante, el problema es que nuestras decisiones de vivir una vida retraída muchas veces nos dejan incapaces o indispuestos para ayudar a la gente que necesita a Jesús. Sin embargo, la Biblia instruye a los creyentes maduros y considerados a que influencien a la gente y los lugares a su alrededor, mientras mantienen su pureza e integridad personal.

ACEPTAR LA RESPONSABILIDAD

Somos responsables de atraer al mundo. Jesús usa muchas metáforas para esto. Somos la luz del mundo (esto es que ofrecemos dirección que conduce a la gente a la restauración); somos la sal de la tierra (ayudamos a preservar a la gente); y somos una ciudad sobre un monte (ofrecemos protección y esperanza para la gente) (vea Mateo 5:13-15). Por otro lado, solamente por decirnos cristianos no significa que guiar, preservar o proteger son fáciles y automáticos. Es nuestro deber ayudar a restaurar un mundo quebrantado, pero esto requiere esfuerzo. Nuestra responsabilidad es abrazar la tarea con humildad y energía, sin esperar que el mundo venga a nuestra puerta.

NO TEMER

Muchos cristianos se retraen a causa del temor, y tratan de atrincherarse en contra de todas y cada una de las amenazas. Pero la Biblia dice que no deberíamos ser impulsados por la alarma, porque el amor echa fuera el temor (1 Juan 4:18). Debemos ser motivados por el amor y la confianza (2 Timoteo 1:7). Además, la Escritura nos recuerda que nada nos puede separar del amor de Cristo, así que sin importar lo que provoque la trepidación no representa un peligro real para nosotros (Romanos 8:38-39). Necesitamos pensar en los temores que nos mantienen retraídos del mundo y desconocerlos.

NO OFENDERSE

Ofenderse también es la respuesta equivocada a los desafíos de una nueva generación. ¿Puede pensar en alguna vez en la que Jesús se haya ofendido por la gente, especialmente por los de afuera? No está registrada en la Escritura, excepto cuando reconvino a los líderes religiosos que se pensaban justos y cuando echó fuera a los que estaban profanando el templo. De hecho, les dijo a los discípulos que esperaran problemas. Así que si somos perseguidos por nuestra fe, no nos debemos sorprender u ofender (Juan 16:33). Si permitimos que las acciones y las actitudes de los de afuera nos impacten, nos convertimos en anacoretas o cruzados, y ninguno de los dos extremos tendrá mucha influencia sobre los de afuera.

Y, ¿cómo podemos ofendernos cuando los de afuera están demostrando su verdadera naturaleza? ¿Seríamos tan diferentes si no fuera por la gracia de Dios? Cuando Pablo visitó a los habitantes de Atenas sin Dios (un episodio narrado en Hechos 17), en lugar de impactar y reprender, capturó la imaginación de los atenienses de una manera creativa, dirigiéndolos a Jesús. Nosotros también podemos aprender como hacer que los de afuera se interesen de maneras creativas. Más que permitir que el pecado que vemos en el mundo nos haga retroceder, podemos permitir que levante nuestra compasión y que nos inspire a hacer un cambio.

AYUDAR AL DESESPERADO

Tenemos una responsabilidad de ayudar a la gente en situaciones desesperadas. Al final de su vida, Jesús les dio a los primeros cristianos instrucciones de ir a todas partes —hasta lo último de la tierra— con el mensaje transformador de vida (Mateo 28:19-20; Marcos 16:15; Hechos 1:8). Esta instrucción no se refiere solamente a ubicaciones geográficas, sino que nos impulsa a alcanzar a personas que de otra manera consideraríamos indignas. Jesús dijo que no vino por los sanos, sino por los enfermos, no ha ayudar a los justos sino a los pecadores (Mateo 9:12-13; vea Hechos 10:30-48). Dios quiere usarnos en los lugares sucios y burdos de la vida de la gente, pero nuestra utilidad es obstaculizada cuando estamos más preocupados por nuestra protección *del* pecado que por los efectos *del* pecado en la vida de los demás.

ESTAR PREPARADOS

El foso de los leones hizo famoso a Daniel, pero su lugar en la historia no lo determinó estar en el lugar correcto en el momento oportuno, Él estaba preparado. De joven, Daniel tuvo características importantes y una disposición que dio pie a ser levantado a eminencia. Él tenía "aptitudes para aprender de todo y que actuaran con sensatez; jóvenes sabios y aptos para el servicio en el palacio real" (Daniel 1:4). Él creció en un reino babilónico que era rebelde a Dios e indulgente consigo mismo (¿se parece a los Estados Unidos de hoy?). Pero Daniel no enterró su espiritualidad. Aprendió todo lo que pudo de una sociedad impura, y a través de sus habilidades y su fidelidad a Dios, se volvió una persona de influencia, que con el tiempo administró una buena parte del imperio babilónico. Cuando los cristianos se retraen, permitiendo que "alguien más" responda las dudas del mundo y aborde sus problemas, abdican de su papel espiritual a ser personas de influencia espiritual. Es nuestro deber desarrollar nuestra mente y nuestro corazón de manera que podamos cumplir con nuestro destino de agentes de transformación espiritual, moral y cultural.

MANTENER EL EQUILIBRIO

Cristo llama a sus seguidores a ser misioneros activos hacia la cultura. Esta cultura es ofensiva, pero no podemos darnos por ofendidos. Es cada vez más hostil contra los cristianos y contra Quien decimos representar, pero no podemos responder con enojo cuando la gente expresa su escepticismo, y no se supone que debamos ser monásticos. Jesús describió nuestro papel más sucintamente: hemos de estar *en* el mundo pero no ser *del* mundo (vea Juan 17:14-18).

Hay un equilibrio importante que tengo que mencionar. Si es posible ser demasiado retraídos, hasta escondernos en la burbuja cristiana, también podemos socavar nuestra influencia cuando hacemos lo opuesto y tratamos de caber en el mundo. Mike Metzger, autor y fundador del Instituto Clapham, describe este delicado equilibrio:

> Ser luz y sal exige dos cosas: practicar pureza en medio de un mundo caído y al mismo tiempo vivir a la mano de este mundo caído. Si no mantenemos ambas verdades en tensión, invariablemente nos volvemos inútiles y separados del mundo que Dios ama. Por ejemplo, si solamente practicamos pureza aparte de la proximidad a la cultura, inevitablemente nos volvemos puritanos, separatistas y engreídos. Si vivimos en cercana proximidad al mundo sin vivir también de una manera santa, nos volvemos indistinguibles de la cultura caída e inútiles en el Reino de Dios.[12]

Como cristianos, deberíamos procurar ambas metas: pureza y proximidad: vivir de una manera que honre a Dios, pero haciéndolo de tal manea que podamos influencias a los de afuera. Lo que haga y lo que aprenda le debería proporcionar un lente para entender, interpretar y responder a una cultura moralmente en bancarrota. Los Mosaicos y los "Busters" necesitan su compasión y atención. ¿Cómo afecta esto el tipo de libros que lee y las películas que ve? ¿Qué tipo de amistades mantiene como resultado de esta mentalidad? ¿Cómo cultiva sus habilidades intelectuales y de comunicación? ¿Qué carrera hay que seguir? ¿Cómo cultivar y proteger su carácter? ¿Qué riesgos hay que tomar? ¿Cómo responder cuando uno de los de afuera hace algo que choca con sus sensibilidad cristiana?

Sus respuestas determinan su pureza y su proximidad al mundo; y finalmente su habilidad de influenciarlo. Como padre o pastor, usted debería estar abordando estos asuntos cruciales con la gente a su cargo.

ATRAER AL MUNDO

Al pensar en cómo quiere Dios usar a su pueblo, considere uno de los fenómenos más fascinantes de nuestra sociedad: Estados Unidos se está fragmentando en diversas subculturas. La experiencia "predominante", si es que alguna vez existió algo así, ahora ha rendido prácticamente toda su atracción gravitacional. En estos días la mayoría de los estadounidenses toman pistas de una subcultura única, derivando así el significado, valores, héroes, expresión propia, identidad y puntos de vista de un segmento único de la sociedad. Cuando la gente dice que estados Unidos es un campo misionero, sería más preciso decir que es *muchos* y diversos campos misioneros. Y este fenómeno es particularmente verdadero entre los jóvenes. El mundo de los Mosaicos y los "Busters" se está fragmentando en más subculturas que nunca antes.

Mi padre, un pastor de toda la vida, me preguntó sobre las cambiantes dinámicas de este mundo:

—David, ¿todavía es posible entablar relaciones con estos jóvenes? O sea, ¿no nos podemos hacer amigos de los jóvenes que investigaste? ¿No los influenciaríamos espiritualmente con eso?

—Bueno, sí, las relaciones son esenciales para influenciar a los "Busters" y los Mosaicos —expliqué— pero no es tan simple como crees. Uno no se 'hace amigo' de los jóvenes y ya empiezan a confiar en uno. Hay que hacer el compromiso de ser parte de su vida, de entender lo que los hace vivir y cómo piensan —continué—. Realmente es como renunciar a tu empleo e irte al extranjero para servir como misionero. Uno tiene que verdaderamente sumergirse en los estilos de vida, relaciones y decisiones de un grupo de personas completamente único. Después de que se calma el impacto cultural, tienes que ser aceptado en su 'tribu'. Y es un mundo complejo y extraño en el que incluso las mejores intenciones no son suficientes.[13]

La conclusión a la que yo espero que lleguen es que un mundo fragmentado requiere diferentes medios de alcance. Dios nos ha dado a cada uno un papel para llevar a Jesús a la gente y los lugares que nos rodean. El cristianismo comenzará a cambiar su reputación retraída cuando los seguidores de Cristo sean comprometidos, informados y estén a la vanguardia en ofrecer una respuesta sofisticada a los problemas que enfrenta la gente.

En la última parte de este capítulo permítame describir a la gente en dos extremos de un continuum que requiere nuestra participación: las elites intelectuales y las personas ignoradas de nuestra sociedad. Lo que estoy a punto de describir son solamente *algunos* ejemplos de las diferentes subculturas y las maneras en que algunos jóvenes cristianos están abordando estas oportunidades para alcance.

INTELECTUALES

Esto quizá no le sorprenda, pero la percepción de que los cristianos son retraídos es más significativa entre los intelectuales y los de influencia. Nuestra investigación muestra que los de afuera con una posición más alta —los que tienen más estudios y perfiles financieros— tienen mayores probabilidades que el promedio de expresar resistencia y escepticismo hacia el cristianismo.[14] La percepción retraída —de que los cristianos son ignorantes y están mal informados— es más común entre los intelectuales jóvenes. Fueron más tendientes que el promedio a describir el cristianismo como criticón, anticuado, fuera de contacto con la realidad e insensible hacia los demás. Además, también son menos inclinados a creer que el cristianismo es amigable, que le muestra amor a los demás de una manera constante, que ofrece esperanza para el futuro, que es relevante para su vida y que es confiable. En otra investigación multigeneracional que realizó nuestra firma, llegamos a la misma conclusión: los de afuera que están más arriba en la escala, sin importar su edad, mantienen las opiniones más negativas de la fe cristiana.

En nuestra sociedad los adultos que están más altos en la escala tienen mayores probabilidades de servir como líderes dentro de los campos de negocios, política, educación, artes, entretenimiento, ciencia y medios. Los cristianos que trabajan en estas ámbitos, o esperan hacerlo, tienen que luchar contra el estereotipo de que los cristianos son ignorantes y retraídos. Cuando se presentan como cristianos, enfrentan una brecha de credibilidad dentro de su campo de trabajo.

Como ya señalé en otra partes del libro, no solamente los de afuera se sienten así con respecto a los cristianos. Muchos jóvenes de los de adentro también están tratando de manejar las perspectivas de fuera de contacto de la comunidad cristiana. Una de nuestras entrevistas fue con Ann, una treintañera que vive en California. Comenzó una carrera trabajando para un prominente ministerio universitario, pero después de haberse divorciado, quedar "incomunicada" de sus amigos cristianos, y cambiar de carrera profesional, está particularmente frustrada con la mentalidad retraída.

"En mi elección de carrera —trabajo en geología e investigación ambiental— he sido criticada repetidamente por los cristianos por haber escogido entrar a una carrera secular en lugar de a un ministerio cristiano. Siento que, de hecho, estoy sirviendo a Dios al trabajar para preservar su creación y cuidar de ella. En lugar de eso, los cristianos conservadores me critican por estar involucrada en la geología a causa de sus conexiones incendiarias con las perspectivas de una 'tierra vieja' y de la 'evolución'. No puedo siquiera contar las veces que he sido juzgada duramente por cristianos a causa de haber escogido este trabajo".

Ann es un ejemplo de un nuevo (y no tan nuevo) impulso dentro de la comunidad cristiana estadounidense. En lugar de estar separados *de* los canales de influencia, muchos cristianos están tomando pasos para participar en estos ámbitos. Se dan cuenta de que una fe retraída ha dejado a los intelectuales y a los que marcan la pauta en la cultura de extracción izquierdista sin marco de referencia acerca de cómo es un cristiano piadoso, respetable y altamente preparado. Estos cristianos quieren atraer a líderes escépticos dentro de los canales de influencia. Como el profeta Daniel, quieren estar preparados. En Barna esperamos estudiar a estos líderes más en el futuro, pero aquí hay algunos conceptos iniciales de su vida y perspectivas que hemos obtenido:

- ☐ Estos jóvenes líderes cristianos se dan cuenta de que deben exhibir excelencia en su oficio. Su credibilidad como cristianos depende de su capacidad de hacer un excelente trabajo.
- ☐ Un elemento común de esta mentalidad es la búsqueda de preparación académica de primera clase (vea la colaboración de Michael Lindsay al final de este capítulo). También, muchos jóvenes líderes cristianos encuentran relaciones de tutoría significativas y otras maneras de desarrollo personal. Nuestras propias investigaciones nos llevan a la conclusión de que su éxito tiene menos que ver con seguir una fórmula de estudios y avance en su carrera, y más con trabajo duro, mentalidad apropiada y deseo de crecer continuamente.
- ☐ Estos jóvenes líderes definen la fe como su pasión impulsora en la vida. Y esto a menudo significa que tienen la confianza suficiente en su fe de forma que no necesitan seguir reiterando su adhesión en clichés robóticos. Algunas veces se dan cuenta de que gracias a que la gente de su oficina o centro de trabajo tienen defensas profundas en contra de los cristianos, estos jóvenes líderes permiten que sus acciones, y no su relación con la etiqueta casi cristiana, le hable a sus colegas. Y aun así, estos líderes jóvenes que están abriéndose paso entre las filas de las más altas posiciones de autoridad son cuidadosos de mantener un sentido claro de sus convicciones. No son hipersensibles y no entran en componendas.
- ☐ Los líderes jóvenes que hemos estudiado tienen un respeto saludable por sus colegas y las diferencias de opinión y estilo de vida que estas personas representan. Estos jóvenes líderes disfrutan la oportunidad de romper con creatividad y sensibilidad, los estereotipos que sus tienen sus colegas de los cristianos.
- ☐ La motivación de estos líderes jóvenes es redimir más que condenar en los ámbitos en los que trabajan. Se dan cuenta de que es fácil ser un crítico, pero es mucho más productivo ofrecer maneras significativas de mejorar la empresa o la institución. En las empresas e

instituciones de hoy que están definiendo la cultura, las iniciativas exitosas generan atención y abren mayores oportunidades.

LOS IGNORADOS

Del otro lado del espectro de los intelectuales y los que ejercen influencia, están los individuos que la sociedad ignora. Hemos encontrado historias extraordinarias de seguidores de Cristo procurando a la gente que Dios ama sin importar su estatus. Estos son ejemplos importantes de cristianos dejando a un lado su estado de retracción.

SOLITARIOS

Individuos que están aislados social y emocionalmente —algunos los llaman marginados o solitarios—, que se les dificulta encajar, incluso dentro de la comunidad cristiana. Sus necesidades espirituales y de relación son significativas y muchas veces están abiertos a ayudar pero no siempre son fáciles de amar, algunas veces tienen necesidades personales, hábitos o apariencias que les dan cierta "reputación". A pesar de la clara enseñanza en la Escritura que nos exhorta a amar a este tipo de persona, varios estudios de investigación que hemos conducido muestran que la iglesia tiene problemas para conectarse con los solitarios de maneras significativas.

Stephen, un joven de diecisiete años de Nuevo Hampshire, brindo esta descripción desgarradora de su vida en una de nuestras encuestas: "¿Qué es Dios? Dicho de una manera sencilla, Dios es un invento de nuestra mente delante del triste hecho de que no tenemos nada más en qué creer. Vivo solo. Estoy solo. Y siempre estaré solo. ¿Así que para que me debería mentir a mí mismo acerca de un Dios que me permite vivir una vida en la que las únicas personas en las que me intereso que tratan como mie-- --? Todos los días quiero morirme; ese es mi único deseo. Eso se lo pido a Dios, claro, pero solamente porque necesito algo. Cada día tengo que pasarlo dándome cuenta de que mi vida no vale nada. Renuncio".

¿Esto no lo destroza? ¿Lo ofenden sus pensamientos acerca de Dios, o los puede ver como lo que son: una expresión de su profunda herida? ¿Qué se necesitaría para ayudarlo, para evitar que se suicide, para realmente ver y desarrollar su potencial para ser un seguidor de Cristo? Se requeriría más que algunas conversaciones lindas. Se necesitaría un compromiso sincero y profundo a lo largo de muchos meses para tratar con su depresión y angustia.

QUE SE AUTOINFLIGEN HERIDAS

Aunque las causas son complicadas, una de las expresiones de la soledad puede ser hacerse daño a uno mismo; en el que la persona se provoca daño físico intencional a su propio cuerpo.

Considere a Jaime Tworkowski, un seguidor de Cristo que atiende las necesidades de los que se hacen daño a sí mismos. En su sitio web describe su presentación a Renee, una mujer de diecinueve años cuya profunda necesidad abrió su corazón hacia los de afuera. "Ella toma una hoja de afeitar de la mesa y se encierra en el baño. Se corta, utilizando la hoja para escribir una mala palabra con grandes letras a lo largo de su antebrazo izquierdo. La enfermera en el centro de tratamiento encuentra la herida varias horas después. El centro no tiene área de desintoxicación, la declara un riesgo demasiado alto y no la acepta. Durante los siguientes cinco días es nuestra para que la amemos. Nos convertimos en su hospital, y la posibilidad de la sanidad llena nuestra sala de estar de vida. Es algo tácito, y solamente habemos pocos de nosotros, pero seremos su iglesia, el Cuerpo de Cristo que toma vida para satisfacer sus necesidades, para escribir amor en sus brazos".

Renee fue la puerta de entrada para que Jaime viera las necesidades de los que se cortan y los que se hacen daño. Ahora su ministerio se llama TWLOHA (Para escribir amor en sus brazos, por sus siglas en inglés), y lleva a cabo concienciación del problema y conecta a los que sufren con tratamiento calificado.[15]

Jaime escribe acerca de que ayudó a Renee a finalmente ingresar a un centro de rehabilitación que la puede ayudar: "Me entrega su última hoja de afeitar, me dice que es la que usó para cortarse el brazo y para preparar sus últimas líneas de cocaína. Me impacta el preguntarme si este sentimiento excelente es lo que Cristo siente cuando rendimos nuestros corazones rotos, cuando intercambiamos muerte por vida. Solamente se nos pide amar, ofrecer esperanza a los muchos desesperanzados. No podemos escoger todos los finales, pero se nos pide que obremos como los rescatadores. No resolveremos todos los misterios, y nuestros corazones ciertamente se romperán en una vida tan vulnerable, pero es la mejor manera. Fuimos hechos para ser personas que amen, valientes en lugares quebrantados, derramándonos una y otra vez hasta ser llamados a casa".

HUÉRFANOS

Considere las estadísticas que di antes, no hay exageración al decir que los "Busters" y los Mosaicos son generaciones sin padre. Cuando los cristianos hablan de un Padre celestial que nos ama y nos provee, es un concepto extraño para muchos, sino es que para la mayoría de los Mosaicos y los "Busters". Si uno no ha crecido sin padre, es difícil imaginarse las experiencias de estos individuos. Nuestras investigaciones continuamente subrayan esta realidad: los esfuerzos por conectar a la gente con Dios son frecuentemente socavados por las perdurables influencias negativas de padres ausentes, abusivos o negligentes.

Mis amigos Jennifer y Dano ofrecen un atisbo de redención a los residentes de su difícil comunidad en Seattle. Después de ganarse el respeto de los vecinos y los jóvenes, comenzaron a organizar un asado cada semana para los jóvenes, abriendo su casa y su vida a personas desconectadas. Nunca ha sido fácil. A Jennifer le robaron la billetera, y Dano tuvo que llamar a la policía cuando la tensión entre razas o pandillas se ha salido de control en su casa. Pero han descubierto cosas extraordinarias en su fidelidad. Jenn envió por correo algunos de sus descubrimientos: "He aprendido que los jóvenes quieren constancia. Están solos y no confinan en uno, especialmente si uno es blanco y ellos no. Dano y yo sentimos una responsabilidad inmensa por a manera en que los muchachos nos ven interactuando entre nosotros y con nuestra hija. Muchos no tienen padres que se involucren emocionalmente con ellos o con un contacto físico apropiado, así que vernos mostrándonos amor, vernos disciplinar a nuestra hija y respetarla es nuevo para muchos.

"También se que mi hija está aprendiendo mucho acerca de tratar a toda la gente con respeto, sin importar que sean indigentes o directores generales de una empresa. El temor entre los cristianos nos lleva a dejar de lado a muchos a los que Jesús ministró.

"Nunca pensé que podríamos vivir cinco años aquí, pero ahora puedo vernos viviendo mucho más tiempo. Cuando uno se queda en un lugar, desarrolla confianza con los demás. Y cuando se hace uno amigo de los que difieren con uno, no solamente racial y étnicamente, sino también socioeconómicamente, uno se vuelve humilde y se rompen los estereotipos. Y en nuestro caso, hemos podido ver a Dios revelándose en los que no están tan bien preparados o con dinero, y eso ha revivido nuestra fe".

HACER ALGO

Hay otras subculturas y desafíos que enfrentan los Mosaicos y los "Busters". Si vamos a cautivar a esta generación, necesitamos poner a un lado los estilos de vida y perspectivas retraídos y ayudarlos a manejar la vida como viene. Sin menoscabo de nuestra pasión por pureza e integridad, necesitamos salir del capullo y responder a las necesidades y confesiones de una generación que necesita nuestra ayuda.

O quizá solamente necesita cocinar como mi amiga Lauren.

Ella vive en Colorado Springs y trabaja para una organización cristiana. La semana pasada por teléfono, la joven de veinticuatro años, describió cómo la burbuja cristiana —sus amigos, su trabajo, su iglesia— se la estaba tragando. Así que varias noches a la semana, ella trabaja vendiendo muebles y velas para un vendedor local de artículos importados.

—Al principio, cuando les conté a mis compañeros de trabajo acerca de mi fe, la gente no sabía qué pensar de mí. Pero ahora creo que confían en mí. Sé que yo los respeto, pero a menudo tenemos discusiones animadas. Ha sido excelente expandir mi mentalidad, y espero estar empujando la suya. Muchos de ellos vienen a mi casa a comer todas las semanas.

—¿Qué?

—Bueno, es que me gusta cocinar —dijo Lauren— y todos en la tienda saben que están invitados a mi casa. Y muchos de ellos van.

—De seguro cocinas bien.

—No tan mal. ¿Pero sabes cuál es la mejor parte? La mayor parte del tiempo mi amigo budista de la tienda viene, y pasa tiempo con mi amiga cristiana. Creo que eso es increíble.

Así es, porque no se espera de ninguno de nosotros, como seguidores de Cristo, ni Jamie, Jenn o Lauren, que nos desconectemos de las generaciones que necesitan a Jesús. Probablemente usted no sea un chef gourmet, pero ¿qué podría hacer para sacudirse una fe retraída?

CÓMO CAMBIAR LAS PERCEPCIONES

HABLE CON LA GENTE

Algunos días me siento tan a la moda o actual como una peineta de clip color amarillo. Vivir en Alaska no ayuda —el sentido de la distancia puede fácilmente traducirse en desconexión— pero seguir a Jesús requiere una conciencia no solamente de nuestros alrededores, sino también de nuestro mundo. Así que ¿cómo nos mantenemos conectados cuando estamos viviendo literalmente a miles de kilómetros de distancia?

Relación. Hablar con la gente. Con cualquiera. Quién sea. Haga preguntas. Muchas. Escuche con cuidado las respuestas. Abra su vida a los extraños, las visitas y los amigos de los amigos. Encienda la televisión, navegue por la red. No necesita convertirse en una adicta a la televisión o a la Internet para estar al tanto. Ah sí, y cómprese una suscripción al *New Yorker*.

Luego despierte a la fría realidad de que usted es parte del plan. Usted desempeña un papel en esta generación, no solamente para recibir el testigo de fe, sino para pasarlo a la siguiente generación. Usted tiene un papel en preservar la tierra, proteger a los pobres, defender a los explotados. Lo necesitamos. En particular, necesitamos que sea consciente, aprenda, crezca: espiritual, social y culturalmente, porque no lo podemos lograr sin usted.

Margaret Feinberg
Escritora y conferencista

HAGA ALGO

Ocho de cada diez estudiantes participan en la iglesia durante su adolescencia, pero la mayoría de ellos tomarán una desviación permanente de la fe activa en cierto punto poco después de obtener su licencia de manejo. Así es: solamente dos de esos celebrados convertidos adolescentes mantienen su fe cristiana y la practican desde su adolescencia al final de sus veintes.

La inmensa mayoría van a pasarse del otro lado: declarando al cristianismo aburrido, irrelevante y desconectado.

Hemos tratado demasiado tiempo de educar su intelecto en lugar de participar en su vida. Entre más tratamos de cambiar la manera en que hacemos las cosas en la iglesia para que esta generación se nos una, más parecen alejarse.

Aunque hemos tratado muchas maneras de evitar que la iglesia sea aburrida, nuestros mejores esfuerzos están haciendo poco por mejorar la imagen de la iglesia.

Algunos de nosotros estamos convencidos de que el sistema esta fundamentalmente errado porque no sabemos cuál es nuestra meta. De manera creativa vendemos nuestros programas, diseñando producciones innovadoras y relevantes, y organizando eventos que capturen la imaginación de los estudiantes para que podamos meterlos a la iglesia. ¿Y si su meta no fuera *meterlos* a la iglesia? ¿Y si la misma energía pudiera ser aplicada a movilizarlos para *ser* la iglesia?

Hemos descubierto una breve ventana de tiempo durante la adolescencia en la que los estudiantes necesitan experimentar algo más allá de la iglesia como deporte de espectadores. Si un joven no es desafiado por ministerio personal práctico, su fe con el tiempo se descarrilará y será saboteada. Para algunos, esa experiencia práctica es un proyecto misionero del otro lado del océano. Para otros, es un papel en una producción familiar o un lugar detrás del cucharón en una cocina para indigentes.

Los estudiantes que avanzan de sus años de adolescencia a sus propias vidas universitarias y posgraduadas quieren poner en práctica lo que han estado aprendiendo. No quieren practicar ser gente de iglesia para cuando crezcan; quieren comenzar ahora. Todos sabemos que nuestra fe crece cuando nuestra fe es desafiada a *hacer* algo.

Reggie Joiner
Fundador, ReThink

COMBINAR LA FE Y LA ACCIÓN

Tengo esperanzas en el futuro del alcance cristiano porque creo que los cristianos están combinando la fe y la acción más que nunca. He estado leyendo un libro llamado *What Have You Done for Me Lately?* [¿Qué has hecho últimamente por mí?] que documenta las aportaciones del cristia-nismo a la cultura a lo largo de la historia. Quien sea un estudiante serio de la historia podría decir que el cristianismo y sus retoños han sido, en la mayoría de los casos, el combustible en el motor de la revolución social.

Aunque los cristianos han estado históricamente en el primer plano de estos tipos de movimientos, creo que en estos días está siendo abrazado más que nunca que se trata de la fe más las obras. "Muéstrame tu fe por tus obras". Es la combinación de estos dos que trae un poder sorprendente.

Nuestra organización, Passion, recientemente organizó una reunión global en Atlanta con más de 23,000 estudiantes universitarios que se consideraban cristianos. En lugar de la convención típica con un apetito consumista de grandes oradores y excelente música, hicimos que la pieza central de esos cuatro días fuera la campaña "Do Something Now!" [Haz algo ahora]. Pusimos ocho oportunidades globales sobre la mesa y les dijimos a los estudiantes: "Creemos que ustedes tienen el dinero en sus bolsillos para cambiar el mundo".

Y respondieron bastante bien.

Estos estudiantes universitarios pobres prometieron o dieron un millón de dólares para construir cincuenta y dos pozos en África, proveer la traducción del Nuevo Testamento a seis grupos étnicos en Indonesia y para combatir la industria de trata de blancas.

Para mí es claro que algo importante ha cambiado por completo con esta generación. Creo que es la gran bondad de Dios moviendo nuestro corazón para mostrar esta gran misericordia al mundo. Con esto detrás de nosotros, los asistentes a Passion no son los que se ven bien, y esta generación no llega a verse como una generación práctica que se involucra y hace algo para Dios. Dios es el que queda bien. Y Dios es visto como un Dios práctico, que se involucra y hace algo. Creo que esto es lo que esta generación quiere: una adoración basada en la acción. No hay nada malo con danzar al ritmo de una canción de David Crowder y decirle a Dios que es grande; porque eso es adoración. Pero la adoración es también hacer lo correcto y compartir con otros en necesidad. Eso es lo que hace feliz a Dios, y esta es una generación que quiere agradar a Dios. Lo demuestran al ponerse en acción y tocar al más pequeño y lejano en el mundo.

Louie Giglio
Fundador, Passion

REDESCUBRIR EL REINO

Realmente me molesta que los cristianos sean percibidos como aburridos. Otras percepciones quizá sean pasaderas, pero la idea de que el cristianismo es aburrido no, a menos que nos esforcemos duro por recuperar la verdadera naturaleza vigorosa del Evangelio. Hemos tenido éxito en hacer que el cristianismo sea tibio. Somos tibios, y Dios dice que nos va a vomitar. Las formas actuales de la práctica cristiana se han convertido en pobres sustitutos de lo real. Por eso es que existe esta percepción.

La emoción del cristianismo no regresará por tener "música alegre"; regresará cuando comencemos a comprender la vitalidad y lo vibrante de la historia bíblica de la que se trata el Reino de Dios. El Reino se trata de ayudar a los que sufren y a los pobres. Este es el mensaje de Jesús en Lucas 4:18, donde escoge un pasaje y entra a la sinagoga y lee acerca de liberar a los prisioneros. En esa época era un mensaje increíble por el que la gente trató de matarlo.

El cristianismo es la historia más emocionante jamás contada. Necesita ser contada, no de la manera en que solemos resumirla, sino como es.

Lamentablemente, creo que los jóvenes tienen una queja legítima cuando dicen que es aburrido; porque lo que han experimentado es la versión rebajada del cristianismo. Esto es algo que debemos vencer.

Chuck Colson
Fundador, Confraternidad Carcelaria Internacional

CONSTRUIR UN CAFÉ EN LUGAR DE UNA IGLESIA

Entré a la plantación de iglesias con la mentalidad tradicional: reunirse en instalaciones rentadas hasta poder comprar o construir un lugar de reunión. Luego Dios posicionó a la iglesia Nacional Community Church (NCC) en el centro comercial. NCC comenzó a reunirse en los cines de Union Station. Union Station no solamente es el destino más visitado de la capital de la nación —aproximadamente veinticinco millones de personas pasan por la estación al año— también tiene 125 tiendas, una zona de restaurantes, una estación de tren, una parada del subterráneo y un cine.

En nuestros primeros días, mis amigos pastores, con las mejores intenciones, me preguntaban cuando era que NCC se iba a conseguir una "iglesia", como si una iglesia sin edificio no fuera una iglesia legítima. Parte de mí quería responder: "¿Han visto mi iglesia?". Después de todo cuántas iglesias tienen su propia estación de subterráneo o zona de restaurantes. ¿Para qué construir un edificio si podíamos reunirnos en Union Station?

Cuando NCC comenzó a alcanzar a los veinteañeros que no asistían a una iglesia o que no eran parte de la iglesia en Washington, D.C., hubo en momento en el que me di cuenta que incluso si pudiéramos comprar o construir un edificio para la iglesia, no habría manera de que desocupáramos una cabeza de playa tan estratégica. Y reunirnos en medio del centro comercial se convirtió en nuestro ADN. Nuestra visión es reunirnos en cines junto a estaciones del subterráneo a lo largo de la zona de Washington, D.C. NCC también es propietaria y opera el café más grande del Capitolio. Ebenezers fue inaugurado el Día Nacional del Café —15 de marzo de 2006—. En 2007, fue nombrado el café #2 de la zona metropolitana de D.C. por *AOL CityGuide*.

¿Entonces por qué construimos un café en lugar de una iglesia? Porque Jesús no se reunía en sinagogas. Él pasaba el tiempo en pozos. Los pozos no solamente eran un buen lugar para sacar agua. Sino que en la cultura antigua eran lugares naturales de reunión. Los cafés son los pozos posmodernos. Para tomar prestado el término sociológico, nuestro café es el *tercer lugar* donde la iglesia y la comunidad pueden cruzar su camino.

Junto con servir café un día tras otro, el pequeño escenario de Ebenezers hace las veces de un santuario para dos servicios los sábados por la noche. Y la mayoría de los asistentes son vecinos y clientes.

Demasiadas iglesias esperan que las personas que no asisten a ninguna iglesia que lleguen a ellos, pero la iglesia ha sido llamada a ir a la gente sin iglesia. La iglesia es llamada a competir por el Reino en medio del centro comercial.

Mark Batterson
Pastor, National Community Church

UN CORAZÓN COMPASIVO

Crecí en un lindo suburbio de Sacramento, California, que estaba literalmente aislado de mucho del dolor y la brutalidad del mundo. Mi corazón se va tras los cristianos que están retraídos en una burbuja de irrealidad porque yo también he vivido allí, y, ocasionalmente, corro de vuelta a esa burbuja.

Pero lo que he descubierto es que el verdadero poder, gozo, bondad y verdad de Dios no se encuentran en la burbuja.

Cuando los de afuera consideran que los cristianos son "retraídos", básicamente están diciendo que los cristianos no viven en el mundo real. La siguiente generación batalla con los cristianos que hablan acerca de los problemas que enfrenta el mundo pero que no hacen nada por detenerlos. Si fuéramos auténticos llevaríamos nuestra fe a los lugares difíciles del mundo, más que tratar de construir un refugio seguro lejos de ellos.

Un corazón y compasión para involucrarse en los lugares difíciles del mundo no es natural o fácil. En mi vida se dio una serie de eventos que me ayudó a desarrollar un corazón compasivo. Unos amigos me mostraron cómo era la vida para los indigentes y me llevaron a Sudáfrica para mostrarme lo que era el apartheid a mediados de la década de 1980. Viendo hacia atrás, me doy cuenta de que estos pasos me estaban llevando a uno mayor. En 1994, estaba trabajando con el Departamento de Justicia de los Estados Unidos y fui comisionado para ir a África como director de la Investigación del Genocidio de Rwanda. Fue un evento inmenso en mi vida que me puso cara a cara con la verdadera carnicería del genocidio, la máxima maldad agresiva que trata de diezmar a toda una nación. Sin la preparación en incrementos de mi corazón, no me podría haber conectado con este tipo de sufrimiento; fue un proceso.

Comienza estableciendo una intención con un corazón compasivo que está dispuesto a defender a la gente que está sufriendo. La palabra *compasión* proviene de dos palabras latinas *cum* y *passio*. *Cum* significa "con" y *passio* significa "sufrir". Por lo tanto, *compasión* significa "sufrir con". Dice en la Biblia que cuando seguimos a Cristo habrá sufrimiento porque vivimos en un mundo caído. Al avanzar, decir la verdad y ayudar a la gente en necesidad, vamos a experimentar cierto nivel de sufrimiento… y allí es donde se encuentra Dios.

Creo que eso es lo que el mundo está buscando en los cristianos. Creo que los de afuera encuentran inexplicable cuando ven a los cristianos con el tipo de valentía necesaria para entrar en lugares de verdadera brutalidad y fealdad porque el temor es sumamente real. Considere el ejemplo de Jesús. Él no tuvo miedo de venir a una tierra llena de violencia. Él dejó un lugar celestial y vino al polvo de la tierra a experimentar la vida con personas comunes, ordinarias y heridas.

Así que para mí, eso es lo que ha sido la vida. Ha sido esta travesía incremental de salir del refugio donde no se podía experimentar a Dios porque no era necesario, e ir a donde está la gente en necesidad y expresarle el amor tangible de Dios.

Tome el primer paso: ¿qué persona de su familia, su vecindario o escuela está lastimado? Sufra con ellos y luego expanda su círculo de compasión a su ciudad, su nación y luego al mundo. Creo que Dios derrama un gozo y una pasión increíbles en nosotros y en aquellos con los que estamos sufriendo a medida que nos acercamos a las situaciones fuera del refugio.

Gary Haugen
Fundador, International Justice Misión

CRISTIANOS ENTRE LOS MEJORES DE SU CLASE

La mayoría de los estadounidenses asumen que la gente lista es raramente devota y que los cristianos devotos raramente escalan las alturas académicas. Mientras que ciertamente hay razones para esta percepción, necesitamos recordar que a lo largo de la historia de la iglesia, el aprendizaje y la piedad han estado cercanamente hilvanados. Prácticamente cada universidad del grupo de universidades de elite de los Estados Unidos fue fundada para servir a la iglesia, y durante la mayor parte de su historia, estas instituciones fueron lugares donde la fe y el conocimiento se apoyaban mutuamente. En realidad, el antiintelectualismo cristiano fue una anomalía del siglo veinte. Durante la mayor parte del tiempo, esto no ha sido parte del pasado de la iglesia y los desarrollos actuales sugieren que no será tampoco parte de su futuro.

El reverendo Peter Gomes —quien ha enseñado en Harvard los últimos cuarenta años— dice: "Probablemente haya más evangélicos [en el campus de Harvard hoy en día] que en cualquier momento durante el siglo XVII". Es verdad que los grupos cristianos están floreciendo en los campus de las universidades a lo largo del país, incluyendo en algunas de las cien mejores escuelas de la nación. Solamente en Princeton, cerca del 10% del cuerpo estudiantil participa regularmente en uno o más grupos cristianos en el campus. Y el número de estudiantes involucrados en el capítulo Harvard de Cruzada Estudiantil para Cristo ha incrementado cinco veces en las últimas dos décadas. Desarrollos similares se pueden ver en Stanford, Duke y Yale.

La matrícula en escuelas superiores y universidades cristianas ha crecido 60% desde 1990, mientras que la población general de estudiantes apenas y ha cambiado. El porcentaje de evangélicos que han obtenido un título universitario ha incrementado en 133%, lo cual es mucho más que cualquier otra tradición religiosa. De hecho, el crecimiento de los evangélicos en los campus de elite en Estados Unidos es uno de los desarrollos más notables de la educación superior en más de treinta años. Cuando las universidades altamente selectivas buscaron diversificar sus cuerpos estudiantiles por raza, género y ascendencia étnica, sin querer han diversificado la composición religiosa de sus campus. Como dice Gomes: "Muchos evangélicos cristianos protestantes de raza blanca de la región central de los EE. UU. a los que Harvard jamás hubiera considerado en el pasado, y quienes nunca hubieran considerado a Harvard, de pronto se volvieron miembros de la universidad".

No solamente son los estudiantes los que están trayendo su fe para soportar la vida de la mente. Un número cada vez mayor de profesores devotos han sido reconocidos por su excelencia académica. Cristianos declarados son miembros del cuerpo docente permanente de lugares como Berkeley, Virginia, Emory y Darmouth. La Facultad de Teología de Harvard tiene un profesorado bien preparado en estudios teológicos evangélicos. Está siendo financiada por la familia Alonzo McDonald, miembro del personal principal de la Casa Banca bajo el presidente Carter y ex socio de administración mundial de McKinsey & Company. En muchas maneras, McDonald encarna este surgimiento de cristianismo inteligente. Como ex alumno de Harvard, McDonald ha patrocinado varias iniciativas en relación con la vida de la mente, incluyendo programas en Emory. Un número cada vez mayor de estudiantes graduados también están viviendo su fe en diferentes maneras. El Programa de Becarios de Harvard, patrocinado por Dennis y Eileen Bakke, brinda apoyo financiero significativo a estudiante titulados inscritos en los programas académicos de posgrado como la Facultad de Derecho de Yale, la Facultad de Administración de Harvard y varios programas de doctorado alrededor del país. Modelado en parte conforme al Programa de Becarios de la Casa Blanca, el programa ha apoyado a aproximadamente 250 becarios alrededor del mundo en todos los campos desde las artes, humanidades y ciencias sociales a derecho, medicina, administración, ciencias e ingeniería. Cada verano, nuevos becarios participan en un seminario de una semana. Desde ser recibidos en la Suprema Corte por un juez asociado a interactuar con el bibliotecario del congreso, a los becarios de Harvard se les ofrecen experiencias educativas que compiten solamente con las que tienen los estudiantes de Rhodes, Marshall y Gates. Los solicitantes tienen que firmar una declaración de fe y hablar de la relevancia de su vida espiritual para la vocación escogida También deben demostrar estar entre los mejor clasificados en su departamento académico, lo que asegura que solamente los estudiantes más talentosos son seleccionados. Iniciativa como esta han contribuido a lo que otros llaman "una cabeza de playa expansiva" para gente de la fe en las universidades más selectivas de Estados Unidos.

A lo largo de la historia, la iglesia, tanto en las tradiciones católica como protestante, ha apoyado un abanico de actividades intelectuales, desde las investigaciones científicas de Newton a las aportaciones literarias de Chesterton. Los desarrollos en años recientes han permitido que una cantidad creciente de seguidores fieles de Cristo se sacudan el aislamiento cultural del pasado reciente del cristianismo. Si los eventos de los últimos años continúan, cristianos declarados vendrán a ocupar papeles todavía más importantes dentro de la corriente principal intelectual. De hecho, ya están en camino de hacerlo.

Dr. Michael Lindsay
Profesor de sociología, Rice University

UN LLAMADO RADICAL AL DISCIPULADO

Si le pertenecemos a Jesucristo, tenemos un llamado doble con respecto al mundo. Por un lado, hemos de vivir, servir y testificarle al mundo y no tratar de escapar de él. Por otro lado, debemos evitar ser contaminados por el mundo.

Así que no tenemos la libertad de conservar nuestra santidad a través de escapar del mundo o de sacrificar nuestra santidad por conformarnos al mundo.

El escapismo y el conformismo, ambos se nos han prohibido. Este es uno de los temas más importantes de toda la Biblia, en específico que Dios está llamando a un pueblo para sí y que nos está convocando a que seamos distintos de todos los demás. Nos dice: "Sean santos porque yo soy santo".

Este tema fundamental es recurrente en las cuatro secciones de la Escritura: la ley, los profetas, las enseñanzas de Jesús y las enseñanzas de los apóstoles. Déjeme darle un ejemplo de cada uno. En la ley. Dios le dijo al pueblo a través de Moisés: "No imitarán ustedes las costumbres de Egipto, donde antes habitaban, ni tampoco las de Canaán, adonde los llevo. No se conducirán según sus estatutos, sino que pondrán en práctica mis preceptos y observarán atentamente mis leyes. Yo soy el Señor su Dios" (Levítico 18:3–4). De manera similar

Dios se queja a través de Ezequiel: "Entonces sabrán que yo soy el Señor. No han seguido mis decretos ni han cumplido con mis leyes, sino que han adoptado las costumbres de las naciones que los rodean" (Ezequiel 11:12).

Es similar en el Nuevo Testamento. En el Sermón del Monte, Jesús habló de los hipócritas y los paganos y añadió: "No sean como ellos" (Mateo 6:8). Finalmente, el apóstol Pablo le escribió a los Romanos: "No se amolden al mundo actual, sino sean transformados" (Romanos 12:2).

Este, pues, es el llamado de Dios al discipulado radical, a un no conformismo radical con respecto a la cultura de alrededor. Es un llamado a desarrollar una contracultura cristiana.

Por ejemplo, los seguidores de Jesús no deben ceder al pluralismo, que niega el señorío único de Jesús, ni ser absorbidos por el materialismo o ser desviados por el relativismo ético que dice que no hay absolutos morales.

Este es el llamado de Dios a que la gente sea diferente. No debemos ser como cañas llevadas por el viento como dijo Jesús, sino como rocas en el arroyo de una montaña; no como peces flotando en el arroyo, sino que naden en contra de la corriente; incluso de la corriente principal cultural.

De hecho enfrentamos dos culturas, dos sistemas de valores, dos estándares y dos estilos de vida. ¿Cuál escogeremos? Si no debemos ser como camaleones, cambiando de color para adaptarnos a los alrededores, ¿cómo debemos ser?

La respuesta es que debemos ser como Cristo. El propósito eterno máximo de Dios por medio de su Espíritu es hacernos como Cristo.

John Stott
Rector emérito, All Souls Church, Londres

7

POLITIQUEROS

Hace veinte años cuando veía el cristianismo evangélico desde dentro, parecía un movimiento rebosante de energía para difundir las Buenas Nuevas a la gente. Al verlo desde afuera hoy, este mensaje parece haberse perdido en intercambio por una estrategia política agresiva que sataniza a segmentos de la sociedad.

Brandon, 32

PERCEPCIÓN: **Los cristianos son motivados principalmente por una agenda política y promueven políticas derechistas.**

NUEVA PERCEPCIÓN: **Los cristianos son conocidos por respetar a la gente, pensar de manera bíblica y encontrar soluciones a problemas complejos.**

¿Alguna vez ha jugado el juego de asociación de palabras?

Solamente para refrescar su memoria, funciona así: alguien menciona una palabra o frase, y usted debe mencionar la primera cosa o persona que le venga a la mente. Por ejemplo, si usted escucha la frase *Chicago Bulls*, ¿en quién o en qué piensa? *¿Cientología? ¿Islam?*

Ahora considere el cristianismo. En nuestra encuesta, le pedimos a los jóvenes que identificaran a los cristianos más conocidos, animando a los encuestados a que mencionaran a la persona que les viniera a la mente. Entre los jóvenes de dieciséis a veintinueve años fuera del cristianismo, las cinco asociaciones principales incluyeron al papa (mencionado por 16% de los jóvenes de entre los de afuera), George W. Bush (13%), Jesús (9%), Billy Graham (7%) y Martin Luther King Jr. (6%).

Entre los jóvenes que asisten a la iglesia, los tres principales incluyeron a Billy Graham (29%), seguido del papa (17%) y George W. Bush (17%). Los jóvenes cristianos también mencionaron a Martin Luther King Jr. (8%), Jesús (7%), la Madre Teresa (7%), Mel Gibson (7%) y James Dobson (5%). Hubo niveles de presencia menores para otros líderes cristianos.

¿Cuál es su impresión de estos descubrimientos? Es irónico, por supuesto, que Jesús no encabece la lista de los "cristianos famosos". Dado el hecho de que la encuesta estaba enfocada al "cristianismo actual", posiblemente los jóvenes no pensaron en mencionar al original.

Sin embargo, ¿notó que es más probable que se piense en George W. Bush como un líder cristiano en lugar de en ministros u otros cristianos de influencia? En otra porción de nuestra investigación, encontramos que la mitad de los jóvenes de entre los de afuera dijeron que podían pensar en líderes cristianos específicos de la política, lo cual significa que los de afuera reconocen con mayor facilidad a los cristianos que participan en la política que en cualquier otro sector incluyendo la música, los deportes o los negocios. Incluso los jóvenes que asisten a la iglesia tienen mayores probabilidades de reconocer a cristianos famosos involucrados en la política que en otros ámbitos, excepto la música.

En cierta forma, no es de sorprenderse que los políticos sean tan frecuentemente vinculados con las creencias y la fe. Los cristianos han realizado un esfuerzo concertado y coordinado para participar en el proceso político en las últimas décadas, así que su actividad en lo político es difícil de ignorar. Este perfil se ve intensificado en parte porque la fe de los candidatos se convierte en un elemento noticioso durante las campañas. Ya que las decisiones políticas afectan la vida de cada ciudadano, la conexión entre la política y la fe —así como el vínculo entre las percepciones de la gente del ambiente político y sus opiniones sobre los cristianos— es ineludible.

Así que por estas razones y otras de las que hablaré en este capítulo, los cristianos ahora son percibidos entre los Mosaicos y los "Busters" como demasiado involucrados en la política. Para ser más precisos, nos consideran motivados principalmente por metas políticas para promover una agenda derechista.

El hecho de que haya consternación entre los jóvenes acerca del papel de la religión en la política probablemente no le sorprenda. Las preguntas importantes son: por qué los jóvenes de entre los de afuera creen que los cristianos están motivados por una agenda política, si sus preocupaciones son legítimas y qué se debe hacer, si es que haya que hacer algo, con respecto a esa percepción.

UNA IMAGEN COMPLETA

Déjeme darle una descripción completa de la manera en que los de afuera ven a los cristianos. Pero primero quiero que sepa que mi meta no es sugerir que los cristianos deban abandonar o ignorar la política. El ámbito político es un escenario crucial para influenciar la cultura y un plano importante para expresar una cosmovisión cristiana. Por otro lado, no debemos estar a la defensiva o desdeñar este asunto. Es verdad que a veces el resentimiento que sienten los de afuera surge del hecho de que los cristianos abrazan un conjunto de perspectivas políticas que nos son populares. También es fácil para los de afuera resentir las veces en las que los cristianos han sido eficaces para ganar elecciones o en asegurar victorias legislativas. A lo largo de las últimas décadas, los electores cristianos han tenido una influencia dramática en las elecciones y los ciudadanos han seleccionado abrumadoramente a candidatos cristianos.

Pero hay más que eso. Aunque los cristianos hayan ganado votos y definido la legislación, esto no define finalmente el éxito de un seguidor de Cristo. Somos representantes de Jesús para cada persona en nuestra cultura, sin importar si estamos de acuerdo políticamente. Nuestra vida debería reflejar a Jesús, lo cual incluye no solamente la *manera* en que votamos, sino cada elemento de nuestra participación política: nuestras conversaciones acerca de política, así como nuestras actitudes hacia los oponentes ideológicos. Esto puede parecer obvio, pero con base en nuestra investigación del tema, debemos darnos cuenta de que nuestro activismo político, si es expresado de manera poco cristiana, evita que una nueva generación vea a Cristo.

Por lo menos, necesitamos comprender todo lo que abarca el problema. La cantidad de jóvenes que ahora abrazan perspectivas poco halagadoras de los cristianos y la política es asombrosa. Tres cuartos de jóvenes de entre los de afuera y la mitad de los que asisten a la iglesia describen al cristianismo actual como "demasiado involucrado en la política". Casi dos tercios de los Mosaicos y los "Busters" de entre los de afuera y casi la mitad de los jóvenes cristianos nacidos de nuevo dicen que perciben que "los esfuerzos políticos de los cristianos conservadores" es un problema que enfrentan los Estados Unidos. La conclusión es que millones de jóvenes en sus veintes y treintas, incluyendo muchos cristianos, se están impacientando y sintiéndose desconectados del activismo político de muchos en la iglesia. No tenemos medidas de rastreo para determinar la manera en que esta percepción difiere de la de, digamos, hace diez o veinte años, sin embargo, es una parte inequívoca e ineludible de nuestro ambiente actual.

En nuestra exploración del tema, también descubrimos que estas preocupaciones no solamente están presentes en la esfera de los jóvenes "Busters" y Mosaicos. Un quinto de los adultos estadounidenses (21%) cree que "los esfuerzos políticos de los cristianos conservadores" es un problema fuerte que enfrenta el país en la actualidad. La mitad de la población adulta (48%) describe la participación política de los cristianos como una preocupación. La cantidad de personas que comparten esta percepción es significativa. Más de 110 millones de estadounidenses admiten que tienen sus reservas con respecto al papel que los "cristianos conservadores" juegan en la política.

Los adultos jóvenes están preocupados por los cristianos conservadores en la política

Porcentaje de los que creen que los cristianos representan un problema "grande" o "pequeño" que enfrentan los Estados Unidos hoy

Los de afuera	Mosaicos y "Busters"	62%
	Posguerra y Mayores	48%
Cristianos nacidos de nuevo	Mosaicos y "Busters"	47%
	Posguerra y Mayores	40%

The Barna Group, Ltd./OmniPoll[SM] 2007

También deberíamos estar dispuestos a examinar nuestro papel en la política ya que muchos cristianos piensan así también. Muchos creyentes, incluyendo los segmentos de fe que definimos como evangélicos y otros cristianos nacidos de nuevo, reconocieron que perciben que la política de los cristianos conservadores es un desafío que enfrenta el país. El estudio mostró que un sexto de los cristianos nacidos de nuevo abrazan firmemente este punto de vista (17%), mientras que casi la mitad tiene cierto grado de preocupación.[1]

Los cristianos necesitan estar al tanto de su reputación en este ámbito, no solamente porque influencia su participación política, sino porque afecta su capacidad de conectarse con las nuevas generaciones que son escépticas de manera innata de las personas que utilizan su poder político para defender sus intereses y puntos de vista. Esta percepción quizá no siempre sea precisa, pero contribuye a la desconfianza de los de afuera hacia los cristianos.

CAPÍTULO 7 **POLITIQUEROS**

Los riesgos son altos. Las elecciones futuras serán con toda probabilidad definidas por estas actitudes, así como los resultados de la búsqueda espiritual de millones de adultos jóvenes.

Lo que hace que la percepción de los cristianos en la política sea tan difícil de abordar es que los cristianos mismos tienen dificultades en estar de acuerdo. Están en desacuerdo, no solamente sobre las soluciones a los problemas, sino también sobre la naturaleza misma de las políticas y el papel que los cristianos deben desempeñar. Este libro no intenta abordar esos debates. Y si parece entrar en tales disputas, es con el propósito de revelar lo que los Mosaicos y los "Busters" realmente piensan y experimentan con respecto a los cristianos y la política.

Más bien, mi meta es darle a los cristianos una mayor claridad acerca de su participación en la esfera política, así como mostrar la manera en que nuestros esfuerzos producen una reputación (principalmente negativa) para el cristianismo y la forma en que esto afecta a los amigos y los vecinos. Estoy tratando de impulsar nuestro pensamiento y nuestra participación en maneras apropiadas y no desalentar a los seguidores de Cristo de participar en la política.

No obstante como cristianos, tenemos mucho que aprender con respecto a participar de la manera adecuada y por las razones correctas. Con base en la información que hemos recolectado durante los últimos tres años, creo que tenemos que reconsiderar nuestras estrategias y métodos acerca de la política, o nos arriesgamos a perder formas apropiadas de influencia política y dañar nuestra credibilidad al representar a Jesús delante de los de afuera.

Para abordar los profundos desafíos que la gente de nuestra nación y de alrededor del mundo enfrenta, Gabe y yo hemos llegado a la conclusión de que participar en la política es más importante que nunca. Como mencioné en el capítulo 6, los cristianos deben ser conocidos como participativos, informados y en la vanguardia, ofreciendo respuestas sofisticadas a los problemas. Estar involucrado en la política es una manera de hacer justo eso.

Por supuesto, la política no es la única área de influencia —incluso quizá no sea tampoco la más importante— pero la política tiene un impacto significativo en nuestra vida. Las investigaciones que condujimos en Barna han demostrado constantemente que la ley y la legislación juegan un papel importante en crear límites sociales y morales, aun y cuando lo estadounidenses no siempre se adhieran a las reglas y se quejen de las restricciones. No se puede cambiar la moralidad individual mediante la legislación, pero la realidad es que las leyes afectan profundamente nuestra cultura y crean expectativas sociales para la gente que vive en ella. La participación política, tan desordenada y confusa como pueda ser, es un canal importante de influencia dentro de nuestra comunidad, nuestra nación y el mundo. Los cristianos deberían estar motivados por su fe en cada dimensión de la vida, y la política no es la excepción.

Si solamente fuera así de simple.

COMPLEJIDAD

El ámbito de la política es difícil y controversial por la diversidad y complejidad de la cultura y los problemas que nos consumen. Lamentablemente, no es poco usual que la gente convierta las intrincadas realidades del panorama político en clichés simplistas.

Después de las últimas elecciones presidenciales tan cerradas como una navaja de afeitar, hemos escuchado mucho acerca de los estados "rojos" y "azules". Identificar a los estados rojos y azules nos podría dar una instantánea razonable de la manera en que nuestra nación elige a su presidente, pero muchas veces la historia rojo-azul enmascara diferencias inmensas en lo que motiva a la gente a votar, sin mencionar donde viven en realidad los republicanos y los demócratas. Muchas veces en los estados más azules, los votantes rojos representan una rebanada importante de la población y viceversa. Por ejemplo, California, el mayor estado, es visto como un estados azul, y suele apoyar a candidatos demócratas. No obstante, a causa de su tamaño, hay más votantes rojos viviendo allí que en ningún otro estado de la nación.

Los votantes cristianos a menudo caen víctimas de la sobresimplificación. Algunas veces los periodistas, los analistas, los políticos y otros expertos que tienen poco contexto o entendimiento de la comunidad de la fe desarrollan explicaciones simplistas. No obstante, los cristianos que no aprecian la complejidad de la población del país también hacen generalizaciones arrolladoras; usualmente acerca de los de afuera del cristianismo, pero algunas veces también acerca de la comunidad cristiana. En otras palabras, todos llegamos a nuestras propias conclusiones acerca del tamaño y las motivaciones de la comunidad cristiana.

La realidad es que el electorado cristiano es increíblemente diverso. Por ejemplo, una manera de analizar al electorado es dividirlo en cuatro segmentos de fe: cristianos evangélicos, cristianos nacidos de nuevo no evangélicos, otros que se identifican como cristianos y los de afuera. En la tabla siguiente, los círculos representan cuatro grupos mostrados en proporción de su tamaño.

Cuatro rebanadas de fe de la población votante

Porcentaje de los electores registrados (N = 5,067):

9%	38%	29%	24%
Cristianos evangélicos	Cristianos no evangélicos nacidos de nuevo	Otros que se identifican como cristianos	Los de afuera del cristianismo

The Barna Group, Ltd./OmniPoll[SM], 2006–2007

Una de las primeras cosas que quizá note es que los evangélicos representan la porción más pequeña de la población votante: un décimo de los votantes registrados. Muchos otros investigadores utilizan la autoidentificación para definir a la audiencia evangélica, o sea, asumen que la gente que abraza el término *evangélico* para definirse a sí mismos tiene las creencias y convicciones de un evangélico.[2] Esto podría no ser un problema excepto que cuando hemos utilizado este método en nuestras investigaciones —preguntarle a la gente si se consideran a sí misma evangélica— algunos dirán que lo son, aunque no tengan las creencias más básicas que deben definir a tal creyente.

En Barna clasificamos a la gente como evangélicos con base en lo que un individuo cree de un puñado de perspectivas teológicas. Primero, una persona debe ser un cristiano nacido de nuevo, lo que significa que ha confesado sus pecados y ha hecho una profesión de fe en Cristo. Segundo, definimos a los evangélicos como aquellos que creen que la Biblia es precisa en los principios que enseña, que ven a Dios como todopoderoso, perfecto e involucrado en el mundo hoy, que dicen que Jesús no pecó, que aseveran que Satanás es un ser espiritual real, que rechazan que el cielo se pueda ganar a través de buenas obras, que creen que los cristianos tienen la responsabilidad de compartir su fe con otros y que dicen que su fe religiosa es sumamente importante en su vida.[3] Sé que es una manera detallada de definir a un grupo de personas. El punto de la encuesta no es determinar el destino espiritual de alguien, sino tratar de analizar y entender el papel de los matices de la fe en nuestra cultura.

Aun así, las creencias que mide Barna como parte de nuestra definición de "evangélico" no son puntos menores en teología. Y lo que la gente cree importa. Afecta cómo ve el mundo, la manera en que ve su lugar en él y la forma en que responde a las situaciones y las oportunidades. En un momento vamos a examinar por qué estas perspectivas son tan importantes cuando hablamos de política.

De vuelta a las rebanadas del electorado: además de los evangélicos los dos grupos mayores de votantes son también segmentos con tendencias cristianas: los cristianos nacidos de nuevo no evangélicos y otros que se identifican como cristianos. Los cristianos nacidos de nuevo no evangélicos son los que tienen un compromiso de nuevo nacimiento pero que no comparten otras perspectivas de fe (por ejemplo, rechazan la realidad de Satanás o no creen que toda la Biblia sea confiable). Combinados, estos dos grupos conforman dos tercios del electorado.

El grupo final son los de afuera, que conforman cerca de un cuarto de los votantes. Como mencioné en el capítulo 1, los de afuera representan casi el doble de la población de adultos jóvenes, por lo cual el creciente tamaño e influencia de los de afuera entre los votantes jóvenes no debe ser dejada de lado. Sus boyantes filas cambiarán la política estadounidense en las décadas por venir.

El estudio de la política y la fe se vuelve todavía más complejo porque cada segmento de fe vota de maneras diversas e inesperadas. Por ejemplo, entre el segmento evangélico, solamente una ligera mayoría son republicanos registrados (59%). Eso es una alta proporción, pero lejos de los niveles monolíticos que uno esperaría con base en los pronunciamientos de los medios o las expectativas de los líderes cristianos. Estamos proyectando que en la elecciones de 2008, el mismo número de cristianos nacidos de nuevo (incluyendo evangélicos y no evangélicos) sufragarán registrados como demócratas, así como republicanos.[4] La afiliación partidista no siempre se traduce directamente en la selección de un candidato, sino que es un recordatorio de que la comunidad cristiana es más diversa, menos cohesiva y menos unificada que lo que se suele asumir.

Así como la audiencia cristiana es diversa, tenemos que entender que una realidad similar es verdad para el lado opuesto de la cerca. Los de afuera tienen todavía menos unidad política, consistencia y concordancia que lo que los cristianos podrían asumir. No son uniformemente antagónicos hacia los cristianos. Sus perspectivas políticas no son definidas y simples. Esto tiene una implicación importante para los cristianos: el activismo político de parte de los de afuera no esta completamente *en contra* del cristianismo.

Es fácil asumir que la sociedad está dividida en fuerzas de "nosotros contra ellos". La realidad es mucho menos definida.

COSMOVISIÓN POLÍTICA

La cosmovisión de una persona tiene implicaciones significativas en la esfera política. Primero, hay que darse cuenta de que los votantes cristianos no abrazan perspectivas evangélicas fundamentales. Gabe y yo aseveramos que estas creencias importan porque afectan la manera en que la sociedad percibe la sociedad y la forma en que interactúa con el ambiente político. Por ejemplo, sin una convicción de que la Biblia es confiable en todos sus principios, es difícil motivarse o interesarse por ideales bíblicos al emitir su voto. Sin la creencia de que Satanás es un adversario espiritual real, es fácil perder de vista las realidades y confrontaciones espirituales mayores que existen. Como Pablo dice, nuestra lucha no es contra seres humanos, sino contra fuerzas espirituales (vea Efesios 6:12).

Y la lista continúa: si como cristiano, su fe no es la motivación que lo impulsa, si usted no cree que Dios siga involucrado en el mundo hoy, si usted no percibe ninguna motivación para influenciar a otros espiritualmente para Cristo, su compromiso político se sentirá vacío. Millones de votantes cristianos, que representan una *mayoría* del electorado, poseen estas perspectivas en una base aleatoria. Sin una cosmovisión bíblica considerada, los esfuerzos de los cristianos por participar en la política carecen de un fundamento apropiado.

¿Qué significa esto para los cristianos, mientras tratamos de entender el escepticismo de una nueva generación? Una de las mayores implicaciones es esta: los cristianos se comunican con muchos públicos al mismo tiempo. Como evangélico, no solamente le habla a los evangélicos, sino también a otros cristianos nacidos de nuevo, otros que se identifican como cristianos y los de afuera. Por ejemplo, cuando un líder cristiano aparece en la televisión, le está hablando a las cuatro audiencias, aquellos que se identifican con sus perspectivas y otros que no tienen el contexto para comprender el punto de vista.

Este es un ejemplo apropiado que surgió en nuestra investigación. Casi siempre cuando un cristiano habla acerca de estar entablando una batalla, esta metáfora proviene de las referencias bíblicas que describen al mundo como una lucha épica (vea Efesios 6:10–17). No obstante, los de afuera escuchan este lenguaje y se alarman por la jerga militar. Y considere lo que sucede cuando los *cristianos* son expuestos a estos términos de guerra sin el beneficio de entender los comentarios de Pablo en Efesios. Sin contexto, estos individuos quizá respondan de una manera poco cristiana hacia los de afuera, e incluso lo que tienen una cosmovisión bíblica pueden internalizar esta dura conversación acerca de esta batalla espiritual y perder de vista lo que significa estar lleno de gracia hacia los escépticos y críticos. Como dice Santiago: "Hablen y pórtense como quienes han de ser juzgados por la ley que nos da libertad, porque habrá un juicio sin compasión para el que actúe sin compasión" (Santiago 2:12-13).

Esto tiene una relevancia especial por diferentes razones. Primero, en una época de medios masivos, blogs y videos contagiosos, es importante recordar que sus palabras y acciones pueden perdurar en la blogósfera, en YouTube o en algún otro destino digital. Esto es particularmente importante para los cristianos que aparecen en los medios, porque los riesgos son altos. Lo que uno diga y cómo lo diga son puntos importantes de mayordomía. Usted está representando a Cristo delante de los de afuera, aun y cuando usted mencione una perspectiva cristiana. Y en el contexto de cuando los medios citan un fragmento del comentario o le conceden una entrevista este es un desafío difícil. No podemos buscar popularidad, pero tampoco podemos ignorar al público que puede estar llegando a la conclusión de si el cristianismo suena verdadero o no. Incluso al estar hablando desde del contexto de una cosmovisión bíblica, muchos no van a interpretar nuestros comentarios desde esa misma perspectiva. Así que es nuestro deber presentar las cosas con claridad, creatividad y sin clichés. Y particularmente entre cristianos, nuestros llamados a la acción deben llevar a los otros a la autoevaluación, la humildad y una participación apropiada. Con los cristianos que carecen de una cosmovisión bíblica, tenemos que ser particularmente cautos de no generar en ellos actitudes o alarmarlos de manera que les demos una excusa para comportarse de una manera no cristiana.

Esta no es una preocupación solamente para los que ocupan papeles públicos. Cada pastor tiene su parte en darle forma a los esfuerzos de los cristianos en la política. En su iglesia en cualquier domingo dado, hay probabilidades de que las cuatro rebanadas de la fe se encuentren representadas en la audiencia. ¿De qué manera se está comunicando con el fin de que todos en la congregación puedan entender, pensar y responder a los problemas sociales, políticos y espirituales de una manera apropiada? En sus sermones así como en los ambientes y conversaciones que su iglesia facilita, ¿está usted ayudando a desarrollar la capacidad de la gente de pensar, actuar y orar en términos de una cosmovisión bíblica?

E incluso si usted no está en la obra de la iglesia, como cristiano, sus colegas y sus vecinos lo están observando y escuchando. ¿Cómo representa usted lo que significa ser un seguidor de Cristo cuando se trata de sus elecciones políticas o preferencias? Si los de afuera critican al cristianismo por estar demasiado politizado, ¿es usted parte del problema o parte de la solución? Esté vigilante de que sus palabras y acciones no alimenten la percepción de la fe casi cristiana.

CAMBIOS CLIMÁTICOS

Es más importante que nunca pensar y responder a problemas políticos a la luz de una cosmovisión bíblica. Los Mosaicos y los "Busters" están poniéndole un nuevo sello a la participación política que va a requerir un acercamiento cuidadoso que refleje a Cristo. Si no les ofrecemos las verdades profundas y sofisticadas de la perspectiva cristiana, no tenemos oportunidad de conectarnos con el corazón y la mente de los jóvenes, en lo político y en otros aspectos.

Para comprender la mentalidad Mosaica y "Buster", exploremos algunos cambios cruciales que están sucediendo en el ambiente político.

☐ *Los Mosaicos y los "Busters" expresan una opinión política y social mucho menos tradicional que sus padres a la misma edad.* Su punto de vista en asuntos como la homosexualidad, los estándares de la decencia en los medios, la sexualidad y la familia sigue alejándose de las perspectivas tradicionales.

☐ *Los jóvenes, especialmente los Mosaicos son impulsados por el pragmatismo: una mentalidad de hacer lo que funciona.* Los adultos jóvenes tienen más probabilidades que sus predecesores de preferir líderes dispuestos a ceder para lograr que el trabajo se haga. Esta preferencia surge de su cosmovisión relativista. Para bien o para mal, los jóvenes toman decisiones a favor de lo que produce mayor comodidad o por lo menos la menor cantidad de conflictos. La realidad negativa de esto es que admiten tomar menos en cuenta sus principios al tomar decisiones.

☐ *Los Mosaicos son más escépticos que cualquier otra generación sobre el papel de la Biblia en la vida pública.* En un estudio conducido por el centro Pew Research Center, los jóvenes estadounidenses era el grupo de edad con menos probabilidades de decir que la Biblia debería ser la influencia más importante sobre las leyes del país, en lugar de favorecer la "voluntad del pueblo" como la mejor manera de definir los límites legales.[5] Esta preferencia por el gobierno de la mayoría proviene de no conocer el contenido de la Biblia, de cuestionar su verdad y de preferir los sentimientos y la urgencia sobre los absolutos. Por supuesto, solamente porque esta sea la percepción, no significa que abandonemos la idea de que la Biblia deba ayudarnos a determinar las leyes de la nación. Pero debemos darnos cuenta de que es un sentimiento cada vez más escaso entre la población más joven de la nación.

¿Qué debería determinar las leyes del país?

Porcentaje de cada grupo de edad que cree que la Biblia, y no la voluntad de la gente, debería definir las leyes del país:

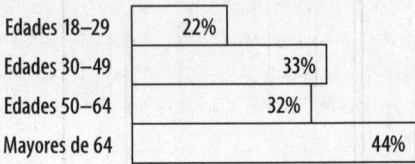

Edades 18–29	22%
Edades 30–49	33%
Edades 50–64	32%
Mayores de 64	44%

Pew Research Center

☐ *Los jóvenes adultos tienen menores probabilidades de apoyar la "cristianización" del país.* La mentalidad cada vez más secular de los adultos jóvenes se ve en otros ámbitos también. Es menos probable que los Mosaicos y los "Busters" en comparación con sus predecesores apoyen conservar el lema "Confiamos en Dios" en la moneda, la frase "una nación bajo Dios" en el Juramento de Lealtad, o los Diez Mandamientos en los edificios del gobierno. También es menos probable, en comparación con los de la Posguerra o los Mayores, que apoyen la enseñanza del creacionismo en las escuelas públicas o favorezcan la enmienda federal sobre el matrimonio que define el matrimonio como solamente posible entre un hombre y una mujer.

Apoyo para un país "cristianizado"

	Mosaicos y "Busters"	Posguerra y Mayores
Se oponen fuertemente a la remoción de "En Dios confiamos" de la moneda	61%	80%
Se oponen fuertemente a la remoción de "una nación bajo Dios" del Juramento de Lealtad	59	79
Se oponen fuertemente a la remoción de los Diez Mandamientos de los edificios de gobierno	48	68
Favorecen fuertemente la enmienda federal del matrimonio	29	39
Favorecen fuertemente añadir la enseñanza del creacionismo en las escuelas públicas	24	32

The Barna Group, Ltd./OmniPoll[SM]

CAPÍTULO 7 **POLITIQUEROS**

☐ *Los adultos jóvenes están abrazando una cosmovisión en conflicto con la Escritura.* Hay cambios sutiles y al mismo tiempo poderosos en la cosmovisión a nuestro alrededor. Por ejemplo, actualmente solamente un tercio de los veinteañeros creen que los humanos son superiores a otros seres vivos creados por Dios, lo cual se compara con la mitad de los treintañeros y casi tres quintos de los mayores de cuarenta. A medida que los cristianos buscan comunicar una perspectiva bíblica del cuidado de la creación y de las preocupaciones ambientales, tenemos que darnos cuenta de que la cosmovisión de los Mosaicos y los "Busters" ha cambiado, lo cual quiere decir que las filosofías de raíz que soportan los temas políticos están cambiando.

☐ *Es menos probable que los adultos jóvenes den sus primeros pasos políticos como republicanos en comparación a las generaciones anteriores.* A medida que las personas envejecen suelen ser más conservadoras políticamente. Sin embargo, la nueva generación tiene menos inclinaciones a apoyar las banderas republicanas y conservadores políticamente que las personas de su edad hace solamente veinte años. Entre los adultos menores de veintiséis, la conexión con el partido republicano está en su punto más bajo en dos décadas.[6]

Quizá no sepa acerca de todas estas tendencias ni les dé la bienvenida, pero representan los cambios no tan sutiles de mentalidad de los Mosaicos y los "Busters", que van a poner una presión cada vez mayor sobre los conservadores sociales para obtener tracción electoral en la siguiente década.

Sea que le demos la bienvenida a los cambios o no, tenemos que estar al tanto de ellos y de lo que una nueva generación realmente piensa acerca de los cristianos y nuestras políticas. Si esperamos tener influencia solamente por depender de la ventaja numérica, estamos a punto de un rudo despertar a medida que el peso de nuestras opiniones se desvanece y el papel de los de afuera de la fe cristiana incrementa.

MÉTODO Y ACTITUD

Si cada grupo parece tener una presencia y una agenda política, ¿por qué los cristianos están sujetos a una crítica especial? ¿Nos están pidiendo los de afuera que nos mantengamos al margen de la política? Según nuestra investigación, no exactamente. Muchos de entre los de afuera han dejado en claro que creen que los cristianos tienen el derecho (e incluso la obligación) de buscar participar en la política, pero están en desacuerdo con nuestros métodos y actitudes. Dicen que parecemos estar procurando una agenda que nos beneficia solamente a nosotros mismos; aseveran que esperamos demasiado de la política; cuestionan si estamos motivados por nuestro estatus económico más que por nuestras perspectivas de fe cuando apoyamos a los políticos conservadores; declaran que actuamos y decimos las cosas de una manera poco cristiana; se preguntan si Jesús utilizaría el poder político como nosotros y están preocupados de que aplastemos las voces de otros grupos.

Déjenme presentarles a Brandon, uno de los jóvenes que entrevistamos para este proyecto. Al narrarnos su historia describió su fuerte participación en la iglesia cuando adolescente.

"Algunas veces es difícil para mí reconciliar el 'movimiento cristiano' con las personas que conocí en mis propios días en la iglesia. Hoy siempre que experimento las actividades de los cristianos estadounidenses como un grupo organizado —y frecuentemente cuando interactúo con ellos en la política— casi siempre es en términos de que ellos tratan de usar la fuerza política para alentar a la gente a que se comporte de cierta manera. ¿Creo que un cristiano tiene todo el derecho de votar conforme a lo que cree? Absolutamente.

"Pero hace veinte años —continuó Brandon— cuando veía el cristianismo evangélico desde dentro, parecía un movimiento rebosante de energía para difundir las Buenas Nuevas a la gente. Al verlo desde afuera hoy, este mensaje parece haberse perdido en intercambio por una estrategia política agresiva que sataniza a segmentos de la sociedad. Creo que los cristianos estadounidenses se han convertido en herramientas de la máquina electoral republicana, a expensas de su propia imagen y mensaje."

Brandon es ahora un agnóstico declarado, que vive en Arizona. También es un miembro activo del Partido Republicano.

Una reflexión importante con respecto a la política y la fe casi cristiana es que influencia la vida de la gente, como la de Brandon. *Muchos detalles evitan que los de afuera se entreguen a Jesús, pero una barrera clave es su experiencia con los cristianos en la política.*

Uno de los de afuera que entrevistamos dijo que se había desilusionado de la iglesia y finalmente de su fe porque comenzó a cuestionar la participación opresiva que parecía ser un requisito. Su comentario: "Muchas veces la iglesia tomaba una posición conservadora republicana, y los que no se ajustaban al molde eran juzgados como que no eran tan buenos cristianos como los demás".

Esta historia está respaldada por la información de la encuesta. La lealtad ideológica desempeña un papel importante en quienes se sienten aceptados por los cristianos y quienes no. Descubrimos que los jóvenes de entre los de afuera que son conservadores políticamente no sienten tanta tensión con el cristianismo como otros de entre los de afuera. En otras palabras, si un veinteañero comparte opiniones sociopolíticas con los cristianos conservadores, él o ella tenderán menos a tener percepciones negativas del cristianismo. En cierto nivel, no hay nada inherentemente malo en que los cristianos encuentren aspectos de acuerdo con otros conservadores jóvenes, no obstante nuestra investigación también indica que los cristianos demuestran más paciencia con jóvenes con los que comparten su opinión política; y tienen actitudes menos caritativas hacia los de afuera que tengan perspectivas diferentes. ¿Será una mera coincidencia que los jóvenes de entre los de afuera que son liberales y moderados tienen mayor probabilidad de recordar haber tenido una experiencia negativa con un cristiano que les haya dado una imagen negativa de Jesús?

Doug, un joven cristiano, explicó cómo sus esfuerzos por conectar a sus vecinos con el mensaje de Jesús habían sido socavados gracias a una interacción nada cristiana. "Mi vecino se me acercó un día después de las elecciones y me dijo: '¿Sabes qué le dijeron tus amigos cristianos a mi hija de diez años? Le dijeron que debería decirme que no apoyara a John Kerry porque él apoya el aborto. Kerry es un 'asesino de bebés'. Yo no quiero que mi hija siquiera piense en el aborto, mucho menos que ellos le digan por quién votar. ¿Qué tipo de cristiano es *ese*?".

Doug describió su frustración: "Yo había estado cuidadosamente cultivando una relación de confianza con mi vecino, y mucho de eso quedó desecho por las palabras ofensivas y descuidadas hacia su hija por unas elecciones".

La conclusión aleccionadora es que las actitudes y perspectivas políticas, al ser expresadas de una manera poco cristiana, producen barreras espirituales no intencionales entre la gente y Cristo.

LA POLÍTICA AL ESTILO DE JESÚS

¿Cómo vencemos la percepción de que los cristianos son demasiado políticos? No lo hacemos cambiando nuestros principios solamente para darle entrada a la gente que está en desacuerdo con nosotros, sino que debemos estar dispuestos a mirarnos a nosotros mismos a la luz de Jesús. Debemos preguntarnos si nuestra participación política refleja a Cristo. Si somos percibidos como *distintos a Jesús*, ¿de qué manera nuestra participación política puede reflejar su vida y sus prioridades con mayor claridad?

Aquí hay cinco descubrimientos acerca de las percepciones de los de afuera y la manera en que oscurecen una imagen auténtica de Jesús.

Recuerde que las quejas de algunos de entre los de afuera son pronunciadas por personas que tienen una visión totalmente distinta de la realidad o por quienes tienen una hacha política que afilar, pero no siempre. El hecho de que tantos de los de afuera expresaran estas perspectivas y el hecho de que nos estén diciendo que les repele el cristianismo es porque estos asuntos son señales poderosas a las que les debemos prestar atención. Y, además, con o sin la crítica, siempre deberíamos hacer intentos genuinos de pensar y actuar de una manera semejante a Cristo en cada parte de nuestra vida. Estas son algunas maneras de traer equilibrio a nuestra participación política.

> *Casi cristiano:* Los cristianos dependen demasiado de la influencia política.
>
> **Semejante a Cristo:** Tenemos cuidado de no poner tanto énfasis en la política.

Al parecer, los cristianos caen en dos lados del camino: demasiado políticos o demasiado apolíticos. Es importante encontrar un equilibrio apropiado; ni ser ignorantes o estar en silencio, ni depender demasiado de las soluciones políticas a los problemas de la sociedad. Deberíamos hacer un esfuerzo por participar en otras actividades que le dan forma a la cultura además de en la política. Como mencioné al principio de este capítulo, los cristianos no se deben aislar de ejercer influencia en el gobierno, en lo jurídico o en lo legislativo. Sin embargo, estos ámbito solamente deben recibir parte de nuestra atención. En muchas maneras la política sigue a la cultura. Como dijo el antiguo músico griego Damon de Atenas: "Muéstrenme la melodía de una nación y no importa quien escriba sus leyes". Las películas, la televisión, los libros, las revistas, la Internet y la música son increíblemente importantes en darle forma a las cosmovisiones y estilos de vida de los Estados Unidos de hoy. Y los cristianos están expresando una creciente consciencia y una respuesta a estos canales de influencia. ¿Hacia dónde lo está llamando Dios a que lo sirva: los medios, las artes, el entretenimiento, la política, la educación, la iglesia, los negocios, las ciencias?

> *Casi cristiano:* Los cristianos están enamorados de la política.
>
> **Semejante a Cristo:** No se gana nada al vencer en las elecciones y perdemos almas en el proceso.

La participación en la política es seductora. Muchos aspectos de la política

CAPÍTULO 7 **POLITIQUEROS**

se sienten como el frenesí de la fiebre del oro. Una vez que se comienza a influenciar elecciones, es tentador creer que la iglesia está llamada principalmente a definir el proceso electoral. Recuerda el principio de Jesús cuando fue arrinconado con la pregunta sobre el pago de los impuestos? El dijo: "Entonces denle al césar lo que es del césar y a Dios lo que es de Dios" (Mateo 22:21). En otro episodio, Jesús hizo la pregunta penetrante: "¿De qué sirve ganar el mundo entero si se pierde la vida?" (Mateo 16:26). Es importante que, al tratar de lograr fines políticos, no sacrifiquemos nuestra integridad a través del uso de medios no cristianos.

> *Casi cristiano:* Los cristianos apagan y satanizan las voces de los demás.
>
> **Semejante a Cristo:** Respetemos a nuestros enemigos y seamos conscientes de nuestra capacidad de padecer miopía.

Cuide sus actitudes y lo que dicen acerca de los de afuera. Nuestra participación política no debería ser la única regla con la que los de afuera midan nuestra fe. Nuestras palabras y acciones definen las impresiones y percepciones que la gente tiene de Jesús. Encontramos que solamente 9% de los jóvenes de entre los de afuera describen a los cristianos como "personas en las que confían mucho". Al sondear las razones para esto, la razón más frecuente fue nuestra participación en la política. El proceso político alienta e incluso florece sobre suposiciones acerca de la oposición. Tergiversar (y algunas veces calumniar) las motivaciones de los demás es parte del "negocio". ¿Qué está haciendo usted para facilitar conversaciones con las personas con las que no está de acuerdo? El solo hecho de preguntarles lo que piensan acerca de varios temas, sin tener una "agenda" para hacerlos cambiar de opinión, podría hacer cambiar sus percepciones sobre usted. Esté dispuesto a hablar con Cristianos de diferentes trasfondos raciales y étnicos sobre sus preferencias políticas. Hay probabilidades de que lo desafíen. Conozca la manera en que sus perspectivas lo desafían. Conozca la manera en que su inclinación política y cultural está definiendo su participación en el mundo.

> *Casi cristiano:* Los cristianos no respetan a los líderes cuyo punto de vista político sea distinto al suyo.
>
> **Semejante a Cristo:** Respete y escuche a nuestros líderes y ore por ellos.

En nuestras investigaciones descubrimos que muchos de entre los de afuera señalaron nuestra incongruencia al decir que los cristianos parecen groseros y ofensivos contra sus oponentes políticos. Sin embargo la Escritura es clara en que nuestra responsabilidad como ciudadanos es orar por nuestros líderes y no le da importancia a su afiliación partidista o tendencia (vea 1 Timoteo 2:1-3). ¿En quién confía más, en un cristiano nacido de nuevo cuyas perspectivas sociopolíticas sean distintas a las suyas, o en alguien de una fe distinta que coincidentemente tiene las mismas opiniones políticas? ¿Quién está más "en lo correcto"? No me parece muy cristiano que muchas veces tengamos actitudes más caritativas hacia nuestros aliados ideológicos que hacia los hermanos y hermanas en Cristo con quienes no estamos de acuerdo en materia política.

> *Casi cristiano:* Los cristianos son unos hipócritas cuando se trata de política.
>
> **Semejante a Cristo:** Al tratar de resolver problemas de nuestra sociedad, tome en cuenta nuestra propia capacidad de ser hipócritas.

La falta de sinceridad y la duplicidad en el ámbito político son particularmente obvias para los de afuera. Un encuestado hizo esta intrigante observación: "Esto siempre me ha parecido irónico: los cristianos hablan sobre cómo la mayoría de estadounidenses apoyan algo, como la oración en las escuelas públicas o que la mayoría de los estadounidenses no apoyan el matrimonio homosexual. Pero luego en la misma conversación dicen que la política no debería ser un asunto del gobierno de la mayoría, porque los estadounidenses son moralmente relativistas. No se puede tener de las dos maneras, amigos". Esto subraya lo mucho que los de afuera prestan atención a nuestras palabras y argumentos, y destaca el hecho de que la hipocresía relacionada con los problemas políticos es una de las mayores barreras casi cristianas. Muchos de los de afuera dicen que su problema con los cristianos en la política es que su vida no compagina con sus palabras. Estos son algunos ejemplos de los comentarios que hicieron los de afuera:

- ☐ "Los cristianos ni siquiera siguen lo que la Biblia dice; ¿por qué tratan de decirle a todos los demás cómo vivir moralmente?".
- ☐ "No parecen darle prioridad a los pobres y a los necesitados en su agenda política como Jesús manda".

CAPÍTULO 7 **POLITIQUEROS**   167

- ☐ "Los cristianos se quejan mucho acerca de la sociedad y lo mal que están las cosas en la política, pero no hacen mucho más que quejarse. El punto es que uno debe ofrecer algo más que una opinión".
- ☐ "Los cristianos hablan acerca de ser impulsados por valores familiares cuando votan, pero muchas de sus familias tampoco están en buena forma".
- ☐ "Corren el riesgo de alejar a la gente de las causas que están tratando de promover, al perder de vista a la gente real. Los cristianos no le muestran gracia a la gente. Juzgan sus acciones sin caminar en sus zapatos".

Los de afuera no siempre llegan a las conclusiones correctas acerca de los cristianos, pero muchos nos describen perfectamente. Además, incluso si no estuvieran del todo en lo cierto, es un hecho triste que no les demos suficiente evidencia de lo contrario.

PARTICIPACIÓN POLÍTICA

¿Cuáles son los asuntos y problemas que Dios lo está guiando a abordar? Puede ser el acceso tan difundido a la pornografía, los asuntos de justicia en los Estados Unidos o en países en desarrollo, la condición de los pobres en nuestra comunidad, la política educativa o el programa de estudios en nuestras escuelas, las perspectivas morales exhibidas por los medios actuales, el cuidado y protección del ambiente, la necesidad de que más cristianos adopten niños en necesidad o les brinden un hogar temporal, exponer más cristianos a la iglesia internacional, incrementar la conciencia del tráfico de seres humanos alrededor del mundo. Su participación podría ir de trabajar para una campaña a servir en la junta directiva de la escuela.

Más que ser conocidos por nuestras críticas, aprendamos a tomar el desafío y trabajar hacia soluciones para el problema que vemos. Como dijo Miguel Ángel: "Critique a través de crear".

Mi amigo Kimble está en la política. Está postulado para un cargo publico en nuestra ciudad, a pesar de los costos en tiempo, dinero y energía. Su fe ha activado su participación política. Kimble explicó: "Creo que muchos cristianos deberían en realidad estar motivados por las cosas que me apasionan, y quiero marcar una diferencia positiva".

Después de estudiar las perspectivas de los de afuera, le advertí: "Ten en mente que la política solamente te va a llevar hasta cierto punto. Kimble y yo no siempre estamos de acuerdo en todos los temas. Pero frecuentemente hablamos acerca de la manera en que una cosmovisión bíblica afecta sus aspiraciones políticas.

Descargue los resultados de la investigación, en inglés, que muestran las opiniones de los cristianos nacidos de nuevo sobre los problemas sociales y políticos actuales en www.unchristian.com/fermi

CAPÍTULO 7 **POLITIQUEROS**

CÓMO CAMBIAR LAS PERCEPCIONES

GANAR AL MUNDO Y PERDER EL ALMA

Desde un punto de visión estratégico en el futuro, creo que un diagnóstico honesto dirá la verdad acerca del papel que la derecha religiosa ha desempeñado en estas estadísticas deprimentes. En el resultado final de la ascendencia de la derecha religiosa, no es accidental que "antihomosexual" sea la percepción sobre los cristianos estadounidenses en estos días, seguido de cerca por "criticón", "hipócrita" e "insensible". Los jóvenes podrían, si hubiéramos tomado un sendero más sabio durante las últimas décadas, pensar en "antipobreza", "pro ambiente", "pro fidelidad" o "antiviolencia" cuando escucharan "cristiano" o "evangélico". Pero gracias al sendero que ha tomado la gente de influencia en los últimos treinta años o más, lo que los jóvenes piensan de la derecha religiosa es lo que piensan acerca de los evangélicos e incluso de los cristianos en general.

Por eso es que algunos de nosotros creemos que los líderes de la derecha religiosa han ganado con éxito influencia política—en un caso clásico de ganar el mundo, pero perder el alma—, pero que han ayudado a que se pierda nuestra siguiente generación.

Pero aun así, un diagnóstico de la evaporación del compromiso cristiano en Occidente y una prescripción de la manera en cómo debemos responder debe ir más allá de quejarnos de los errores de la derecha religiosa. Hay muchos factores que tienen raíces profundas. Con respecto a las prescripiciones, sí, necesitamos más Biblia; pero también necesitamos una mejor comprensión más integral y profunda de la Biblia y lo que dice acerca de la justicia, la compasión, el futuro, el poder, la pobreza, el dinero, la guerra, el sexo y el Reino de Dios. Sí, necesitamos más madurez, pero también necesitamos una mejor madurez y más integral, una madurez dispuesta a enfrentar las realidades históricas y sociales de nuestro famoso pasado cristiano; un pasado que incluye: antisemitismo, racismo, chovinismo, holocausto, colonialismo, apartheid, esclavitud, intento de genocidio de pueblos indígenas, y mucho más que es terrible y que no deja espacio para las excusas o la minimización, sino para el arrepentimiento rotundo. Sí, necesitamos más discernimiento y participación misional; pero también necesitamos mayor discernimiento que vaya más allá de los insultos y hacer pronunciamientos sobre dos o tres asuntos.

La información presentada aquí nos puede ayudar bastante a este respecto, impulsándonos a discernir lo profundos y graves que son los problemas, para que nuestra participación misional en los años por venir no sea más de lo mismo.

Brian McLaren
Miembro fundador, emergentvillage.com

LOS CRISTIANOS Y LA IDEOLOGÍA

Sobre el papel de los cristianos en la política, he llevado a cabo algunas encuestas nada científicas, yo mismo, con los jóvenes. Es fácil ver que los repelen los políticos derechistas, lo cual es sumamente lamentable.

Lamentablemente, casi cada cuestión política con la que están asociados los cristianos hoy está basada en una posición defensiva. Por ejemplo, el tema del aborto se desarrolló cuando la Suprema Corte estableció que los estados ya no pueden decidir cuando comienza la vida, lo cual dio como resultado que el aborto fuera legalizado. Desde entonces, más de veinte convenciones morales establecidas han sido revertidas por las legislaturas estatales, y los cristianos han respondido en su defensa, con todo derecho. Así que el desafío ha sido que en esta defensa no hemos hecho un buen trabajo y, en ocasiones, presentamos una imagen terrible. Somos percibidos como peores que las personas que nos están atacando.

Los medios también han contribuido en alimentar esta percepción. Recientemente han salido más de doce libros sobre teocracia y los autores han hecho varias apariciones en los medios, aunque yo no conozco personas que crean en la teocracia. Nosotros no creemos en eso; creemos en el pluralismo. Sin embargo, la prensa nos ha arrinconado con la imagen que muestra.

En mi libro *Kingdoms in Conflict* [Reinos en conflicto], argumento la razón por la que los cristianos no deberían tener un partido político. Es un error inmenso casarse con una ideología, porque el mayor enemigo del evangelio es la ideología. La ideología es el formato hecho por los seres humanos sobre la manera en que el mundo debería funcionar, y los cristianos más bien creen en la verdad revelada de la Escritura.

Chuck Colson
Fundador, Confraternidad Carcelaria Internacional

UNA IGLESIA APOLÍTICA

Tengo el privilegio de servir en una congregación en el corazón de la democracia. Nuestra ubicación principal, Union Station, se encuentra localizada a cuatro cuadras del Capitolio. Más de 70% de nuestra congregación se compone de personas con veintitantos años. Y muchos de ellos forman parte del personal del congreso y trabajan en el Capitolio. Viven, comen y respiran política todos el día, toda la semana.

Desde el primer día, la iglesia Nacional Community Church ha tratado de permanecer apolítica. Eso no significa que no hablamos sobre los temas actuales. Los temas actuales, como lo sagrado de la vida o del matrimonio no son temas políticos. Son temas morales. Así que hablamos acerca de ellos. Pero somos ultracuidadosos de no alinearnos con un político en particular o un partido político. Y ese acercamiento político ha dado como resultado una sorprendente diversidad política. NCC se encuentra dividida casi en partes iguales por partido político.

Simplemente no creo que los pastores deberían convertir sus púlpitos en plataformas políticas. Abarata el evangelio. Nuestra congregación no necesita otra opinión política más. Ellos necesitan revelación espiritual. Ellos no necesitan pensar en política los fines de semana. Ellos necesitan recordar buscar "primeramente el reino de Dios".

La diversidad política es parte de nuestro ADN en NCC. Y es más evidente en nuestros grupos pequeños. Tenemos un sistema de mercado libre de grupos pequeños que faculta a los lideres a tener una visión de Dios y procurarla. Aunque nunca respaldamos un grupo que se salga de los balaustres de la Escritura, le damos espacio a los líderes que tienen diferentes pasiones, dependiendo de su persuasión teológica. En otras palabras, donde la Escritura es gris, no somos negros o blancos. La mayoría de los semestres tenemos una variedad de grupos de justicia social que giran en torno a una diversidad de temas. Y no todos esos grupos concuerdan entre sí. Pero nuestro papel principal como líderes espirituales no es hacer que la gente concuerde. Sino hacer que nuestros ojos estén puestos en Jesús.

Mark Batterson
Pastor, National Community Church

PROMUEVA A JESÚS Y NO A LA POLÍTICA

Los líderes religiosos de su época trataron de atrapar a Jesús a través de desafiarlo sobre su visión política. Le preguntaron: "¿Está permitido pagar impuestos al césar o no?". La Escritura nos dice que Jesús vio a través de sus *malas intenciones*, y que les dijo que le dieran al césar lo que era del césar y a Dios lo que es de Dios. Históricamente la iglesia ha bregado con el paradigma de dos reinos: el Reino de Dios y el reino del mundo. Tratar de combinarlos ambos es como tratar de mezclar agua y aceite. La historia de la iglesia ha sido congruente con este asunto. Cada vez que el cristianismo ha caído en la trampa de utilizar la política para lograr sus propósitos, ha perdido su poder y eficacia. El cristianismo relevante nunca pierde de vista la realidad de que en el Reino de Dios todo está de cabeza en comparación con las búsquedas del mundo. En el Reino de Dios el mayor es el menor; el primero es el último; debemos amar a nuestros enemigos; y para ser más eficaces somos llamados a ser siervos más que a posiciones de poder y justicia política.

John Wimber, fundador del movimiento de la Iglesia de la Viña, cierta vez dijo que si la gente verdaderamente tuviera una relación con Jesús, que siempre votarían por las cosas correctas (correctas moral y éticamente). Dijo que nuestra responsabilidad como seguidores de Cristo era promover a Jesús y no el prejuicio político. Participar en política puede descarrilar potencialmente nuestra eficacia, llevándonos a perder el enfoque de nuestra verdadera visión, y, por lo tanto, debilitar nuestra causa.

Como participante activo en el movimiento ambiental cristiano, me he propuesto permanecer apolítico. Para mí, el cuidado de la creación de Dios es únicamente un asunto de mayordomía obediente. El mundo ha polarizado un tema que debería ser de gran preocupación para cada ser humano. La condición ambiental global es un problema que se ha convertido en una causa importante de sufrimiento humano en las naciones en desarrollo. Ya que sabemos que Cristo ha llamado a su pueblo a un ministerio de compasión, misericordia y justicia social, no podemos permitirnos ser atrapados en la duplicidad de religión y política en una hora tan crucial. Nuestra eficacia vendrá solamente a través de una convicción bíblica auténtica y la fe para realizarla.

Tri Robinson
Pastor, Vineyard Boise, Boise, Idaho

LA NUEVA FRONTERA POLÍTICA

Después de dieciséis años en el Capitolio como un evangélico en liderazgo y con cierta fama, las señales no son difíciles de leer. Los jóvenes evangélicos nacidos después de 1963 están dejando el rebaño. Y están huyendo tan rápido como pueden.

¿De qué están huyendo? ¿De la percepción de una derecha religiosa intolerante, impopular, indiferente y de miras estrechas? ¿Y si están huyendo, hacia dónde se dirigen?

El cambio ha sido sutil y gradual, pero creo que se ha visto acelerado en los últimos años. Pasé horas en el teléfono con jóvenes evangélicos en liderazgo en 2004, convenciéndolos de que el presidente Bush sería mejor para el país y para los que estaban preocupados sobre el aborto que el senador John Kerry. Los demócratas liberales, a pesar de oponerse a la enmienda federal sobre el matrimonio y apoyar los derechos al aborto legal, parecen estar ganando atención y tracción entre muchos jóvenes y cada vez más comunidades evangélicas.

Inicié mi carrera política en 1984 con una exitosa candidatura para el Congreso de los EE. UU. por Texas. Grupos como Christian Voice, Freedom Council y Moral Mayority fueron creados como respuestas a la ratificación de la Corte Suprema del aborto a solicitud. Una acción política requería una reacción política. Si íbamos a confrontar el horror del aborto, no había otro canal, ni prioridad mayor, que la participación política.

Decían que la política no era una opción sino una obligación.

Dieciséis años después, seis de los cuales los pasé como el tercer empleado republicano en rango en el Senado, la situación ha cambiado, y también mi mentalidad. Parece ser que la participación de los evangélicos conservadores en la política es rechazada por los de la comunidad evangélica menores de cuarenta años, que parecen estar procurando formas alternativas de participación, así como temas que no estén asociados tradicionalmente con la derecha religiosa. Creo que una de las razones clave por la que están repeliendo a la derecha religiosa no es porque difieran en asuntos como el aborto y el matrimonio (todavía), pero en parte porque se sienten incómodos con su agenda estrecha y limitada así como por su poca popularidad entre la elite cultural. Pero lo que más los está llevando a desafiliarse es la percepción del pecado de omisión (los asuntos no abordados) de la derecha religiosa, así como la del pecado de comisión (sus tácticas y posiciones).

Cuando la coalición cristiana se rehusó a contratar a un director ejecutivo porque quería incluir en la agenda la crisis global del sida, y otro director renunció por razones similares, el destino de la derecha religiosa quedó sellado.

Esto no es completamente malo. El senador para el que trabajaba fue vencido por un demócrata perteneciente a provida, y aunque creo que el país estaría mejor si él hubiera sido reelegido, le pido a Dios que esto comience un cambio en el Partido Demócrata. El Reino de Dios no está capturado por ninguno de los dos partidos, y es un momento peligroso para la iglesia y el Evangelio cuando el poder temporal es confundido con el poder de lo alto.

Además, la política no lo es todo. No vamos a corregir la revolución sexual en el Senado. Necesitamos nuevas formas de participación cultural y más llenas de "sal".

No obstante, mi preocupación es que podríamos estar en peligro de perder a la siguiente generación de evangélicos a lo largo del tiempo con principios prioritarios como que la vida comienza en la concepción y que el matrimonio es entre un hombre y una mujer, mientras ellos buscan lugares para expresar su preocupación por problemas como la pobreza, el sida y el ambiente.

¿Puede el movimiento evangélico navegar estas nuevas fronteras? ¿O será este un rompimiento, una guerra civil dentro de una tradición que ha sido unificada principalmente por un sentido profundo de orden moral? ¿Debemos evitar la lucha interna que distrae de la causa común y drena recursos preciosos que de otra manera se podrían invertir en combatir la injusticia, la pobreza y la descomposición cultural?

Estas son preguntas que deben responder principalmente los menores de cuarenta a medida que el liderazgo actual comienza a dejar la vida publica. El balón está en su cancha. Va a requerir humildad, oración, comunión, conversaciones y gracia. Pero cuando el Espíritu Santo está en el timón, podemos salir del otro lado de los rápidos fortalecidos y ensanchados.

Mark Rodgers
Ex director de personal de la Conferencia Republicana del Senado
Presidente de The Clapham Group

NI DERECHA O IZQUIERDA, SINO MÁS PROFUNDO

Los cristianos deben participar en la política. La pregunta no es si "debemos participar" sino "cómo". El movimiento religioso conservador en EE. UU. hoy se ha corrompido políticamente. El movimiento evangélico fue secuestrado y usurpado por fuerzas políticas de partido. La religión conservadora es dictada por fuerzas políticas seculares derechistas. Básicamente, el movimiento religioso conservador —o al menos partes de él; la parte politizada— ha vendido su alma a la política de partido.

Muchos jóvenes evangélicos ven que esto es solamente política republicana escondida detrás de la religión conservadora. Cuando perciben esto no les gusta. Y están preocupados de que también le podría suceder a la izquierda —exactamente lo mismo que le pasó a la derecha— la politización y corrupción de la religión en aras del poder político. Eso no es lo que ellos quieren.

Los jóvenes que conozco no quieren irse a la derecha o a la izquierda. Rechazan estas ortodoxias políticas estrechas. No están felices con que el cristianismo se haya convertido en una lista de cosas prohibidas o solamente se trate de portarse bien. Quieren ir más profundo.

Más bien, los jóvenes evangélicos realmente quieren que su fe y su vida cuenten para algo. Quieren que su fe se conecte de alguna manera con cambiar al mundo; quieren que su amor por Jesús se exprese por sí mismo en el mundo, con respecto a otras personas, así como en las exigencias apremiantes y en los problemas del mundo.

El tipo de fe privativa que solamente se trata de "mí y el Señor" no es suficiente para los jóvenes evangélicos. La experiencia nos dice que uno no puede decir que hubo un avivamiento hasta que no haya cambiado a la sociedad de alguna manera; el avivamiento personal no es suficiente. Hay hambre por avivamiento, hambre de participar en una fe y un movimiento que transforme al mundo, cual no he visto en mucho tiempo.

Al final, los movimientos sociales son lo que cambia a la política; y los mejores movimientos siempre han tenido fundamentos espirituales. Con una Biblia en su mano y la Constitución de los EE. UU. en la otra, Martin Luther King, Jr. cambió la marea en nuestra nación, inspirando a toda una generación a participar en la lucha por los derechos civiles. Los políticos entraron hasta al final, como suelen hacerlo.

Jim Wallis
Fundador y Director Ejecutivo de Sojourners/Call to Renewal

ENSEÑAR LOS PRINCIPIOS DEL REINO

En la iglesia de hoy, una razón por la que los jóvenes están desilusionados con el papel de los cristianos en la política es porque muchas veces solamente les enseñamos parte de los estatutos de Dios, y no todos; y pocas veces les enseñamos principios del Reino. Somos rápidos para enseñar acerca de juicio, justicia propia y nuestra percepción de santidad, pero a menudo dejamos de lado los principios del Reino de amor, compasión, justicia y la soberanía de Cristo al definir nuestros asuntos políticos.

Enseñamos nuestras propias tradiciones políticas —en lugar de los caminos de Cristo— convirtiéndonos en policía, juez y jurado con respecto a la vida pecaminosa de los demás. Parecemos olvidar que todos somos pecadores salvos por gracia: una Gracia amorosa, compasiva llena de misericordia que no trató de legislar en contra del infierno, ni nos dio lo que merecíamos, sino que dio a su Hijo como nuestro sustituto, un redentor de nuestros pecados.

No se equivoque, hay principados, potestades, gobernadores de las tinieblas de este siglo, contra las que la iglesia debe levantarse. Pero nuestra lucha no es contra la carne y la sangre de los seres humanos que pecan.

Para cada generación, Dios tiene un plan soberano para su papel en el proceso político. No le hacemos ningún bien a las generaciones futuras si tratamos de imponer nuestros métodos políticos o nuestra mentalidad en los problemas que enfrentan. Si les enseñamos a nuestros hijos todos los estatutos de Dios y lo que le pertenece a su Reino —aunque signifique dejar a un lado nuestra manera de hacer las cosas— podemos confiar en que los propósitos de Dios para la generación que viene se cumplirán.

Rev. Jannah Scott
Actualmente comisionado como asesor político
Iniciativas de la Fe y la Comunidad, Oficina del Gobernador, Arizona

8

CRITICONES

Los cristianos hablan acerca de odiar el pecado y amar al pecador, pero p`or la manera en que hacen las cosas, deberían decirlo como es: Ellos odian al pecado y al pecador.

Jeff, 25

Percepción: Los cristianos son orgullosos y rápidos para encontrar faltas en los demás.

Nueva percepción: Los cristianos muestran gracia al encontrar lo bueno de los demás y ver su potencial para ser seguidores de Cristo.

—¿Sabe que fue lo que realmente me molestó? —confesó la joven Lisa durante una entrevista reciente. Yo estaba agradecido por los pensamientos francos de esta madre de veintinueve años, ya con dos hijos menores de tres años—. Bueno, me está preguntando la manera en que veo a los cristianos. Déjeme decirle. Hace unas semanas fui invitada a visitar un grupo de estudio bíblico en una iglesia. Voy de vez en cuando porque conozco a algunas de las mujeres del grupo. Todavía estoy tratando de encontrarle el sentido a todo este asunto de Jesús. Después de que la oradora empezó a hablar, comenzamos a conversar en nuestra mesa; como ocho o nueve mujeres. Probablemente yo era la más joven, pero algunas de ellas eran como de mi edad. Todas nos estábamos llevando bien.

—¿Qué fue lo que le molestó?

—Estábamos hablando de sexo, intimidad y embarazo, cosas de esas. Les dije acerca de una amiga que estaba pensando en abortar. Les comenté toda la situación, el novio de veinte años la dejó. Se está sintiendo realmente sola. E hice un comentario acerca de que la entendía y las razones por las que el aborto podía tener sentido. Creo que las dejé pasmadas. Sé que estas mujeres son provida y todo eso. Yo no sé que soy, si provida o a favor del aborto, o solamente yo misma. Pero la conversación giró en ese punto de una manera realmente extraña. En lugar de tener un diálogo, fui puesta a la defensiva. Fueron bastante lindas, pero las damas se enfocaron a hablarme *a* mí, tratando de corregir mi actitud hacia el aborto.

Lisa se detuvo y suavizó su tono.

—Y esta es la parte que realmente me molestó, algo que nunca les dije. Lo que no saben es que *yo* me practiqué un aborto... hace mucho tiempo. No es una experiencia que desearía que nadie tuviera. Pero podía sentir el dilema de mi amiga porque yo lo viví. No estoy segura de que las cristianos con las que estaba esa mañana lo entiendan. Creo que la verdad es que lo que esperaba era un poco de empatía para mí misma.

Lisa está describiendo una de las preocupaciones principales del cristianismo actual: los cristianos son criticones. Los encuestados creen que los cristianos están tratando, conscientemente o no de justificar sentimientos de superioridad moral o espiritual. Uno de los de afuera lo describió de esta manera: "A los cristianos les encanta oírse hablar. Son arrogantes acerca de sus creencias, *pero nunca se molestan en descubrir lo que las demás personas piensan realmente*. No parecen demasiado compasivos, especialmente cuando tienen una fuerte opinión acerca de algo".

Como podrá ver más tarde en este capítulo, juzgar a otros es uno de esos aspectos de la vida cristiana en el que es sumamente fácil cometer errores. Una definición nos sería de utilidad aquí. Ser criticón o juzgar a otros es señalar algo que está mal en la vida de otro, haciendo que la persona se sienta criticada, excluida, marginada. Cierto potencial de ser un seguidor de Cristo es apagado. La crítica o el juicio es impulsado por la justicia propia, la motivación interna equivocada de hacer que la vida de uno se vea mejor al compararla con la vida de los demás.

Lamentablemente, los cristianos en nuestra cultura se han identificado con esta percepción. Cerca de nueve de cada diez de los de afuera (87%) dijeron que el término *criticón* describe con precisión al cristianismo actual. Esta fue una de las tres grandes (las tres percepciones negativas que se tienen más ampliamente sobre los cristianos junto con ser antihomosexual e hipócritas). Para ponerlo en términos prácticos, cuando uno se presenta delante de un vecino en sus veintes, y le menciona su fe, lo probable es que él o ella piense que usted es un criticón.

También descubrimos que nuestras actitudes de "yo soy mejor que tú" son obvias para muchos de los jóvenes que asisten a la iglesia. La mayoría de los jóvenes cristianos les dijeron a nuestros entrevistadores que mucho de nuestra fe parece estar enfocada en las faltas de otras personas. Más de la mitad de los cristianos jóvenes entre los dieciséis y los veintinueve años de edad (53%) dijeron que creen que la etiqueta *criticón* encaja con precisión en el cristianismo actual.

Y las actitudes de juicio son particularmente difíciles de digerir para los Mosaicos y los "Busters" por dos razones. Primero, son sensibles a los motivos de los demás. Han sido el blanco de interminables cátedras, sermones, mercadotecnia y publicidad. Si uno manifiesta un consejo no solicitado, de inmediato desconfían de sus motivos. Se preguntan qué gana usted al ofrecer su opinión.

Segundo, las nuevas generaciones son cada vez más resistentes a visiones simplistas blanco y negro del mundo. No nos tiene que gustar este elemento de su codificación generacional, pero es una característica de la manera en que procesan la vida: nada es simple. Estiman el contexto, la ambigüedad y la tensión. Muchas veces las actitudes criticonas son percibidas como demasiado simplificadas, anticuadas y fuera de ritmo con su mundo diverso. Con los jóvenes, la *manera* en que nos comuniquemos es tan importante como lo *que* comuniquemos.

Dios es lo suficientemente sabio como para manejar a una generación compleja, y su pueblo debe serlo también.

UNA DISTINCIÓN CRÍTICA

Nos guste o no, juzgar a otros está intrincadamente conectado con nuestra imagen como cristianos. Posiblemente, esto le dé cierto grado de satisfacción, porque piensa que esto significa que los creyentes se han opuesto al pecado. Por supuesto que los seguidores de Cristo se deberían sentir impulsados a rechazar las acciones y actitudes pecaminosas. Jesús lo hizo. Y es especialmente difícil quedarse callado cuando el hiperindividualismo estadounidense nos ha convertido en una nación de rebeldes morales. Usted quizá haya escuchado a la gente justificando sus acciones diciendo cosas como: "No me puedes imponer tus creencias". "Eso quizá este bien para ti, pero no está bien para mí". "Cada quien tiene que encontrar su propio camino". Nuestras investigaciones muestran que la moral "hágalo usted mismo" está ganando impulso, y esa es la manera en que la mayoría de los Mosaicos y los "Busters" resuelven sus decisiones morales.

Dado este ambiente, muchos cristianos se ponen a la defensiva cuando se habla acerca de la percepción de que juzgan y critican a los demás. Solamente porque los demás se sientan juzgados no es razón para que cambiemos nuestras creencias. Si los cristianos no señalan los estándares de Dios, ¿quién lo va a hacer? Este libro reiterativamente enfatiza este concepto bíblico clave: señalarle a Jesús a la gente no se logra mediante ser popular. La indignación de los de afuera no cambia o minimiza las expectativas de Dios. La gente sigue teniendo que responderle a un juez santo.

Sin embargo, toda una generación de los que están dentro y fuera de la iglesia están cuestionando nuestros motivos como cristianos. Creen que estamos más interesados en probar que nosotros tenemos razón, que en que Dios tiene razón. Dicen que los cristianos están más enfocados en condenar a la gente que en ayudarla en llegar a ser más como Jesús. ¿No estará diciendo esto que hemos perdido algo en la manera en que decimos y describimos las expectativas de Dios? ¿Estamos más preocupados por la *falta* de rectitud de los demás que por nuestra justicia *propia*?

Una distinción crítica para los cristianos está entre condenar a la gente (p. ej. ser criticón o juzgar a otros) y ayudarlos a ser más misericordiosos al mismo tiempo que conscientes y sensibles de los estándares de Dios. Protestar contra una manifestación homosexual con un letrero de "Dios odia a los gays" es juzgar a otros. No ayuda a la gente a estar receptiva hacia Dios. Tener una conversación significativa sobre homosexualidad con alguien en la oficina —si se hace con la motivación adecuada— podría lograrlo. Es criticón sentirse superior a una mamá divorciada en su iglesia; ser mentor de su hijo podría ayudar más a cultivar los propósitos de Dios en esa familia.

¿Los cristianos deberían hablar acerca de lo apropiado que puedan ser moralmente las cosas como la homosexualidad y el divorcio? Por supuesto. No obstante, en nuestros esfuerzos por señalar el pecado, muchas veces fallamos en hacer algo por las personas que son afectadas por el pecado. Piénselo de esta manera. La percepción es que los cristianos son conocidos por *hablar* acerca de estos asuntos más que por *hacer* cualquier cosa al respecto. Con base en nuestra encuesta, una mayoría de los de afuera (57%) dicen que los cristianos son rápidos para encontrar faltas en los demás.

Si cruzamos la línea y juzgamos a los demás para hacernos sentir mejor, somos tan pecaminosos como aquellos cuyas acciones y actitudes condenamos. Juzgar a otros aleja a la gente de los propósitos de Dios, y las personas son repelidas por una imagen de Jesús que no es para nada parecida a la verdadera. Cuando los cristianos son criticones, cuando son arrogantes y rápidos para encontrar faltas son *casi* cristianos.

UNA IGLESIA AMOROSA

Esto hace surgir una duda importante. ¿Somos percibidos como un grupo amoroso de personas? En un estudio reciente le pedimos a los de afuera, a los que asisten a la iglesia y a los pastores que describieran si percibían que las iglesias cristianas fueran ambientes amorosos, lugares donde la gente fuera amada incondicionalmente y aceptada sin importar su aspecto o lo que hacen. Solamente uno de cada cinco de los de afuera dijo que percibía a las iglesias de esta manera. Sorprendentemente, menos de la mitad de los que asisten a la iglesia, incluyendo a los cristianos nacidos de nuevo, sintieron fuertemente que su iglesia expresa amor incondicional.

Por supuesto, lo que una persona *piensa* de una iglesia y lo que realmente *es* pueden ser dos cosas aparte. Los pastores ciertamente tienen una opinión diferente. Más de tres cuartos de los líderes de la iglesia creen firmemente que su iglesia es una comunidad de amor incondicional. No obstante, incluso si los de afuera están equivocados, sus percepciones marcan su realidad. Tienen problemas para ver nuestras iglesias como lugares amorosos.

Sin importar lo que digamos de nosotros mismos, los jóvenes tienen sus dudas. Nuestra investigación ha confirmado que las percepciones de amor y aceptación son menos comunes entre los Mosaicos y los "Busters" que entre los adultos mayores. Esto fue cierto entre los que asisten a la iglesia tanto como entre los de afuera de estas generaciones. Además, solamente 16% de los jóvenes de entre los de afuera dijeron que la frase "constantemente muestra amor por otras personas" nos describe "mucho". Los de afuera quizá piensen que somos amigables o que tenemos buenos principios, pero no somos conocidos por nuestro amor.

¿Una iglesia amorosa?

Pregunta: Las iglesias cristianas aceptan y aman a la gente incondicionalmente, sin importar su aspecto o lo que hagan.

(Pastores, N = 613; adultos, N = 1007)

	Porcentaje que está firmemente de acuerdo
Pastores	76%
Cristianos nacidos de nuevo	47%
Los que asisten a la iglesia	41%
Los de afuera (de todas las edades)	20%

Los Mosaicos y los "Busters": son más escépticos de que las iglesias sean ambientes amorosos

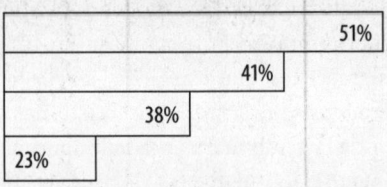

Mosaicos y "Busters" de entre los de afuera	51%
De la Posguerra de entre los de afuera	41%
Mosaicos y "Busters" que asisten a la iglesia	38%
De la Posguerra que asisten a la iglesia	23%

Porcentaje que está en desacuerdo

Y esto genera otra pregunta. ¿Qué pasa si los cristianos están siendo percibidos como criticones porque estamos tratando de ser populares con *el público equivocado*? La Escritura dice claramente que solamente existimos para agradar a Dios. Pero qué pasa si nuestras actitudes de juicio están dirigidas para vernos bien delante de otros creyentes. ¿Estamos tratando de agradar a Dios por medio de pulir nuestras credenciales santas delante de los de adentro? ¿Será posible que parte de la razón por la que los cristianos han perdido su atractivo para los de afuera sea que han perdido la pasión por las personas fuera de la iglesia? Más que ver el potencial de la gente como seguidores de Cristo, muchas veces nos instalamos a nosotros mismos como su juez y jurado espiritual.

Nuestras investigaciones con cristianos confirman que demasiado a menudo perdemos de vista el punto de reflejarle a los de afuera a Jesús, porque estamos demasiado ocupados atendiendo las expectativas de otros creyentes. El líder de cierta iglesia explicó como algunos miembros demasiado participativos de su iglesia evitaron que colaborara con otra congregación local porque el colaborador potencial era demasiado "sensible a los buscadores espirituales". Otro creyente explicó como sus esfuerzos por atraer a la gente afectada por VIH o sida han sido rutinariamente desprestigiados por algunos cristianos a causa de la percepción de estar siendo manipulado por activistas homosexuales. Un joven líder cristiano que desarrolló un ministerio en los barrios bajos me dijo cómo uno de los miembros de la junta directiva cuestionó si no estaban asistiendo "demasiados niños negros". Un líder cristiano de influencia fue rotundamente criticado por entablar un diálogo respetuoso con defensores de una fe distinta.

El tema común en todas estas historias es que los cristianos generalmente se equivocan del lado de ser rápidos para juzgar a otros, incluso a sus hermanos creyentes, sintiendo que conocen las respuestas, como si supieran lo que piensa Dios. Cambiar esta percepción de crítica y juicio es un desafío intimidante. Pero es posible de hacer. Nuestros estudios también señalaron las instancias en las que los cristianos han podido expresar y pronunciar verdades bíblicas sin criticar o juzgar. Voy a hablar de ello más tarde. Sin embargo, primero necesitamos entender la manera en que juzgamos a la gente de una manera inapropiada.

ERRORES DE JUICIO

Nuestra investigación de adultos jóvenes destacó cuatro formas de actitudes criticonas o de juicio: veredicto equivocado, momento equivocado, motivación equivocada y favoritismo.

VEREDICTO EQUIVOCADO

El primer error que los cristianos cometen es llegar a conclusiones erróneas. Los juicios de Dios sobre las personas son prefectos; los nuestros no. Cuando los cristianos llegamos al veredicto equivocado, suele ser a causa de nuestros prejuicios, suposiciones o estereotipos de los demás. Nuestra superficialidad nos traiciona. Un cristiano con el que hablé recientemente dijo: "Sí, sé lo que quieren decir con los estereotipos. Cuando veo a una persona que está tatuada o que se hizo una perforación, trato de no juzgarlos con base en su apariencia externa. Sino que entiendo que su apariencia es quizá solamente un síntoma".

Quedé perplejo. ¿Se dieron cuenta de lo que estaba diciendo? Podría haber dicho mejor: "No juzgaría a nadie con base en la apariencia externa, pero *hay* algo malo en el interior de esta gente". ¿Se da cuenta de lo sutil que puede ser la crítica? Se nos infiltra y luego sale a cuentagotas en nuestras conversaciones y actitudes.

Y considere los estilos de vida y la manera de expresarse de los jóvenes en la actualidad. Cincuenta por ciento de los estadounidenses entre los dieciocho y los veinticinco años han alterado de manera significativa su apariencia en algún momento de su vida, incluyendo tatuajes, tiñendo su cabello de un color poco tradicional o perforando su cuerpo en otro lugar que no sea el lóbulo de su oreja. De hecho, un tercio de todos los adultos jóvenes llevan un tatuaje.[1] Así que esta es una pregunta reveladora: ¿están todos estos adultos jóvenes expresando el síntoma de una angustia espiritual profunda no resuelta? Probablemente algunos de ellos lo estén. Pero, ¿se equivoca mi amigo bien intencionado, que representa a Cristo, acerca de muchas personas en una generación que se expresa de una manera distinta? Absolutamente.

Aprendimos que cuando los cristianos tienen el veredicto equivocado acerca de los demás, los que están siendo juzgados se sienten malentendidos y ofendidos. *Realmente no me conocen. No tienen idea de mi vida y de lo que he pasado. No están realmente interesados en mí.* Los de afuera explicaron que cuando se sintieron juzgados, creyeron que la conclusión misma estaba equivocada. Que estaba basada en una falta de información acerca de la historia del individuo y de su trasfondo. Los de afuera se sintieron estereotipados. Más tarde veremos la manera en que los estereotipos afectan nuestra habilidad para conectar a la gente con Cristo.

MOMENTO EQUIVOCADO

Un segundo tipo de error que cometemos al juzgar es tener el veredicto correcto, pero darlo en el momento equivocado. Algunas veces tenemos la idea correcta sobre lo que piensa Dios, pero describimos ese veredicto en el contexto equivocado o en el momento equivocado. Tengo una amigo cristiano que perdió a su hermano homosexual a causa del sida. ¿Se puede imaginar la respuesta si le hubiera recordado a su mamá que su hermano muerto estaba viviendo en pecado?

Cuándo decir algo y cuándo permanecer callado es una decisión difícil para muchos cristianos. Sin embargo, muchos cristianos no hacen distinción alguna y piensan que deben expresarse en todas las situaciones. No obstante, debemos preguntarnos cosas acerca de la persona que estamos tratando de ayudar. ¿Esta persona sigue a Cristo? Quedé sorprendido al encontrar en 1 Corintios que Pablo le informa a la comunidad cristiana que no tiene la responsabilidad de juzgar a los de afuera, pero dijo: "¿No son ustedes los que deben juzgar a los de adentro?" (1 Corintios 5:12).

LA MOTIVACIÓN EQUIVOCADA

Podemos tener el veredicto correcto, pero darlo con la motivación equivocada. La Escritura es clara en que debemos ser motivados por el amor. Cuando Jesús está frente a la mujer acusada de adulterio (un episodio de su vida descrito en Juan 8), vemos que sus acusadores fueron impulsados por la motivación equivocada. Una furiosa multitud de religiosos de los de adentro se había reunido para denunciar y literalmente matar a esta mujer por sus oscuros secretos. La ofensa de ella era costosa, pero el método de castigo de ellos era vengativo y tenía el propósito de hacerlos ver como justos.

Jesús los hizo objeto de su propia ira: "Aquel de ustedes que esté libre de pecado, que tire la primera piedra" (v. 7). ¿Puede imaginarse ese momento en el que Jesús, en perfecta unión con el plan de Dios, rompió filas con siglos de enseñanzas religiosas dentro de las leyes y costumbres judías? Desafió a los acusadores a escoger la compasión sobre la retribución al considerar la impureza de sus propias vidas antes de juzgar a alguien más. Y no olvide el final de la historia. Jesús, el juez perfecto, le dice a la mujer que abandone sus comportamientos autodestructivos: "Ahora vete, y no vuelvas a pecar" (v. 11).

Este tipo de error (juzgar a la gente con la motivación incorrecta) afecta profundamente la percepción que tienen los de afuera de nosotros. ¿Alguna vez ha escuchado el lema cristiano: "Odiar al pecado, pero amar al pecador"? No es una cita directa de la Biblia, pero refleja el ideal que la mayoría de los seguidores de Cristo tienen. Les gustaría extender gracia y amor a los demás (el pecador), al mismo tiempo de rechazar las actitudes y comportamientos que contradicen los estándares de Dios (el pecado). El problema es que los de afuera no piensan que somos honestos con nosotros mismos. Una de nuestras entrevistas fue con Jeff, un agnóstico de veinticinco años de Oklahoma. De hecho mencionó la famosa frase en la conversación: "Los cristianos hablan acerca de odiar el pecado y amar al pecador, pero por la manera en que hacen las cosas, deberían decirlo como es: Ellos odian el pecado *y* al pecador". Si nuestra obsesión principal es sobre el pecado, es virtualmente imposible demostrarle amor a un individuo. Piénselo: muchos de los de afuera, la gente quebrantada que necesita más a Jesús, consideran que los cristianos *odian a otros*.

FAVORITISMO

Un error final de juicio es realmente el problema en reversa: el favoritismo. Es humano demostrar parcialidad, pero el favoritismo afecta las relaciones de los cristianos de maneras poco afortunadas. Un joven en nuestras entrevistas dijo que escuchó a su pastor de jóvenes haciendo planes para enfatizar su relación con los adolescentes de mayor potencial. El joven comentó: "Yo no era lo que se podría llamar una persona popular en la escuela, así que cuando dijo [el pastor de jóvenes] que quería pasar la mayor parte de su tiempo con los muchachos populares, me hizo cuestionar sus motivos, ya que lo que vi después fue que el tiempo y la atención de los líderes de la iglesia se enfocó en los mismos muchachos y señoritas que eran populares en la escuela. Realmente no quiero ser parte de eso".

Este tipo de parcialidad tiene el mismo resultado que las actitudes criticonas. Encasillamos a la gente y determinamos quién tiene el mayor valor espiritual y el potencial más alto para ser seguidores de Cristo, y enfocamos nuestros esfuerzos en estas personas. En la Biblia, Santiago específicamente le advierte a los creyentes en contra del favoritismo: "Hermanos míos, la fe que tienen en nuestro glorioso Señor Jesucristo no debe dar lugar a favoritismos" (Santiago 2:1).

LOS ESTEREOTIPOS ASESINAN RELACIONES

Como lo mencioné anteriormente, uno de los errores de juicio tiene que ver con los estereotipos. Los cristianos expresan los estereotipos que tienen de los de afuera de diversas maneras. Algunos son abiertos y otros sutiles. Algunas veces estos prejuicios se relacionan con la moral o espiritualidad de otras personas, con base simplemente en su conexión con una iglesia. Otras veces es una suposición acerca de la manera en que una persona se ve o se viste. Lamentablemente, aunque proveniene de nuestra naturaleza pecaminosa, los cristianos siguen albergando prejuicios con respecto a raza, edad, género e inteligencia.

Un encuestado ofreció esta brusca descripción de cómo fue juzgado y lo que le hizo a su fe: "Los cristianos modernos me enferman a lo máximo. De chico todo lo que hacían era molestarme y decirme que era pobre porque Dios estaba enojado conmigo. Espero el día en que la religión se desmorone y sea olvidada".

Sin importar las malas percepciones tenga, el impacto de estas actitudes es el mismo: los estereotipos matan las relaciones; pueden socavar la confianza de los demás en usted y en Dios. Esta es la dura verdad de cuando somos percibidos como criticones. Cuando los cristianos expresan juicios equivocados, cuando somos rápidos en encontrar faltas, cuando tenemos las motivaciones equivocadas o cuando mostramos favoritismo, socava nuestros esfuerzos por conectar a los de afuera con Jesús.

En un restaurante en San José, le estaba describiendo este aspecto de la investigación a mi amigo Steve, un orador y músico que ha ministrado a los adolescentes durante muchos años. De pronto, Steve me interrumpió.

—David, no vas a creer esta historia —dijo.

—¿En serio, qué me tienes? —dije, contento de tener otra oportunidad de seguir comiendo.

—Hace algunos años, una iglesia aquí en California me invitó a un evento para jóvenes. Se suponía que debía ser un concierto gratuito, y después yo iba a presentar el evangelio. Bueno, antes de comenzar, vi que no le permitieron la entrada a algunos adolescentes. En el momento, pensé que posiblemente la iglesia estaba cobrando por el evento; algunas iglesias lo hacen para compensar el costo. Así que, volviendo al tema, fui a ver al pastor y le dije que estaría encantado de usara lo de mis honorarios para quien quisiera entrar.

Steve cambió de posición en su asiento y dijo:

—David, ¿sabes que dijo?

—¿Qué? —pregunté, levantando mi vaso de té helado.

Steve inclinó su impresionante humanidad hacia delante y señalándome con el tenedor dijo:

—Me dijo: "Steve, no, no estamos cobrando por el evento. Simplemente no queremos que cierto tipo de muchachos infecte a nuestro grupo de jóvenes".

—¿Infecte?

—Así es. Quedé tan impresionado que nunca lo voy a olvidar. ¡Esa es la palabra que uso: *"infecte"!* —y golpeó el aire con su tenedor para darle énfasis.

Simplemente nos quedamos allí sentados. Yo estaba sorprendido de que un líder cristiano pudiera alejar los corazones abiertos de los adolescentes y expresar su resentimiento hacia esos chicos, ¡particularmente en un evento especial diseñado para alcanzar a los de afuera! Si los adolescentes no pueden encontrar respeto y aceptación en la iglesia, especialmente cuando verse diferentes es el "nuevo" normal, ¿dónde la van a hallar? Imagínese las reacciones de estos adolescentes al alejarse de la iglesia esa noche. Aun y cuando fueran rudos o incluso hubieran asistido para causar alborotos, conozco a Steve, y a él no le hubiera molestado. Más bien, se fueron con menos esperanza y un interés disminuido en Jesús.

Quizá usted nunca use la palabra *infecte*, pero nuestras críticas nos han obstaculizado para ayudar a ciertas personas a conectarse con Cristo.

Esto no llega a ser cristiano, ¿no cree?

LA FUERZA CEGADORA

Hay que reconocerlo. Los de afuera tienen un argumento legítimo aquí. Somos, más de lo que nos damos cuenta, demasiado rápidos para juzgar a otros. Nos merecemos la etiqueta de *criticones*.

Pero, ¿por qué es eso? Jesús nos da un ejemplo claro de procurar a la gente y aceptarla tal y como viene. Muchas veces Él escandalizó a otros al pasar el tiempo con las personas menos deseables de la cultura, y su enseñanza no se presta a ambigüedades: no juzguen a otros o ustedes van a enfrentar el mismo juicio; remueve la viga de tu ojo antes de quitar la paja del ojo de tu amigo; y no tienes el derecho de condenar a otros a menos de que estés libre de pecado (Mateo 7:1-5). ¿Cómo es que los cristianos se han alejado tanto de esto?

Algunas personas lo explican de una manera simple: incluso los cristianos cometen errores. Los creyentes no siempre expresan a Cristo de una manera perfecta porque son imperfectos. Esto es cierto, pero no responde la pregunta.

El orgullo alimenta actitudes de crítica y juicio. La arrogancia es posiblemente la forma más aceptable de pecado en la iglesia hoy en día. En esta cultura de abundancia, una de las únicas maneras en que Satanás puede mantener a los cristianos neutralizados es envolviéndonos en orgullo. La presunción se introduce como ráfagas de aire frío en el invierno. No lo vemos, pero los de afuera pueden sentirlo. Uno de los de afuera hizo esta observación: "Los cristianos hablan de amor, pero no se siente como amor. Tengo el sentimiento de que creen que son mejores que yo, incluso cuando su vida parece igual que la mía".

Un concepto como la soberbia es difícil de definir, y la gente no revela su arrogancia voluntariamente, así que en nuestras encuestas tuvimos que buscarla de maneras indirectas. Aunque solamente Dios conoce la verdadera condición de cada persona, nuestra investigación brinda una instantánea útil de la manera en que la gente piensa de sí misma. Por ejemplo, descubrimos que la mayoría de los cristianos nacidos de nuevo dijeron estar "sumamente convencidos de que están en lo correcto con respecto a las cosas de la vida". También los creyentes son más inclinados que otros a decir que a menudo tratan de persuadir a la gente a cambiar su punto de vista. Y en comparación con los de afuera, los nacidos de nuevo admiten ser menos abiertos a las perspectivas de otras personas acerca de la vida.

Algunas de estas características no son inherentemente negativas ni expresan orgullo. Incluso pueden ser indicadores de una fe activa. Pero, sin muchas explicaciones, ¿le gustaría pasar el tiempo con personas así? ¿Estaría dispuesto a escuchar la opinión de una persona que piensa que siempre tiene la razón (o casi siempre), quien a menudo le da una buena ración de consejos no solicitados y que no parece particularmente interesado en sus opiniones? Los estadounidenses en sus años de adolescencia y los jóvenes, tanto dentro como fuera de la iglesia, nos dijeron que tienen mejores maneras de pasar el tiempo.

LA BIBLIA Y EL JUICIO

Después de haber hablado e investigado a miles de los de afuera, volví a leer porciones importantes de la Biblia para obtener un sentido claro de

CAPÍTULO 8 **CRITICONES**

la actitud de Dios hacia los de afuera. El juicio es central en el mensaje de la Biblia, pero quedé sorprendido de cuan constantemente la Biblia le advierte a los creyentes *que no juzguen*.[2] Además de las palabras precautorias de Jesús, la Biblia es muy clara en el sentido de que Dios, y no los humanos, es el que va a juzgar. Es la responsabilidad de Dios, y Él lo hace de manera imparcial al mismo tiempo que expone los verdaderos motivos del corazón de la gente. También considere los escritos de Pablo a los cristianos de Roma —probablemente haya encontrado creyentes que justifiquen sus propias actitudes de crítica y juicio a través de leerle el primer capítulo de Romanos—; esta es la parte en la que la Biblia describe el enojo de Dios contra "contra toda impiedad e injusticia de los seres humanos, que con su maldad obstruyen la verdad" (Romanos 1:18). Es claro a partir de este pasaje que la idea es que las leyes de Dios son inviolables y trascendentales. Sin embargo, Pablo pasa de esta aguda discusión sobre el pecado a una llamada de atención a los cristianos:

> Por tanto, no tienes excusa tú, quienquiera que seas, cuando juzgas a los demás, pues al juzgar a otros te condenas a ti mismo, ya que practicas las mismas cosas [...] ¿No ves que desprecias las riquezas de la bondad de Dios, de su tolerancia y de su paciencia, al no reconocer que su bondad quiere llevarte al arrepentimiento?
>
> Romanos 2:1, 4

Otra traducción de la Biblia lo dice de esta manera: "¿No puedes ver lo bueno que ha sido al darte tiempo para arrepentirte de tu pecado?" (traducción al español de la versión *New Living Translation* en inglés). ¿Describe esto a los cristianos y su corazón de llevar a otros al arrepentimiento?

A través de mi investigación entre los de afuera, Dios me ha estado revelando lentamente mis propios prejuicios. Su bondad hacia mí en este proceso ha sido abrumadora. Lo aliento a que usted considere la misma respuesta a la investigación. ¿Qué ideas equivocadas alberga contra la gente? Si siente un creciente sentimiento de autojustificación —*Tengo el derecho de criticar el pecado; eso el lo que Dios me llama a hacer*— es probable que ya haya perdido la oportunidad de que Dios le revele sus puntos ciegos. Si la gente utilizara el término arrogante para describirlo, ¿cómo respondería? Quizá sus críticos tengan razón. ¿Tiene el corazón lo suficientemente enternecido para ver una imagen clara de sus motivaciones? Solamente porque sienta que está haciendo lo correcto, no significa que usted tenga las actitudes o motivaciones correctas contra los de afuera.

Más bien, la arrogancia en la comunidad cristiana con demasiada frecuencia es aceptada o por lo menos excusada. La investigación muestra que toleramos nuestra propia soberbia; no sentimos la ira de Dios contra la arrogancia. Dios dice que "Dios se opone a los orgullosos, pero da gracia a los humildes" (Santiago 4:6). Tenemos que comenzar a vernos a nosotros mismos y a las personas a nuestro alrededor como las personas que son realmente: necesitados y heridos, pero con gran potencial como hijos e hijas de Dios. Quizá entonces rechacemos la arrogancia con tanta firmeza como cualquier otro pecado, porque es especialmente corrosiva para la fe de los seguidores de Cristo.

RESPETO ES IGUAL A ACCESO

En medio de estas difíciles realidades de ser orgulloso y criticón, déjeme describirle uno de los descubrimiento más alentadores de nuestra investigación. Con el desencanto que los de afuera expresan con tanta frecuencia, nos gustó encontrar excepciones a la imagen de que juzgamos a otros. Encontramos instancias en las que los cristianos pudieron comunicar perspectivas acerca de Dios que no parecieron criticonas. Los de afuera muchas veces se muestran receptivos a la opinión de los seguidores de Cristo. No siempre aceptan todo lo que les dicen, pero por lo menos no lo desdeñan como poco cristiano.

Para los creyentes, esto es importante. Subraya que la amistad con los de afuera no es una decisión entre dos extremos imposibles: ser brutalmente honestos con ellos o aceptar ciegamente sus estilos de vida. Los de afuera entienden los matices de diferentes situaciones, y descubrimos que cuando sus compañeros cristianos les dan su opinión en el contexto de una relación y con respeto, en general lo agradecen. Los seres humanos son atraídos por la aceptación y al respeto genuino; son repelidos por el rechazo y un aire de superioridad.

¿Entonces, cómo es ese tipo de respeto? Los de afuera sugirieron los lineamientos siguientes para facilitar la estima mutua.

1. *Escúcheme*. Hable menos. Aprenda a escuchar mejor. De esa manera puede entender mejor las necesidades y el trasfondo de la gente.
2. *No me etiquete*. Utilizar términos que metan a la gente en cajas es generalmente ofensivo para la gente. Palabras como "perdidos", "paganos" e "inconversos" no son particularmente encantadoras. Los jóvenes suelen decir: "Todos somos simplemente personas.

Dejemos de hacer nuestras pequeñas categorías para clasificar a los demás".
3. *No sea demasiado listo.* No pretenda tener todas las respuestas. Si no está seguro, dígalo. Además, los de afuera nos dijeron que no siempre están buscando respuestas en los cristianos; generalmente no lo hacen.
4. *Póngase en mi lugar.* Los cristianos parecen estar preocupados solamente por lo que la gente hace o no hace; como: si va a la iglesia o se comporta de manera aceptable. Pero los de afuera quieren que entienda algunas de las cosas que han sufrido y por las que han pasado. Creen que los cristianos deberían aprender a apreciarlos y comprender mejor sus decisiones.
5. *Sea genuino.* Algo que socava la confianza de los de afuera es cuando los cristianos tratan de inmiscuir un poco de espiritualidad en cada oportunidad. Sienten que eso le falta al respeto a su inteligencia. *¿No crees que soy lo suficientemente inteligente para notar lo que estás tratando de hacer? Puedo ver tu agenda "cristiana".* Muchos de ellos no tienen problemas con el hecho de que la fe sea tan importante para nosotros y no les importa escuchar sobre ella de manera ocasional. No obstante, usualmente conocen la diferencia entre los temas que salen de manera natural en una conversación y las veces en las que les inyectamos un ángulo o idea espiritual que no encaja.
6. *Sea mi amigo sin otros motivos.* Los de afuera dicen que algunas veces sienten que los cristianos se han hecho sus amigos con el motivo ulterior de llevarlos a la iglesia. A ellos les gusta tener amigos cristianos, pero no de los que tienen una agenda no tan oculta. Los de afuera dicen, por ejemplo, que generalmente no les importa que oren por ellos o que les hagan algún tipo de servicio, pero se ponen nerviosos cuando perciben que estos esfuerzos son parte de un esquema para "prepararlos" con el fin de algún día llevarlos a la iglesia. La amistad debe ser real, basada en un interés genuino del otro.

¿VIRTUD O GRACIA?

Si queremos cambiar la percepción de los de afuera de que los cristianos son criticones, tenemos que verlos como los ve Dios. Esto es fácil de decir pero difícil de hacer. Afecta demasiados aspectos de nuestra vida. ¿Cómo percibe usted a los padres solteros, a los gays, a las lesbianas, a la gente con tatuajes, a sus vecinos, a la familia de su pastores? No necesita mi investigación para saber lo fácil que la ilusión de ser justos y la superioridad moral vienen a nosotros. Pero nosotros no somos el juez; Dios lo es.

El escritor Philip Yancey ofrece un nuevo gran entendimiento acerca de las actitudes de juicio, señalando que el opuesto del pecado no es virtud; sino gracia.[3] Necesitamos ir más allá de esperar que la gente se comporte de acuerdo con nuestras expectativas, y en lugar de eso debemos tratar de conectarlos con los propósitos de Dios. Tres episodios recientes me hicieron esto bastante vívido.

EXPERIENCIA 1

En cierto café, la semana pasada, un pastor amigo mío, Doug, me comentó acerca de una señorita de diecisiete años a la que había estado ayudando. Esta señorita, Claire, estaba teniendo luchas. Su hermana mayor, que no es cristiana, está viviendo con su novio.

—David, ella le preguntó a mucha gente, otros cristianos, qué hacer —explicó Doug—. Y todos ellos, cada uno de ellos, le dijeron que sin duda tendría que confrontar a su hermana mayor y decirle que lo que está haciendo está mal y en contra del plan de Dios. Yo le dije que estaba de acuerdo en que el comportamiento estaba mal pero luego le pregunté algo: "Claire, ¿realmente piensas que es el momento indicado de decirle algo a tu hermana? O sea, tú conoces la situación; tú conoces tu relación con ella. Una confrontación amorosa podría ser apropiada. Dios nos usa para hablar con otros. Pero, ¿le estás pidiendo al Espíritu Santo qué decir o cuando decirlo? ¿Dios esta preocupado por su alma, o solamente por su comportamiento?".

EXPERIENCIA 2

Shelby, un talentoso joven músico que asiste a mi congregación, fue a Tailandia para ayudar a las organizaciones que ministran a las personas atrapadas en la industria sexual que prolifera en ese país. Después le escribí un mensaje por correo electrónico para darle seguimiento. Esta es parte de su respuesta: "Tiene que recordar que mi padre fue sargento de la policía de Los Ángeles. Trabajó en toda la ciudad y arrestaba prostitutas todo el tiempo. Me decía que la mayoría de las mujeres eran drogadictas y que esta era una manera de 'financiar' su hábito. Sentía lástima por ellas, pero también sentía que se lo merecían. Si no se hubieran vuelto adictas a las drogas, probablemente no hubieran tomado la decisión de 'venderse'.

Después de ir a Tailandia, vi un lado diferente de la prostitución. Cada prostituta con la que hablé dijo que la razón de hacerlo era para sustentar a su familia. ¿Su familia? Muchas de estas mujeres habían estado casadas en cierta ocasión, pero sus maridos las habían dejado. Ahora estas mujeres estaban solas para cuidar de sus hijos. Juzgamos porque no entendemos. Yo no entendía pero estoy empezando a hacerlo. Es difícil describir lo que hay en mi corazón... pero creo que puedo decir que después de vivir con estas 'prostitutas' ya no las veo así. Las veo como madres, hijas, esposas, amigas y sobre todo como mujeres que son amadas por Dios. Y Dios me mostró que soy una obra en progreso. Ciertos pecados son más visibles que otros, pero todos los cometemos. No tengo el derecho de juzgar a nadie, ¡porque soy igual que ellos! Necesito mantener la mente y el corazón abiertos".

EXPERIENCIA 3

Recibí un mensaje por correo electrónico de Catherine Rohr hace algunos meses. Les explicaré los detalles del mensaje en un momento. Pero primero, este es un poco de trasfondo. En 2004 Gabe me presentó a Catherine. Ese fue el año en que ella y su esposo, Steve, estaban ayudando a un ex convicto a expandir el plan de negocios de un ya floreciente negocio de ayuda general a domicilio. Catherine y su esposo se dieron cuenta de "que los ex convictos y los ejecutivos tienen mucho más en común de lo que uno pueda pensar; son individuos creativos, apasionados, ambiciosos, valientes e inteligentes con un fuerte impulso emprendedor; solamente que la energía de los ex convictos fue aplicada en la dirección equivocada".

Así que el equipo esposo y esposa comenzaron una organización llamada Prison Entrepreneurship Program [Programa Emprendedor de la Prisión], un ministerio que ofrece entrenamiento empresarial profundo a los convictos. Uno de los aspectos únicos de su programa es este: les pide a los líderes de negocios que vengan a la prisión por un día y les ayuden a evaluar los planes de negocio que los prisioneros desarrollan.

De vuelta al mensaje reciente que recibí, describía a Catherine hablando delante de alumnos universitarios en Stanford y Berkeley. "¿A quienes les estás hablando y por qué?", le respondí. Su respuesta: "A estudiantes de maestría en administración de empresas. Reclutamos asesores de planes de negocios a nivel maestría para nuestros convictos. También para hacer que la gente piense en gracia y redención".

Piénselo. A través de su disposición de alcanzar a personas que otros pasan de largo, Catherine está ayudando a transformar la vida de los prisioneros, los empresarios *y* los alumnos de maestría. Ella ayuda a cambiar la percepción que se tiene sobre los seguidores de Cristo. Y —qué concepto tan poderoso— al servir a los individuos más bajos de la cultura, tiene acceso a sus líderes.

Catherine ve el potencial de los convictos como miembros activos de la comunidad empresarial y para ser seguidores de Cristo. Ella celebra y estima las posibilidades que todavía existen en la vida de estas personas, a pesar de la cárcel y a pesar de su reputación como convictos. Al poner a un lado sus prejuicios, Dios puede usarla.

Hay muchos cristianos realizando actos de sacrificio como Catherine Rohr, pero no habemos suficientes de nosotros sirviendo en suficientes lugares para cambiar la percepción de que los cristianos son criticones.

Por lo menos, todavía no.

CÓMO CAMBIAR LAS PERCEPCIONES

CIUDAD DE GRACIA

Solía encogerme al oír el cliché de "ama al pecador, pero odia el pecado". Pensé que era imposible. O sea, por favor, todos los que lo dicen parecen sonrojarse. Eso es particularmente complicado para mí, porque vivo en la Ciudad del Pecado: Las Vegas, una ciudad construida sobre su exhibicionismo y exceso. Luego leí un párrafo de C.S. Lewis que me dejó boquiabierto. Él señala que hay alguien al que amo, incluso cuando no apruebo lo que hace. Hay alguien al que acepto, aunque algunos de sus pensamientos y acciones me causan repulsión. Hay alguien al que perdono, aunque hiere a las personas que más amo. Esa persona soy *yo*. Hay multitud de cosas que hago que no me gustan, pero si puedo amarme a mí mismo sin aprobar todo lo que hago, también puedo amar a otros sin aprobar todo lo que hacen. A medida que esa verdad ha sido absorbida en mi vida, ha cambiado la manera en que veo a los demás.

Puedo amar a los grandes apostadores y a los revoltosos que han plagado Vegas. Puedo amar a los apostadores, los rebeldes, las desnudistas, los estudiantes y a las madres que llevan a sus hijos al fútbol porque no importa en que estén metidos. No es mi responsabilidad cambiarlos o juzgarlos. Esa es responsabilidad de Dios. Es mi responsabilidad amarlos y señalarles el amor de Jesús. Él es el que trae los cambios. Y es un proceso que toma tiempo. Cuando las personas perciben que son aceptadas por quienes son, sin relación con lo que han hecho o harán, entonces están abiertos a la amistad y la influencia.

Este entendimiento me motivó a colocar una fotografía inmensa en la pared de mi oficina. Está tomada desde lo más alto de la estratosfera justo cuando el sol se pone. La tira de cuatro millas de casinos y hoteles es claramente visible junto con los rascacielos, los clubes nocturnos y los suburbios. A lo largo del horizonte están las palabras: "CIUDAD DE LA

GRACIA". Me recuerda que no importa lo que una persona haya hecho, la gracia sin censura de Dios está disponible. No importa por lo que estén pasando, hay esperanza. Así que ya no piense en Las Vegas como la Ciudad del Pecado; piense en ella como la Ciudad de la Gracia.

¿Qué hay de su ciudad? La gente no es tan distinta después de todo. En su ciudad están los que llenan los aviones y los coches para hacer de Las Vegas el destino al que más se viaja en el mundo, con la única competencia de la Meca. ¿Qué pasaría si los viéramos con la misma gracia y les tendiéramos una mano?

Jud Wilhite
Pastor, Central Christian Church, Las Vegas

LA AMISTAD VENCE

Cualquiera que llame a otro criticón, bueno, mmm, pues, es inherentemente un criticón. Esa sustancia asquerosa —juzgar a los demás— vive dentro de todos nosotros. Como seguidores de Jesús hemos sido llamados a ser los menos criticones, pero muchas veces nos encontramos siendo los que más juzgamos. ¿Por qué?

Puedo ofrecer una lista interminable de razones, pero una de las mayores es que tomamos las leyes de Dios, así como las cercas que construimos a su alrededor, y las colocamos frente a personas que no creen en Dios. Porque nos preocupamos más por modificar la conducta que por la verdadera transformación. El resultado es que la crítica surge de nuestro corazón, tiñendo cada actitud e interacción. Así que si un joven entre dieciocho y veintinueve años piensa que soy criticón, me encantaría responderle algo, pero tristemente, tengo que aceptarlo. No lo quiero aceptar. Quiero que los cristianos sean conocidos como las personas más amorosas; el tipo de personas que aman hasta el dolor. Pero hasta el momento parece que estamos trayendo más heridas que salud a muchos.

Como ve, el amor es lo opuesto a la crítica; atempera nuestras opiniones, actitudes e interacciones. En nuestro clima cultural, el amor es fundamental. Ahora bien, algunos dicen que el amor no tiene agenda, pero yo creo que el amor *es* la agenda (vea Juan 13:35). Sea en nuestras comunidades, lugares de trabajo o en el gobierno, debemos estar comprometidos a amar a aquellos con los que trabajamos y servimos.

Una de nuestras debilidades es que estamos mucho más preocupados por tener la razón que por ser justos. Nos volvemos como los fariseos cada vez que nos enfocamos en los problemas en lugar de en la gente. La crítica y el juicio se infiltran cada vez que tratamos con los temas como si fueran blanco y negro, en lugar de con seres humanos de carne y hueso en necesidad de redención. ¿Quiere remover los juicios poco sanos que tiene con respecto a los pobres? Asegúrese de que haya personas pobres a las que usted ame y les dé la bienvenida en su vida. ¿Quiere remover las críticas poco saludables que tiene hacia los homosexuales? Asegúrese de tener gays y lesbianas a los que ame y les dé la bienvenida en su vida. ¿Quiere deshacerse del desprecio malsano que tiene contra el gobierno? Asegúrese de tener a personas involucradas en política (incluso si es solamente a nivel local) a quienes usted ame y les dé entrada en su vida.

Entonces, cuando hablemos de esos temas, no estaremos hablando de las *cosas* que nos preocupan, sino de las *personas* que nos preocupan. Y juzgar a otros, bueno, naturalmente comenzará a desvanecerse como le sucedió a la mujer en el pozo, a la mujer atrapada en adulterio y a muchas otras.

Margaret Feinberg
Escritora y conferencista

HUMILDAD

Todo se reduce a la manera en que entendemos el Evangelio. El problema con la religión es que le hace creer a la gente que "de alguna manera porque voy a esta iglesia soy mejor que otras personas". El defecto obvio en esto es que el Evangelio dice que la cruz manchada de sangre significa que nadie es mejor que nadie más; a todos se nos proporciona la misma gracia a los ojos de Dios. Todos compartimos el mismo ADN caído. El hecho de que los cristianos hayan aceptado esta gracia y sean redimidos debería producir *humildad* en nosotros.

Estoy asombrado de cómo alguna persona puede escuchar la historia de Jesús muriendo en nuestro lugar rescatándonos de nuestra impotencia y que produzca arrogancia en su vida. Deberían existir puntos de distinción, pero no deberían estar basados solamente en el comportamiento o en la moral, sino en el amor de Dios por el mundo exhibido por sus seguidores que rebosan de misericordia y compasión.

Rick McKingley
Pastor, Imago Dei, Portland

ABRACE, NO ABANDONE

Me he estado reuniendo cada quince días en un café con un pastor que tuvo una aventura con una empleada en su megaiglesia. Hace unos meses se descubrieron sus acciones; dejó el ministerio en desgracia y ahora está pasando por un terrible divorcio. No es una historia poco usual y es una con la que tristemente trato en mi línea de trabajo. Y aunque esta historia es dolorosa, temo que hay algo todavía más trágico que ha ocurrido en la vida de este hombre. Este pastor increíblemente popular y bien amado ahora se encuentra abandonado por la comunidad cristiana. Cuando se supieron las terribles noticias acerca de sus indiscreciones, la gente dejó de llamarlo, se acabaron las invitaciones a comer y se le pidió que ya no participara en su pequeño grupo de hogar.

No estoy seguro cómo sucedió exactamente, pero parece que la gracia, que es el asunto más central del cristianismo, está teniendo problemas para sobrevivir. También parece, por los hallazgos en las encuestas, que la iglesia ha perdido seriamente su camino en este asunto. Nuestra cultura no nos ve como una fe de segundas oportunidades, sino más bien como una religión de juicio. Recientemente un amigo me dijo que en su opinión, parece que las enseñanzas de Jesús realmente no se les han pegado a sus seguidores. Temo que en cierto nivel tiene razón.

De todas las percepciones negativas actuales sobre los cristianos, esta en particular exige nuestra más alta prioridad. La gracia es nuestro tema central, así que si nosotros simplemente ignoramos este descubrimiento ciertamente será nuestra despedida. Nos deslizaremos por la pendiente resbaladiza hacia la irrelevancia, y nuestro mensaje del Evangelio ya no va a tener crédito en nuestra cultura. ¿Por qué? Porque parece que en cierto nivel el mundo secular es capaz de "mostrar gracia" mejor que nosotros. La principal exportación del cristianismo ha sido cooptada por los incrédulos. El perdón, la compasión y las segundas oportunidades son ahora ocurrencias comunes en lo secular como ha sido demostrado en casos de alto perfil. Sean las adicciones de una estrella de cine, las indiscreciones de una reina de belleza, o un enfrentamiento con la ley, la gracia parece estar floreciendo en el ámbito secular. Cuando Donald Trump se convierte en el afiche de las segundas oportunidades y la iglesia es vista como un lugar de juicio… tenemos un problema grave.

¿Entonces, cómo nos convertimos en personas conocidas por la gracia? Primero, debemos admitir que tenemos un problema. No podemos seguir pretendiendo que la iglesia sea un lugar de gracia si fundamentalmente

CAPÍTULO 8 **CRITICONES**

corremos a los que de nuestra propia comunidad cometen un error. Si no podemos perdonar a nuestros pastores, líderes y amigos, entonces ¿cómo podremos comenzar a perdonar a otros? Mi "pastor del café" necesita ser abrazado, no abandonado. Debemos comenzar a amarnos, a perdonarnos y a llevar las cargas los unos de los otros, especialmente cuando fallamos. Cuando un hermano o hermana es atropellado por la vida, no debemos huir de ellos, sino reunirnos a su alrededor.

Segundo, debemos conectarnos con las persona de las que nos han enseñado a apartarnos durante tanto tiempo. Debemos entrar con confianza a los ambientes donde la gracia florece y realiza su mejor trabajo. El aislamiento cristiano y una vida segura no es para lo que nos inscribimos cuando dijimos que seguiríamos a Jesús. Él nunca se mantuvo al margen del dolor de la gente, y con toda seguridad Él no se mantuvo en lugares seguros. Interactuó con los que estaban siendo aplastados por sus errores y malas decisiones. Jesús enjugó las lágrimas de las prostitutas y las manos de los marginados, tocó las heridas de los enfermos y de los locos. Pasó el tiempo con las personas no tan perfectas del mundo y les mostró de lo que se trata el cristianismo. A Él nunca le preocupó el título, etiqueta social o puesto de trabajo de una persona. Estrellas de la pornografía o predicadores, homosexuales o no, conservadores o liberales, eso no le importa en lo más mínimo a Dios. Todos somos sus hijos, y todos tenemos necesidad de esta cosa suya imponentemente hermosa llamada gracia. Sabemos que es lo que necesitamos hacer, ahora hagámoslo.

Mike Foster
Presidente, Ethur
Fundador, XXXchurch.com

EL ESTADO DE MI ALMA

Lucho con juzgar a otros. Desde que tengo memoria.

Cuando mi esposo, Dale, y yo nos comprometimos, planeamos nuestra boda en tres meses. Una tarde estábamos ordenando las siguientes veinte tareas a realizar. Él no había llamado a la panadería para pedir el pastel, y no había terminado su lista de invitados. Con molestia goteando de cada poro, lo ataqué con toda la vergüenza y culpa que pude generar. Cómo se atrevía a cometer estas fallas y arruinar mi tarde. ¡Ahora yo tendría que hacer las cosas en su lugar debido a su incompetencia!

Después de mi ataque verbal, se quedó sentado en silencio con incredulidad y dolor en sus ojos. Esperaba que me reprendiera por mi desplante, pero no lo hizo. Todo lo que dijo fue: "Jonalyn, ¿así es como te hablas a ti misma?", me quedé en silencio, perpleja.

Luego, lentamente, asentí con la cabeza y comencé a llorar larga y profundamente, dándome cuenta de que esta no era la buena vida, no era la vida abundante que Jesús ofrecía. Pero era la única manera que conocía de ser una mujer cristiana modelo planeando una boda modelo.

Fue la primera vez que alguien se tomó el tiempo de notar a quien le estaba dirigiendo mis palabras de juicio. Vio el estado de mi alma. Se tragó su dolor lo suficiente como para ver que había algo autodestructivo que me estaba consumiendo. Para hacer cualquier cosa bien, para ser santa, para mantenerme pura, para caminar el camino estrecho y recto, me condenaba a misma a la obediencia. Estos eran mis demonios internos:

"Si no lo terminas, ¿quién crees que lo va a hacer?"
"¿Qué hubiera pasado si solamente hubieras trabajado más duro?"
"Eso es lo que obtienes cuando no lo haces bien desde la primera vez."
"Ahí tienes tu merecido."

Yo era una experta en autoflagelación emocional.

Creo que muchas de las personas criticonas que conocemos están temblando, culpables, enfermas. Así era yo. No podía extender gracia porque mi propia reserva estaba demasiado baja. ¿Qué sabía de la gracia? Además de ser mi segundo nombre no creía realmente necesitarla. Era para las personas que se resbalan a cada rato. Dale me enseñó que no podemos dar algo que nunca hemos recibido.

> A la verdad, como éramos incapaces de salvarnos, en el tiempo señalado Cristo murió por los malvados. Difícilmente habrá quien muera por un justo, aunque tal vez haya quien se atreva a morir por una persona buena. Pero Dios demuestra su amor por nosotros en esto: en que cuando todavía éramos pecadores, Cristo murió por nosotros.
>
> *Romanos 5:6–8*

Dale fue la primera persona que vio mi desorden y se rehusó a exigir una fiesta de limpieza instantánea. Vio dónde estaba yo. Y de todos modos se casó conmigo, no para rescatarme, sino para acompañarme en esta travesía a la vida abundante.

Jonalyn Fincher
Escritora, *Ruby Slippers*

9

DE *CASI CRISTIANO* A CRISTIANO

> No hay personas ordinarias. Usted jamás ha hablado con un simple mortal.
>
> *C. S. Lewis*

Este libro es solamente el principio. Ahora es su turno.

Una joven generación de entre los de afuera está levantando críticas significativas acerca de la fe cristiana y su pueblo. Conocer el problema y diagnosticar la hostilidad es solamente el principio. ¿Cómo vamos a responder? ¿Qué vamos a hacer para abordar la percepción casi cristiana de nuestra fe?

Gabe y yo esperamos que este libro genere amplias conversaciones acerca de la naturaleza y las soluciones de la reputación deslizante del cristianismo en nuestra cultura. Nos guste o no, hay factores complejos y cada vez más hostiles en operación. Algunos que son obvios y otros que están bajo la superficie. Mi meta ha sido conectar su corazón y su mente con estos asuntos. Lo aliento que piense con cuidado en los Mosaicos y los "Busters" y que ore fuertemente por ellos, que son los grupos de edades escépticos que están aprendiendo a ignorarnos.

Así que va de regreso a estas preguntas cruciales: ¿Qué vamos a hacer? ¿Cómo vamos a responder a lo que las generaciones jóvenes piensan de nosotros? Si los Mosaicos y los "Busters" dicen que ya no parecemos ser las personas que Jesús quería que fuéramos, ¿qué decimos acerca de eso? ¿Cómo nos movemos de una fe casi cristiana a una cristiana?

En este capítulo final me gustaría discutir una idea directa, pero desafiante: *para cambiar nuestra reputación, los seguidores de Cristo debemos responder de la manera en que Jesús lo hizo.* En otras palabras, para revertir el problema de una fe casi cristiana, tenemos que ver a la gente, abordar sus necesidades y sus críticas, de la misma manera que Jesús lo hizo. Necesitamos ser identificados por nuestro servicio y sacrificio, por vidas que exuden humildad y gracia. Si los jóvenes de entre los de afuera dicen que no pueden ver a Jesús en nuestra vida, tenemos que resolver su problema del "Jesús escondido".

Esto quizá sea lo más difícil del mundo de hacer bien. Tenemos dificultades con simplemente admitir que tenemos un problema. La verdad es que todos tenemos mucho que aprender, entre más maduros somos en nuestra fe, más somos capaces de ver nuestra necesidad de crecer. En nuestras encuestas sobre las perspectivas espirituales de la gente, no es sorpresa que los cristianos maduros tienden más a identificar sus debilidades, porque pueden verse a sí mismos más claramente a la luz de los estándares de Dios. Ellos no se engañan a sí mismos.

CÓMO CAMBIAR LA PERCEPCIÓN

Si estamos dispuestos a examinar nuestra vida, me gustaría sugerir cuatro claves que nos pueden ayudar a pasar de ser casi cristianos a ser conocidos como seguidores de Cristo; lo cual nos facultará para representar de manera más precisa a Jesús delante de los escépticos de afuera. Estas claves emergieron de mi aventura de investigación de los últimos tres años, además de que estas perspectivas provienen de la manera en que Jesús vivió.

RESPONDA CON LA PERSPECTIVA CORRECTA

La primera clave es que Jesús tenía la perspectiva correcta al enfrentar la crítica. No parecían molestarle los críticos tanto como a nosotros. La Escritura enfatiza que los creyentes no serán populares y que el mensaje de la cruz no les hace sentido a los de afuera. Jesús incluso enseñó que nos sentiríamos "bienaventurados" cuando enfrentáramos persecución por seguir a Cristo. Pablo escribe que si sufrimos por ser cristianos, deberíamos alabar a Dios porque estamos conectados con el nombre de Cristo.

Aún así, arreglar el problema no es un asunto de *esforzarse* más. No es un problema de publicitar nuestro mensaje de manera cuidadosa o de manejar bien la "marca cristiana" en la plaza pública. Los cristianos no deberían buscar reconocimiento por sus esfuerzos, excepto honrar a Dios. Cuando Jesús enfrentó la crítica, no la desdeñó como persecución injustificada. Algunas veces habló; otras veces respondió con silencio. Ocasionalmente dijo una historia (o una parábola) para responder a una pregunta; en otras ocasiones citó al Antiguo Testamento. Algunas veces les dijo a sus oyentes qué pensar; en otras ocasiones respondía con preguntas francas, desviando la acusación o forzando a los que lo cuestionaban que "descubrieran" la verdad ellos mismos.

Que sea tan impredecible lleva a una segunda clave sobre la manera en que Jesús respondía a la critica. No estaba dispuesto a ser definido por sus enemigos cuando sus detractores querían que hiciera una clara declaración *en contra* de algo, siempre parecía estar redefiniendo los límites del debate. Mantenía a los oponentes fuera de equilibrio, dejándolos azorados. Si sus inquisidores trataban de arrinconar a Jesús sobre leyes, costumbres o restricciones religiosas su respuesta a menudo era con otra pregunta o narrando una historia que cambiaba los parámetros de la discusión. ¿Debe santificarse el día de reposo? *Por supuesto, pero ¿por qué razón?* ¿Debía juntarse con pecadores? *¿Quién es el que necesita la ayuda?* ¿La mujer debería "desperdiciar" dinero perfumando los pies de Jesús? *¿Si ella está abriendo su alma y honrando a Dios, cuál es realmente el problema?*[1]

Una tercera clave es que cuando Jesús les respondió a los críticos, al parecer tomaba en consideración los motivos bajo la superficie. Podía distinguir entre hostilidad y herida. Y siempre abordaba la esencia de la condición espiritual de la persona. Cuando la mujer en el pozo le dijo que no tenía marido, Jesús le recordó su desobediencia, pero de tal manera en que al parecer encendió su búsqueda de Dios. El joven rico buscó felicitaciones de parte del Mesías, no obstante Jesús dijo que la gente que confía en sus posesiones crea sus propias barreras para servir a Dios. En la cruz, Jesús se rehusó a responder con enojo hacia los de afuera, incluso contra los que lo mataron. "Perdónalos", oró por sus asesinos.

La mayoría de la gente, incluyendo a los cristianos, no saben qué hacer cuando la gente halla faltas en ellos. Se lo sacuden, lo minimizan, señalan a otras personas que provocaron el problema, o recurren a alguna otra manera para enterrar la culpa. He visto a líderes, iglesias, negocios y otros ministerios perder la oportunidad de producir un impacto espiritual porque fallaron en responder a una crítica válida. Dios les permitió ver algo acerca de ellos mismos, pero no tuvieron "oídos para oír u ojos para ver" lo que se les reveló.

¿Cómo responde usted a la crítica? ¿Se enoja y se pone a la defensiva? ¿Ve lo que la gente dice a la luz de sus necesidades espirituales? ¿Examina si el Espíritu Santo está tratando de enseñarle algo sobre usted mismo? Una de las enseñanzas de mi padre que se me ha quedado es: preocúpate más por lo que pasa *en* ti, que por lo que *te* pasa.[2] Cuando he encontrado crítica y desafíos en mi vida, esta frase ha sido un recordatorio saludable de que Dios está preocupado por *mi* respuesta, por enseñar*me*, por ayudar a modelar*me* en el tipo de persona que pueda usar. El hecho de que tenga oposición debería ser irrelevante.

Como Jesús, necesitamos aprender a responder a la crítica de una manera apropiada y con la motivación apropiada. Las respuestas negativas no nos deberían debilitar; ni deberíamos alejarnos de las decisiones

CAPÍTULO 9 **DE *CASI CRISTIANO* A CRISTIANO**

difíciles o posiciones poco populares. Pero debemos considerar si nuestra respuesta a los cínicos y a los opositores está motivada por defender la fama de Dios o nuestra propia imagen.

CONÉCTESE CON LA GENTE

Otra manera de pasar de una fe casi cristiana a una fe cristiana es realizar una evaluación precisa de la manera en que Jesús influenció a sus discípulos. Fue principalmente a través de relaciones y amistades.

La gente ha observado que Jesús ministró a la gente en diferentes niveles durante su tiempo sobre la tierra, así como a través de su enseñanza, la realización de sus milagros y sus viajes extensos. No obstante la devoción de los primeros cristianos era alimentada principalmente por su cercana relación con Él. Él había vivido y caminado entre ellos. Estaban dispuestos a morir por Cristo porque su lealtad había sido forjada en sus interacciones con Él. Quizá no hay testimonio más poderoso de la resurrección de Jesús que el hecho de que muchos de sus seguidores originales estuvieron dispuestos a ser martirizados por su convicción de que era el Hijo de Dios que resucitó de los muertos.

No tenemos registro de nada escrito por Jesús. No creó ninguna organización. Recusó el poder político, aun y cuando la gente esperaba que abrazara esta forma de influencia. Más bien, Jesús estableció el fundamente de la iglesia a través de las relaciones. Su influencia fue (y es) indeleble *porque cambió a la gente*. Su enfoque estaba en reconciliar a los seres humanos con un Dios santo a través de su sacrificio. Es interesante que Jesús frecuentemente se refería a Dios en términos de relación, enfatizando que el Creador del universo era su Padre celestial. Y una de las pocas "tradiciones" que Jesús nos dejó es la comunión, que comenzó en el contexto de una cena que Jesús compartió con sus amigos más cercanos. A Jesús le importaban las relaciones.

Cuando se trata de nuestra interacción con los de afuera, tenemos que darnos cuenta de que nuestras relaciones, nuestras interacciones con la gente, comprenden la imagen de Jesús que la gente va a retener. Dios ha hecho a los seres humanos de manera que la influencia espiritual suceda más comúnmente a través de relaciones. Una de las implicaciones claras de nuestra investigación es que la imagen negativa de los cristianos se puede vencer, y esto casi siempre sucede en el contexto de relaciones significativas de confianza. La meta de vencer su bagaje negativo no es solamente hacer pensar cosas agradables a los de afuera acerca de nosotros, sino señalarles la vida en Cristo. No "publicitamos" el mensaje cristiano; lo vivimos. No necesitamos exagerar o demostrar la fe; necesitamos abrazar y describir toda la potencia, profundidad, complejidad y realismo de seguir a Cristo.

Es alentador que nuestra investigación haya descubierto escenarios en los que las experiencias de los de afuera con los cristianos los haya ayudado a redefinir sus perspectivas acerca de Dios y de Jesús. El seguidor de Cristo ya no parecía ser criticón, ofensivo o poco sincero. Conocer a tales cristianos ha hecho que los de afuera crean que convertirse en un seguidor de Cristo en realidad tiene cierto mérito. Durante unos pocos momentos descubrieron que los cristianos piensan, aman y escuchan.

Lo importante aquí es que tales interacciones son raras. También fue poco común que uno de los de afuera haya tenido un cambio de 180 grados en el corazón como resultado de un puñado de experiencias con cristianos, aunque no conocemos la manera en que su vida se desarrollará en los años por venir. Las reacciones de la gente a los cristianos no son como los programas de comedia en la televisión, donde todo se resuelve perfectamente en un episodio de treinta minutos. Pero lo importante es que estas personas de los de afuera admitieron que su experiencia con un seguidor de Cristo activó algo en ellos. Los dejó más abiertos, más hambrientos y más dispuestos a dialogar. Y fueron menos hostiles al cristianismo como resultado. Porque sintieron como si los cristianos los hubieran escuchado y se hubieran preocupado por ellos, y tenían menos probabilidades de rechazar a Jesús.

De nuevo, déjenme señalar que no depende de nosotros "arreglar" las ideas de todo mundo acerca de Jesús. Incluso con las mejores intenciones, y aún y cuando vivamos de manera semejante a Cristo, todavía es posible ser malentendido. Miles de años de historia de la iglesia, así como nuestras propias experiencias en el ambiente hostil de hoy, lo confirman. Jesús es un personaje que trae división.

No obstante, esto no nos excusa. Somos responsables de representar de manera fiel a Cristo dentro de la red natural de nuestras relaciones. Hay casi veinte millones de cristianos nacidos de nuevo en este país que describen la fe como su prioridad principal y que dicen que todo el propósito de su vida se resume por la declaración "amarás al Señor tu Dios con todo tu corazón, mente, alma y fuerzas". Esta es una pequeña rebanada de la población total, no obstante es un enorme grupo de estadounidenses. ¿Cuál sería el efecto acumulado si este grupo de creyentes estuviera *siendo* una imagen de Cristo para la gente que vive en la calle o trabaja en la oficina? ¿Qué es lo que verían sus vecinos y compañeros de trabajo?

También es importante recordar que Jesús dijo que seríamos conocidos por el amor a nuestros hermanos creyentes. La realidad es que si no demostramos relaciones amorosas *dentro* de la iglesia, no importa cuanto mostremos de Jesús a los de afuera. Muchos de los de afuera específicamente dijeron que los cristianos "se comen a los suyos". Señalaron que nos ven criticándonos, levantando fondos para enviar las tropas contra otros creyentes, y actuando en maneras que no parecen cristianas. Nuestro testimonio se seguirá erosionando si no podemos abrazar a nuestros hermanos en Cristo. Las relaciones dentro de la comunidad cristiana deberían ser faros de gracia y aceptación, de rendición de cuentas bíblica dentro del contexto del amor y de apoyo mutuo.

Como para Jesús, nuestra influencia más importante viene en medio de nuestras relaciones cotidianas. La profundidad espiritual se desarrolla lentamente, una vida a la vez. Vivir juntos, aprender a convertirse en las personas que Dios quiere, ser honestos acerca de nuestras fallas —y nuestra continua necesidad de la gracia de Jesús— son antídotos poderosos de la fe casi cristiana entre una nueva generación.

SEA CREATIVO

Jesús fue un maestro de la comunicación. Atraía a la gente que no estaba acostumbrada a su estilo, habilidad y mensaje y se conectaba con ellos de maneras creativas. Hizo que conceptos difíciles cobraran vida y utilizó el lenguaje de la gente común para ayudar a dirigirlos a la profundidad espiritual. Sin embargo no solamente fueron sus habilidades de oratoria o historias provocativas lo que fascinaba a la gente. Sino su pasión por conectarse con el corazón de las personas.

Los Mosaicos y los "Busters" están prácticamente rogando por expresiones creativas del Evangelio. Para conectarnos con ellos, necesitamos encontrar nuevas historias, nuevas parábolas, nuevas maneras de expresar las verdades eternas del mensaje de la Biblia. Utilizar expresiones gastadas y clichés no solamente nos hace parecer anticuados, sino de mentalidad simplista.

No podemos ignorar la importancia de romper con la perspectiva que tiene la juventud sobre el cristianismo de "ya estuve allí, ya lo había escuchado". Una de las cosas que me sorprendió en esta investigación es lo mucho que los Mosaicos y los "Busters" sienten que ya entienden el mensaje de Jesús. Algunas veces lo tienen bien; casi siempre se equivocan y tienen mucho que aprender. Aun así, es difícil ayudar a los Mosaicos y a los "Busters" a revisar algo que creen ya haber "captado". Una parte de nuestras investigaciones muestran que los pastores actualmente están experimentando cada vez más con la manera en que se comunican, no se meten con la naturaleza del mensaje mismo, sino que tratan de expresar el Evangelio con un peso y una frescura que atrapa la atención del público escéptico y desinteresado.³

Sin embargo, nuestra investigación entre los de afuera muestra que todavía les falta bastante para conectarse con la creatividad usada por Jesús. Parte de nuestro problema es hacer suposiciones acerca de lo que la gente ya sabe de la Biblia, lo que significa que muchas veces hablamos *de* la Escritura a un nivel que la audiencia no comprende. Pero nuestra sociedad ya no tiene tanto trasfondo bíblico. Por ejemplo, en una entrevista para una revista popular, el administrador de una universidad cristiana describió al equipo de debate de su escuela como un ministerio de "sal", haciendo referencia al pasaje bíblico que describe a los cristianos como la sal y la luz de la tierra. El periodista no tenía idea de lo que estaba diciendo y lo citó identificando al equipo de debate como un ministerio de "asalto". La revista imprimió una fe de erratas y una disculpa.

Antes de echarle la culpa al periodista o a su editor, y denunciar la carencia de conocimiento básico de literatura clásica como la Biblia, ¿no deberíamos cuestionar nuestra capacidad para representar los principios de la Escritura a una cultura escéptica e ignorante? Tenemos que conectarnos, ser atractivos e intencionales con respecto a cultivar el interés de la gente en la verdad espiritual. Si usted es un pastor o trabaja en los medios, o si es un cristiano tratando de explicarle algo a su vecino, hay una mayor necesidad que nunca antes de una expresión clara y eficaz de lo que significa ser un seguidor de Cristo. Hay tanto ruido en la cultura y tanta ignorancia, escepticismo y hostilidad que tenemos que encontrar maneras frescas de conectarnos con la gente. Jesús fue ejemplo de este tipo de comunicación dinámica.

Debemos bregar con un problema todavía más profundo: cómo presentarle la Biblia como autoridad final a generaciones que no tienen interés alguno en escuchar argumentos del tipo "la Biblia dice". Nuevamente, no tiene que gustarnos este desarrollo de nuestra cultura, pero la verdad es que repetir lo que la Biblia enseña no es considerado válido o una evidencia convincente para la mayoría de los miembros de las generaciones *Buster* y *Mosaica*. Esta realidad representa un desafío significativo, pero también una oportunidad de conectar la mente de la gente con las verdades de la vida cristiana de maneras frescas.

La semana pasada al estar cenando, mi amigo Curtis me describió una discusión amigable que sostuvo con un compañero de trabajo que no es cristiano. Su compañero de trabajo no podía entender porqué Curtis había pagado por la admisión de su hijo de tres años a Disneylandia, cuando fácilmente lo podría haber metido de forma gratuita falseando la edad de su hijo.

CAPÍTULO 9 **DE *CASI CRISTIANO* A CRISTIANO**

Curtis describió la conversación: "Mi compañero de trabajo me dijo: '¿Estás loco? Disney gana dinero a montones. ¿Por qué les diste más?'. Así que le pregunté si él le robaría a nuestra empresa ya que había abundancia de dinero. Le pregunté si me robaría a mí. 'Eso es diferente', dijo. Cuando le pregunté por qué, no tuvo qué responder. Tuvimos una larga discusión por el asunto. Principalmente le hice preguntas acerca de sus opiniones. Mi meta no era darle un bibliazo. De hecho, nunca mencioné la Biblia, porque que la Escritura prohíba el robo significa poco o nada para él. Yo estaba tratando de hacerlo pensar".

Curtis está tratando de emular a Jesús al desafiar a su compañero de trabajo, de maneras poco convencionales, de considerar los estándares de Dios.

SIRVA A LA GENTE

El cuarto desafío de los seguidores de Cristo recae en la manera que consideramos nuestro papel entre los de afuera. La investigación me llevó a esta conclusión: *para parecer más seguidores de Cristo, debemos cultivar una profunda preocupación por los de afuera, así como una gran sensibilidad hacia ellos.* Eso fue lo que hizo Jesús.

Actualmente el cristianismo es conocido por ser *distinto* de Jesús; una de las mejores maneras de cambiar esa percepción sería estimar y servir a los de afuera. Esto significa ser compasivos, tiernos de corazón y bondadosos con las personas que son diferentes de nosotros, e incluso hostiles hacia nosotros. En el epílogo de este libro, muchos líderes describen este elemento, diciendo que nuestra futura reputación como cristianos está intrincadamente conectada con nuestra pasión por la justicia, el servicio y el sacrificio.

Como escribí al principio de este libro, creo que las percepciones negativas existen ahora en parte como un síntoma de que la iglesia ha perdido su pasión por los de afuera. Nuestra postura como cristianos hacia los de afuera debería reflejar la amplitud y profundidad de lo que la Escritura enseña. Considere las muchas maneras en que la Biblia nos anima a cultivar interés por los de afuera:

- ☐ Génesis 12:2–3: Dios quiere que la vida de su pueblo bendiga a otros.
- ☐ Isaías 58:10: Los seguidores de Dios deben invertir su vida a favor de los pobres.
- ☐ Miqueas 6:8: Debemos ser conocidos por vivir en humildad y buscando justicia y ofreciendo misericordia.

- ☐ Mateo 5:44: Ame a la gente que parezca su "enemigo" y ore por ella.
- ☐ Mateo 25:34-40: Lo que la gente haga por uno de estos "más pequeños" —la gente olvidada e ignorada de la sociedad— lo está haciendo por Jesús.
- ☐ Marcos 9:35: El mayor papel de la vida es servir a otros.
- ☐ Lucas 4:18: El ministerio de Jesús fue presentado como liberar a los cautivos, servir a los oprimidos y sanar a los enfermos.
- ☐ Lucas 15:3-7: Dios busca a la gente como un pastor buscaría a una oveja perdida.
- ☐ Lucas 15:11-32: Dios es descrito como un padre que pacientemente espera el retorno de su hijo.
- ☐ Juan 3:17: Jesús no vino a condenar al mundo sino a salvarlo.
- ☐ Juan 15:13: No hay mayor amor que entregar la vida por una persona.
- ☐ Gálatas 5:13: Los cristianos tienen la libertad de amar incondicionalmente, como Cristo amó a la gente.
- ☐ Filipenses 2:17; 2 Timoteo 4:6; 1 Juan 3:16-19: Nuestra vida debe ser "derramada" y gastada en servir a los propósitos de Dios.
- ☐ Filipenses 2:5-11; Colosenses 1:21-22: Nuestra actitud debería ser como la de Jesús, que amó y aceptó a los humanos aunque éramos "enemigos" de Dios. Luego cambia su estatus de enemigos a amigos, incluso a hijos e hijas de Dios, cuando se entregan a Él.
- ☐ 1 Timoteo 3:1-7: Una de las cualificaciones para el liderazgo cristiano es que "se requiere además que hablen bien de él los que no pertenecen a la iglesia" (v. 7).
- ☐ Tito 3:2: Los cristianos deben ser pacíficos y considerados, y mostrar verdadera humildad hacia todos.
- ☐ 2 Pedro 3:9: Dios quiere que todos se arrepientan y vuelvan a Él.

¿Podrían otras personas describir la vida de usted como cristiano en estos términos? ¿Estos principios guían sus relaciones con los de afuera? ¿Es usted un seguidor de Cristo que busca vivir esta imagen del cristianismo al interactuar con los demás?

Un padre no espera que sus hijos sean perfectos en todas las maneras. La perfección humana no es posible en un mundo caído. Más bien, uno espera que Dios use a sus hijos para hacer que la vida de otros sea mejor. Si usted es cristiano, usted quiere que la vida de sus hijos les muestre a otros a Jesús. Nada lo hace sentir más orgulloso. Mis investigaciones me han ayudado a ver a Dios de la misma manera. No lo agradamos pretendiendo ser perfectos u ofendiéndonos con los de afuera; lo agradamos al hacer a Jesús real para la gente, incluso delante de los que no les agradamos. Así es como comenzamos a alejarnos de la fe casi cristiana. Le ponemos fin a nuestros esfuerzos vanos de preservar la autoimagen y tratamos de empezar a ser agentes de restauración a través del autosacrificio y de bendecir la vida de los de afuera. Eso es lo que le agrada a Dios.

Incluso en un nivel sumamente práctico, esto significa que aprendemos a escuchar. Quedé perplejo por la gran cantidad de jóvenes de entre los de afuera que dicen que los cristianos no saben escuchar. Los seres humanos anhelan las relaciones. Queremos ser conocidos por otros; incluso los introvertidos necesitan conectarse con un puñado de personas. Es una acusación grave de nuestra conducta casi cristiana que los de afuera digan que somos sumamente malos para escuchar.

Hay otra razón por la que servir a los pobres, buscar justicia y abordar las necesidades de los de afuera es importante: los Mosaicos y los "Busters", quizá más que ninguna generación estadounidense anterior, necesitan experimentar una fe que se exprese hacia los demás. Quieren hacer más que aprender *acerca* de la fe; quieren *vivirla*. Entrevistamos a muchos jóvenes que se habían alejado de la fe porque nunca fue más que una mera lealtad a unos principios de vida; no fue una conexión interna profunda con un Dios vivo que quiere que su pueblo se entregue en sacrificio y servicio.

Así que, para pasar de ser casi cristiano a cristiano, los jóvenes necesitan ver que el cristianismo renuncia a la autopreservación y aislamiento y abraza verdadera preocupación y compasión por los demás. Esto es importante para los jóvenes cristianos así como para los Mosaicos y "Busters" que están afuera, observando para ver si los esfuerzos de "esos cristianos" valen la pena para unirse a ellos. La investigación inicial que hice sobre este tema sugiere que encender la pasión por los de afuera en la vida de los Mosaicos y "Busters" es uno de los medios cruciales para hacer que la fe sea relevante, real y perdurable. Algo importante está tomando forma entre los Mosaicos y los "Busters": están siendo cada vez más sensibles a la comunidad global y a su papel en el plan de Dios fuera de la comodidad y seguridad de la vida ordinaria.

Tenga en mente que esto no viene sin dificultades. Los jóvenes son fácilmente distraídos, así que no siempre se mantienen entusiasmados con los compromisos que hacen. Su entusiasmo por las oportunidades de ministerio es frecuentemente apagado por problemas financieros, de trabajo o de carácter. Y, por supuesto, mientras que a los Mosaicos y "Busters" les encanta hablar acerca de la conciencia global y el activismo, su respuesta a los estilos de vida de sacrificio a menudo se ve socavada por su hiperindividualismo. Ayudar a los Mosaicos y "Busters" a tener una conexión perdurable con Cristo requiere que les mostremos como amar y servir a otros, pero no hay fórmulas mágicas. Es duro trabajo espiritual.

UN ESTILO DE VIDA DE COMPASIÓN

Es fácil decir que necesitamos servir a los de afuera; otra cosa completamente distinta es hacerlo realidad. En mi papel en el Grupo Barna, a menudo tengo que compartir información que no es halagadora. Todavía recuerdo una de mis primeras experiencias cuando compartí noticias inesperadas. Era un proyecto para una organización cristiana sin fines de lucro. Lyle, un hombre reflexivo de mediana edad representaba a mi cliente. Llevamos a cabo un estudio exhaustivo sobre la eficacia de los esfuerzos de su equipo al trabajar con la gente en recuperación; en su mayoría adictos a las drogas y al alcohol. El estudio mostró que muchas cosas iban bien, pero la misma cantidad que no. Había puntos débiles que requerían atención. Más que estar a la defensiva o ignorar la información, Lyle viajó a nuestras oficinas para escuchar los detalles dolorosos para que pudiera presentarle las noticias de manera precisa y apasionada a sus compañeros en liderazgo.

Al llevarlo de vuelta al aeropuerto esa tarde, Lyle parecía casi aliviado de haber podido finalmente ver toda la realidad y haber obtenido una dirección hacia dónde dirigirse. Con base en las preguntas que estaba haciendo, podía ver que nuestra junta de todo un día había activado nuevos pensamientos e ideas que, de implementarlas, podrían mejorar la organización.

Estábamos de camino a nuestro pequeño aeropuerto regional, pasando por los fértiles campos de fresas del condado Ventura. Al tratar de mantener mis ojos en el camino y repasar la investigación, no me di cuenta de que Lyle ya había pasado a un nuevo tema.

—Me pregunto si alguien está pensando en conectar a esas personas con Cristo —dijo.

—¿Qué? —dije—. ¿Qué personas?

—Esos trabajadores en el campo —dijo señalando a un grupo de personas inclinadas sobre las plantas, cosechando las fresas. Tuve que esforzarme para verlas en el resplandor de la tarde—. Me pregunto quien está pensando en *sus* necesidades espirituales.

No tenía una respuesta. Quedé avergonzado de pensar en que jamás me habían cruzado antes por la mente. No es que no sienta compasión por los trabajadores inmigrantes. Ya que mi abuelo era propietario de un pequeño rancho de cítricos cerca de San Diego, y de niño, me enseñó respeto y compasión por los hombres y mujeres que trabajaban para él. No obstante, años más tarde, había pasado por los campos de fresa una y otra vez y jamás había considerado las necesidades espirituales de los trabajadores.

Lyle era diferente. *No podía evitar ver a la gente* —a los individuos detrás del sudor— a pesar de las diferencias económicas y de idioma. La habilidad de Lyle de describir sus necesidades emocionales, sociales y espirituales genuinas no estaba limitada a un interés profesional. Obviamente, trabajar con adictos al alcohol y a las drogas no era solamente un trabajo para él. Sino que le salía por los poros a través de sus perspectivas y prioridades.

Lyle veía a la gente de una manera distinta a mí.

INTRANQUILIDAD CASI CRISTIANA

La idea de que nuestra fe pueda ser casi cristiana no es fácil de digerir. Me doy cuenta de que algunos se sentirán intranquilos por ella. Considere un episodio de la vida de Pablo. En 2 Corintios escribió acerca de su gran inquietud al haber tenido que reprender a algunos creyentes de la ciudad de Corinto. Luego, cuando los cristianos respondieron a su corrección de una manera saludable, Pablo estaba entusiasmado:

> Fíjense lo que ha producido en ustedes esta tristeza que proviene de Dios: ¡qué empeño, qué afán por disculparse, qué indignación, qué temor, qué anhelo, qué preocupación, qué disposición para ver que se haga justicia! En todo han demostrado su inocencia en este asunto. Así que, a pesar de que les escribí, no fue por causa del ofensor ni del ofendido, sino más bien para que delante de Dios se dieran cuenta por ustedes mismos de cuánto interés tienen en nosotros.
>
> *2 Corintios 7:11–12*

La fe casi cristiana es inquietante. Lo mismo que nuestra cultura. Todavía por ver un nuevo despertar espiritual entre los Mosaicos y los "Busters", espero que nuestra respuesta a esta observación sea como la de los recipientes de la carta de Pablo. Espero que pongamos a un lado las formas casuales de cristianismo, penetrando el antagonismo de nuestros iguales con servicio y sacrificio. Quizá pensemos que la respuesta para revertir la percepción de que no somos realmente cristianos sea que los de afuera entiendan nuestra fe. La iglesia no es eficaz cuando llama a los de afuera a vivir con virtud, lo cual, de todos modos, es casi imposible sin la regeneración a través de Cristo. La liberación de nuestro problema profundo de imagen viene cuando los seguidores de Cristo se vuelven más fieles al Dios que nos ha redimido y más preocupados por una cultura hostil que necesita la misma redención.[4]

¿No le parece significativo que cuando Juan le escribe a la iglesia de Éfeso en el Apocalipsis, no invierte nada de tiempo felicitándolos por sus esfuerzos de resistencia contra la bancarrota moral de su cultura? Solamente dice: "Sin embargo, tengo en tu contra que has abandonado tu primer amor" (2:4). Hemos perdido de vista estar a *favor* de Jesús en lugar de *en contra* de los de afuera. Y la Escritura pone la responsabilidad completamente sobre los hombros de los creyentes: "Si mi pueblo, que lleva mi nombre, se humilla y ora, y me busca y abandona su mala conducta, yo lo escucharé desde el cielo, perdonaré su pecado y restauraré su tierra" (2 Crónicas 7:14). ¿Estamos listos para ese desafío?

Mis amigos Tim y Wendy se convirtieron en padres adoptivos temporales hace algunos años. Actualmente están criando a Beth que tiene diecisiete años, quien les ha causado increíbles dificultades. Este es un correo electrónico que Tim le escribió a un grupo de amigos: "Si tienen un momento por favor oren por Beth. Ayer la agencia de adopción temporal vino para anunciarle nuevas restricciones y, como era de esperarse, huyó anoche. Se había ausentado en el pasado, pero siempre había regresado en la misma noche. Esta decisión no le traerá buenas consecuencias así que va a necesitar toda la gracia y la misericordia que Dios tenga para ella. También estén orando por Wendy y también por mí. Estamos cansados y nos sentimos estirados a más no poder. Ya no tenemos palabras para saber cómo orar por esta situación. Recientemente Wendy y yo estábamos luchando con un versículo en Isaías 58 que dice que nos gastemos en los pobres. Nos preguntábamos lo que realmente significaba gastarnos a nosotros mismos, y creo que lo estamos descubriendo".

El mensaje de Tim me puso a pensar. Y también me llevó a leer Isaías 58, que tiene una relevancia extraordinaria para esta investigación.

> ¡Grita con toda tu fuerza, no te reprimas! Alza tu voz como trompeta. Denúnciale a mi pueblo sus rebeldías; sus pecados, a los descendientes de Jacob. Porque día tras día me buscan, y desean conocer mis caminos, como si fueran una nación que practicara la justicia, como si no hubieran abandonado mis mandamientos. Me piden decisiones justas, y desean acercarse a mí, y hasta me reclaman: "¿Para qué ayunamos, si no lo tomas en cuenta? ¿Para qué nos afligimos, si tú no lo notas?".
>
> Pero el día en que ustedes ayunan, hacen negocios y explotan a sus obreros. Ustedes sólo ayunan para pelear y reñir, y darse

puñetazos a mansalva. Si quieren que el cielo atienda sus ruegos, ¡ayunen, pero no como ahora lo hacen! [...]

El ayuno que he escogido, ¿no es más bien romper las cadenas de injusticia y desatar las correas del yugo, poner en libertad a los oprimidos y romper toda atadura? ¿No es acaso el ayuno compartir tu pan con el hambriento y dar refugio a los pobres sin techo, vestir al desnudo y no dejar de lado a tus semejantes? Si así procedes, tu luz despuntará como la aurora, y al instante llegará tu sanidad; tu justicia te abrirá el camino, y la gloria del Señor te seguirá. Llamarás, y el Señor responderá; pedirás ayuda, y él dirá: "¡Aquí estoy!".

Si desechas el yugo de opresión, el dedo acusador y la lengua maliciosa, si te dedicas a ayudar a los hambrientos y a saciar la necesidad del desvalido, entonces brillará tu luz en las tinieblas, y como el mediodía será tu noche. El Señor te guiará siempre; te saciará en tierras resecas, y fortalecerá tus huesos. Serás como jardín bien regado, como manantial cuyas aguas no se agotan. Tu pueblo reconstruirá las ruinas antiguas y levantará los cimientos de antaño; serás llamado "reparador de muros derruidos", "restaurador de calles transitables".

Isaías 58:1–4, 6–12

Como cristianos queremos creer que nuestros esfuerzos son impulsados por las motivaciones correctas. Asumimos que estamos buscando a Dios y sus propósitos. Sin embargo, ¿qué pasaría si Isaías 58 describe nuestra condición como cristianos en Estados Unidos en estos días? ¿Y si millones de nosotros estamos viviendo para nosotros mismos, aparentando ser religiosos? ¿Y si estamos buscando consuelo para nosotros en lugar de consolar a otras personas? ¿Y si nuestros esfuerzos espirituales están enfocados en mantener el equilibrio más que en abordar las importantes necesidades espirituales de los demás? Si le echaran una mirada a la cantidad de resmas de información que analizo cada año con respecto al estado de la fe en Estados Unidos, encontraría que tales conclusiones son ineludibles. Pero al analizar la investigación, me doy cuenta de que no es solamente el problema de la nación sino mío. En un examen más cercano, mi propia espiritualidad parece orientada hacia mí y raída.

El pasaje en Isaías describe una solución sencilla aunque difícil: *para reconstruir nuestra vida y restaurar nuestra nación, necesitamos recuperar el amor y la preocupación por los demás.*

Creo que parte de la razón por la que los cristianos somos conocidos como poco cristianos es porque la iglesia ha perdido la habilidad y la disposición de amar y aceptar a la gente que no es parte de su club de "gente de adentro". Esta falla está drenando el vigor de nuestra fe. Decimos que amamos a los de afuera, pero en muchos casos solamente mostramos amor en nuestros términos, únicamente si están interesados en venir a nuestra iglesia o si respetan nuestro estilo de vida.

Queremos que las generaciones jóvenes participen en nuestras iglesias, pero hemos esperado que jueguen conforme a las reglas, que estudien su parte, abracen la música y usen el lenguaje adecuado. Condenamos las componendas morales de los Mosaicos y "Busters", pero nos falta la paciencia de restaurarlos. Queremos que se conviertan en seguidores maduros de Cristo, aunque no estamos dispuestos a someternos a la significativa tarea de nuestra propia formación espiritual.

Todo esto hace que los Mosaicos y los "Busters" concluyan que la fe es casi cristiana. Y mientras discutimos de quien es la culpa del problema, el número y la influencia de los de afuera en la sociedad estadounidense sigue creciendo. No solamente se está volviendo más difícil para ellos ver a Jesús en los esfuerzos y lenguaje de los cristianos, sino que están aprendiendo a menospreciar y descartar a los cristianos, principalmente porque los cristianos que conocen los han criticado o ignorado.

Cuando los seguidores de Cristo sí entablan conversaciones con los jóvenes de entre los de afuera, es difícil encontrar algo en común. A menudo hablan dialectos diferentes, y solamente piensan en estereotipos, lo cual es mucho más fácil que entrar en conversaciones sinceras acerca de los problemas reales.

Algunas veces los jóvenes de entre los de afuera se aventuran a las iglesias, llevando una carga intensa de experiencias difíciles y heridas profundas. No quieren un regaño, necesitan nuestra ayuda y empatía. De manera similar a un oncólogo que debe diagnosticar y tratar el cáncer de manera correcta, el líder de la iglesia tiene que orar, aconsejar, guiar y amar a la gente a través de sus frustraciones y dudas. Ignorar su historia personal en el momento en el que están abiertos a tratar con ella significa que les hemos fallado espiritualmente.

Mientras que muchos de los de afuera se sienten avalentonados para denigrar a los cristianos, una parte importante de los cristianos se está volviendo más atrincherada, defensiva y estridente. Están tensos y cavando una zanja más amplia entre ellos y los de afuera. Es una guerra fría que se está volviendo más hostil.

¿Está listo para enfrentar los resultados es esta fe casi cristiana?

Mi oración es que esta investigación ayude a confirmar cosas en su mente y alma de manera que sus esfuerzos y su preocupación por los jóvenes de entre los de afuera crezca.

Creo que las nuevas generaciones de Mosaicos y "Busters" están esperando que les brindemos sendas que conduzcan a Jesús, y que les ayuden a servir las importantes necesidades del mundo. Dios quiere traer un nuevo despertar espiritual a las generaciones jóvenes y escépticas... a través de su vida y la mía. No obstante, para la mayoría de los Mosaicos y los "Busters" las barreras para ver a Jesús crecen a lo ancho y a lo alto. ¿Qué imagen de Jesús obtiene la gente de su vida?

La fe casi cristiana está vigente. Tenemos la decisión de si se va o si se queda.

Para un resumen, en inglés, de la Investigación Barna presentada en este libro y para preguntas de discusión para cada capítulo vaya a www.unchristian.com

EPÍLOGO

POR GABE LYONS

LAS NUEVAS PERCEPCIONES

Todavía recuerdo el día que le llamé a David para comisionarle este proyecto de investigación. En ese punto tenía poco sobre lo cual basarme excepto mi corazonada de que algo estaba desesperadamente mal con la manera en que el cristianismo estaba siendo percibido en nuestra nación. Mi experiencia indicaba que la fe tenía un fuerte problema de imagen, pero no sabía por qué. Quería llegar a la causa raíz de lo que parecía un rápido deterioro de nuestra identidad. Sentí que si no hacíamos algo ya, la reputación del cristianismo quedaría en riesgo para las futuras generaciones.

Mi convicción sobre el asunto era tan fuerte que decidí lanzar una organización sin fines de lucro con el propósito de recapturar la reputación del cristianismo en nuestra cultura. Era ambicioso, intimidante y poco claro, pero sentí un llamado que no pude ignorar. Trate usted de explicarle a su familia y a sus amigos que planea dejar una carrera prometedora y poner todo su esfuerzo en lo que la mayoría considera una búsqueda idealista. Como se puede imaginar no salió muy bien que digamos. Pero sentí una urgencia inexplicable, a pesar del riesgo, y me embarqué en ello. Dejé de tratar de explicarle a otros lo que quería hacer y comencé a hacerlo.

Un estudio nacional sobre las actitudes y percepciones de los cristianos en nuestra cultura parecía el punto de inicio perfecto. Mi sentir era que si los cristianos pudieran leer la mente de los de afuera, filtrada a través de los lentes de una investigación objetiva, podría brindar la motivación necesaria para cambiar la manera en que nos vemos a nosotros mismos y nuestro papel en la cultura. Y a lo largo del tiempo alteraría significativamente la manera en que vivimos e interactuamos con nuestros amigos, colegas y vecinos.

En lo profundo esperaba que mi intuición estuviera errada acerca de lo negativas que eran las opiniones de mi generación hacia los cristianos. No estaba preparado para lo resistente, atrincherada y pesimista que sería la respuesta.

Nunca voy a olvidar estar sentado en un café, revisando los resultados de la investigación en mi computadora portátil. A medida que me

EPÍLOGO **LAS NUEVAS PERCEPCIONES**

adentraba en ella, miré a la gente a mi alrededor abrumado por el pensamiento: *eso es lo que ellos piensan de mí*. Fue un pensamiento aleccionador saber que si me hubiera puesto de pie y me hubiera presentado como "cristiano" a los clientes reunidos en ese café ese día me hubieran asociado con cada una de las percepciones negativas descritas en este libro. Sin embargo, mi siguiente reacción me impactó.

Quedé inundado por un sentimiento de esperanza. En lugar de una carga de depresión, fui cautivado por la oportunidad que quedaba delante de una nueva generación de cristianos. Parecía que la única dirección hacia donde podían ir estas percepciones era hacia una dirección más positiva. Al leer página tras página de la investigación, sumergiéndome en las dolorosas descripciones de los de afuera, estaba consciente de que mi corazón estaba cambiando. Sentí que mi mente se transformaba. Tener acceso a lo que los de mi alrededor realmente pensaban me desafió. Finalmente se me había ofrecido un atisbo único a la perspectiva de aquellos a los que estoy llamado a amar y abrazar, me sentí humillado, avergonzado y provocado para marcar una diferencia.

Me sentí entonces y me siento ahora, optimista de que con esta investigación como base podría surgir una conversación completamente nueva dentro de la comunidad cristiana. Los resultados de este estudio nos dan una imagen clara de cómo nos ven los demás. Tenemos la oportunidad de enfrentar la verdad y responsabilizarnos de nuestro papel para aportar a estas percepciones. Es momento de reexaminar lo que significa ser "cristiano" y comenzar a vivirlo.

LA PERCEPCIÓN ES LA REALIDAD

Asumir que las etiquetas principales que David describió son percepciones equivocadas que tienen los de afuera de los cristianos sería un error inmenso. Estas percepciones están basadas en experiencias reales que los de afuera han tenido con sus amigos cristianos. Son una reflexión precisa del tipo de cristianos en el que muchos de nosotros nos hemos convertido. Es vergonzoso y embarazoso, pero es la realidad.

Una manera útil de reflexionar en esta conclusión es a través de los lentes de una marca. Scott Bedbury, creador de las marcas Starbucks y Nike define una marca como la colección de percepciones en la mente del consumidor. Por ejemplo, cuando uno escucha la palabra *Starbucks*, ¿qué es lo que de inmediato viene a su mente? ¿Un logotipo verde redondo? ¿El aroma del café? ¿El sabor del latte de vainilla? ¿La bienvenida de un barista amigable? ¿Un lugar cálido para conversar? O posiblemente usted tenga un conjunto completamente diferente de imágenes negativas que le vienen a la mente. El punto es que cuando se le presenta el nombre de una marca de inmediato conjura todas sus experiencias e interacciones pasadas con el producto y se le forma una opinión instantánea.

Para los de afuera la palabra *cristiano* tiene más en común con una marca que con una fe. Este cambio de significado en las décadas recientes ha sido magnificado por el uso creciente de *cristiano* para etiquetar música, ropa, escuelas, grupos de acción política y más. Y tristemente, es una mala marca en la mente de decenas de millones de personas. En medio de una cultura en la que el cristianismo ha llegado a representar hipocresía, crítica, antiintelectualismo, insensibilidad e intolerancia, es fácil ver porque la siguiente generación no quiera tener nada que ver con él.

UN PROBLEMA DE SUSTANCIA Y NO DE IMAGEN

El camino a seguir se me hizo sumamente claro dentro de las páginas de un libro. Había escuchado decir que uno no escoge qué libros leer; sino que los grandes libros lo escogen a uno. En cierta manera, creo que eso fue lo que sucedió cuando me devoré *Y ahora... ¿cómo viviremos?* de Charles Colson y Nancy Pearcey. No había planeado leer un libro de seiscientas páginas de que no fuera ficción mientras estaba de vacaciones, pero una vez que leí la introducción, no lo pude dejar.

Definieron claramente de qué se trata ser cristiano. Se sentía simple, pero al mismo tiempo complejo, verdadero, histórico. Estaba convencido de que si más cristianos pudieran captar el panorama, cambiaría la faz del cristianismo a lo largo de la nación y las percepciones sobre el cristianismo por consiguiente mejorarían.

La explicación de Colson y Pearcey de lo que significa ser un cristiano integral se robó mi mente y mi corazón:

> Dios no solamente se preocupa por redimir almas, sino también por restaurar a su creación. Él nos llama a que seamos agentes no solamente de su *gracia salvadora* sino también de su *gracia común*. Nuestra responsabilidad no es solamente edificar la iglesia, sino también edificar una sociedad para la gloria de Dios. Como agente de la gracia común de Dios, somos llamados a ayudar a sostener y a renovar su creación, para levantar las instituciones creadas de familia y sociedad, para procurar la ciencia y la erudición, para crear obras de arte

y belleza, y sanar y ayudar a los que sufren de los resultados de la Caída.[1]

Este entendimiento de la *gracia común* ha estado en la raíz del crecimiento e influencia del cristianismo a lo largo del mundo durante siglos. Se me estaba haciendo claro que si los cristianos pudieran recapturar y vivir esta visión integral de su llamado en este mundo, nuevas percepciones podrían seguir rápidamente.

Muchos cristianos contemporáneos han perdido contacto con el Evangelio que abarca todos los aspectos de la vida que va más allá de la salvación personal y se adentra en cada rincón de la sociedad. Cuando el crecimiento en conversiones es la única medida de éxito, el duro trabajo de discipulado queda ignorado. Cuando la fe cristiana es relegada a una decisión personal y espiritual sobre donde pasará uno la eternidad, el aquí y el ahora importa menos. Cuando ser un cristiano puede determinarse por si uno "hizo la oración", el enfoque se cambia con facilidad hacia quien está dentro y quién no. Como resultado, los cristianos pueden ser encontrados principalmente en las orillas de la sociedad señalando a los de afuera, juzgándolos y condenándolos. Como consecuencia, el estilo de vida cristiano cambia de ser atractivo y llamativo a ser pesimista y manipulador. Muchos se han separado del mundo y sin darse cuenta imitan las acciones de los fariseos por los que Jesús tuvo el mayor de los desdenes cuando caminó sobre esta tierra.

Perder la teología y la práctica de la gracia común y enfocarse en la conversión en lugar de en el discipulado ha contribuido bastante con el problema de percepción acerca del cristianismo. Cuando ya no sabemos lo que significa (y mucho menos nos importa) ser sal y luz *entre* los de nuestra cultura y ser una influencia para bien, renunciamos a nuestro papel como agentes del Reino de Cristo. A medida que he observado la cultura actual, examinado la historia de la iglesia y luchado con la Escritura, me parece claro que la fuente de estas percepciones negativas es una expresión del cristianismo pobremente entendida y vivida.

CONVERTIRSE EN CRISTIANO

Todo se resume en esto: tenemos que volver a ser semejantes a Cristo de nuevo.

Estas son las Buenas Nuevas y la dura realidad de aceptar la investigación de este libro. A primera vista parece una solución exageradamente simplificada, pero cuando uno reconoce que ser cristiano exige más que simplemente decir una oración, aceptar una declaración de fe e irse al cielo al morir, se convierte en más desafiante a nivel personal. Añada el concepto de que ser cristiano significa ser el agente de la gracia común de Dios en el mundo, y la tarea se vuelve mucho más intimidante.

Debemos entregarnos a realizar la obra de recapturar la esencia del cristianismo en nuestra propia vida. Es fácil señalar las imperfecciones de los demás, pero requiere mucha más humildad y gracia confrontar las fallas en nosotros mismos. Ser cristiano es trabajo duro. Poner las necesidades de los demás por encima de las propias, amar al prójimo, hacerle bien a aquellos que nos hacen mal, ejercer humildad, sufrir con los menos afortunados y hacerlo todo con un corazón puro es casi imposible. Pero es el modelo y el llamado de Jesús. Y eso es lo que nos va a costar. Cuando una aspirante a santa le preguntó a la Madre Teresa: "¿Cómo puedo ser como usted?", su sencilla respuesta fue: "Encuentre su propia Calcuta". Ella entendió que el corazón de la vida cristiana y el verdadero conocimiento vienen con la práctica.

¿Cómo es que esto podría resultar para toda una generación de cristianos que actualmente viven una expresión pobre del cristianismo?

Los cristianos de las generaciones anteriores van a necesitar trabajar duro para redescubrir lo que significa seguir a Cristo en la cultura actual. Quizá comience con reconocer de manera honesta que un poco de lo que usted ha llamado cristianismo ni siquiera tiene conexión con la fe. Quizá requiera dejar ir el bagaje que rodea el ardiente denominacionalismo, o apartarse de una manera decisiva de la subcultura cristiana. Podría significar tomar el riesgo de ser etiquetado "mundano" o "liberal" gracias a un compromiso basado en la Biblia de defender temas culturales como la justicia social o cuidar de la creación de Dios. Quizá es una disposición a considerar qué tanto su fe se ha entremezclado con valores occidentales que se contraponen con el corazón del cristianismo, como el consumismo y el materialismo. Sobre todo, requiere apertura a la idea de que quizá uno esté viviendo una versión incompleta o imprecisa de la fe.

Para las generaciones más jóvenes, el desafío será vivir una vida que represente una visión más plena del cristianismo que el que quizá hayan modelado delante de ellos. Tenga la valentía de seguir los talentos y llamados dados por Dios y tome el riesgo de expresar su fe en maneras menos convencionales. Las iglesias locales deberían tomar seriamente su oportunidad de discipular y celebrar a la gente que tenga una visión completamente redonda del pensamiento cristiano y su relación con todas las cosas a lo largo de la cultura. Mientras que esto será difícil y exigente, no tenemos alternativa. El resultado de esta búsqueda de parte de

EPÍLOGO LAS NUEVAS PERCEPCIONES

las generaciones más jóvenes conlleva una desproporcionada cantidad de influencia para revertir la reputación negativa de los seguidores de Cristo en la sociedad a medida que vemos hacia el futuro.

A medida que cristianos de todas las generaciones permitan que Cristo transforme su corazón, su mente y sus acciones, sus expresiones de la fe cristiana cambiarán, dando como resultado una influencia en la sociedad que no se ha experimentado en décadas.

Ninguna estrategia, táctica o campaña inteligente de mercadotecnia podrá aclarar la cortina de humo que rodea al cristianismo en la cultura de hoy. Las percepciones de los de afuera cambiarán solamente cuando los cristianos se esfuercen por representar el corazón de Dios en cada relación y situación. Este tipo de cristiano atraerá en lugar de repeler. Se sentirá provocado a participar en lugar de ofenderse por una cultura decadente. Vivirá con la tensión de mantenerse puro, sin estar aislado de este mundo quebrantado. Cuando los de afuera comiencen a tener experiencias e interacciones frescas con este nuevo tipo de cristiano, las percepciones cambiarán, una persona a la vez. Cuando hayan catalogado suficientes experiencias con este tipo de cristianos que compensen las negativas, la reputación va a cambiar.

A su debido tiempo, el nombre *cristiano* llegará a representar algo refrescante y positivo. Una nueva amistad, un abrazo compasivo, una palabra amable, una perspectiva positiva o una afirmación bien intencionada harán bastante para ver la reputación de Cristo siendo revitalizada a lo largo de nuestra cultura.

UNA VISIÓN A LARGO PLAZO

Yo tenía veintiocho años cuando solicité esta investigación, hace tres años. Rápidamente llegué a entender que si alguna vez íbamos a ver algún progreso en la manera en que el cristianismo es percibido en nuestra cultura, es probable que tome varias décadas lograrlo. Debemos acercarnos a ello con una visión a largo plazo.

Durante demasiado tiempo, los cristianos han adoptado mentalidades de corto plazo cuando se trata de interactuar con nuestra cultura. La tendencia puede ser tratar de resolver nuestro problema de percepción rápidamente y restarle importancia a las causas raíz que la crearon en primer lugar. Si usted cree que la causa del problema es más profunda que una imagen superficial y llega al centro de lo que significa ser cristiano, entonces usted ha encontrado un atisbo de lo mucho que esto puede tomar.

Pero no nos debemos desanimar. Más bien, deberíamos ser desafiados a convertirnos en el tipo de seguidores de Cristo, amigos y vecinos que son humildes y llenos de gracia, amor y compasión. Debemos llevar el amor de Cristo a dondequiera que vayamos y exhibir una expresión de cristianismo que busque encontrar el bien en todas las personas y dirigirlos hacia el Creador.

Justo después de mi conversación telefónica con David, decidí comenzar una organización que pudiera hacer avanzar estos esfuerzos. Fermi Project es una de nuestras iniciativas que ayuda a capacitar y movilizar a los líderes cristianos a lo largo de la iglesia para convertirse en una fuerza positiva para bien en la sociedad. En lugar de quejarnos por las imágenes negativas alrededor del cristianismo, queremos ser parte de la solución, un grupo de personas esperanzadas sacando adelante una nueva manera de ser cristiano en nuestra cultura.

Nos propusimos descubrir cristianos cuya vida y obra estén cambiando las percepciones. Estos mentores y ejemplos son representativos de una nueva manera de ser seguidores de Cristo, enraizados en la práctica de la primera iglesia que expresaba su fe de palabra y de hecho. Están encarnando una manera de vivir que refleja la verdad que quien es Dios y la manera que le ha pedido a sus seguidores que vivan.

Para las páginas finales de este libro, le he pedido a algunos líderes respetados en este ámbito que compartan sus esperanzas, pensamientos y exhortaciones para el futuro de la iglesia. Les he pedido que nos den su perspectiva sobre la manera en que serán conocidos los cristianos dentro de treinta años, y creo que usted se alentará, como yo lo fui, con sus visiones llenas de esperanza. Como C. S. Lewis creía, la imaginación precede al hecho. Imaginémonos juntos lo que *podría* suceder y luego comprometámonos a *ser* el cambio que queremos generar.

LAS NUEVAS PERCEPCIONES

GLOBAL

Mi esperanza es que, en el futuro, los líderes evangélicos se aseguren de que su agenda social incluya temas tan vitales y controversiales como detener el cambio climático, erradicar la pobreza, abolir los armamentos de destrucción masiva, responder adecuadamente a la pandemia del sida y garantizar los derechos humanos de mujeres y niños en todas las culturas.

John Stott
Rector emérito, All Souls Church, London

AMOR

Dicho de manera sencilla, creo que los cristianos deben ser conocidos por amar a la gente fuera de sus zonas de comodidad. Hoy nos hemos vuelto sumamente buenos en amar a personas como nosotros, pero el tipo de amor por el que espero sean conocidos los cristianos dentro de treinta años rompa nuestras fronteras sociales de amor.

Por supuesto, el amor es una palabra demasiado difícil de definir. Pero permítame intentar una lista de lo que pienso que debe incluir el futuro del amor cristiano:

- Amar sin poner nuestros actos de bondad en un pedestal. ¿Qué pasó con dar en secreto? La caridad glamorosa no es caridad.
- Amar sin motivos escondidos, incondicionalmente, sin carnada ni intercambios.
- No estar preocupados por ser omitidos, recompensados o compensados.
- Darle prioridad al otro, incluso en medio de la incomodidad personal.
- Defender al no defendido.
- Ser una voz del que no tiene voz.
- Escuchar mejor a los que necesitan ser escuchados.

- Ser una iglesia sin paredes —iglesia simple, iglesia orgánica, megaiglesia— todo está bien. Somos una iglesia.
- Ver la iglesia como el hogar de los marginados, los inadaptados, los menos importantes, donde estas mismas personas dirijan con verdadera autoridad.
- Estar dispuesto a morir por otros, entregando nuestra vida como lo hicieron los cristianos del primer siglo cuando la pandemia golpeó sus ciudades. Ellos se *quedaron* para servir a los afligidos, mientras los demás se fueron.
- Responder de inmediato a cualquier crisis global.
- Pensar en compromisos de largo plazo con una compasión radical y sacrificada por los pobres.
- Ser un gentil conversador con el mundo.
- Mostrar amor por Cristo, más que amor por el cristianismo como una cultura.
- Crear un lugar donde todos sean realmente facultados, dirigidos y vistos. Un lugar en el que la siguiente generación finalmente refleje el mundo multicultural mayoritario. ¡Jesús realmente no tenía ojos azules! (¿O sí?).

Dave Gibbons
Pastor, New Song Church

AUTÉNTICO

Manejar las percepciones es un negocio truculento. Al principio del ministerio público de Jesús, Lucas nos dice que "enseñaba en las sinagogas, y todos lo admiraban" (Lucas 4:15). Luego unos pocos versículos después, Jesús apenas escapa de un linchamiento después de enseñar en una sinagoga (4:29-30). Jesús les advierte a sus discípulos: "¡Ay de ustedes cuando todos los elogien! Dense cuenta de que los antepasados de esta gente trataron así a los falsos profetas" (6:26). No obstante, Lucas también reporta que los primeros cristianos pasaban tiempo en el templo "alabando a Dios y disfrutando de la estimación general del pueblo" (Hechos 2:47), unos pocos capítulos antes de que la primera iglesia fuera dispersada por una intensa persecución.

Como cualquier figura pública sabe —político, estrella de rock o predicador—, uno no puede controlar la manera en que las demás personas lo perciban. Eso no quiere decir que no se pueda intentar. Se puede esconder

EPÍLOGO **LAS NUEVAS PERCEPCIONES**

detrás de un ejército de especialistas en relaciones públicas y publicistas; puede ensayar frases espontáneas hasta que su sonrisa se quede congelada en su lugar. Pero entonces, usted ya no es *usted;* usted se ha convertido en la versión pública de usted. Y no pasa mucho tiempo para que un ingenioso periodista amarillista se cuele detrás de la fachada.

Así que no me entusiasma manejar la percepción de los cristianos, del cristianismo o de Cristo. Jesús, gracias a Dios, no necesita nuestro control publicitario; emerge en cada época y cultura como una figura convincente y admirable. El cristianismo es y ha sido, por lo menos desde los días de las iglesias de hogar de Corinto y Galacia, un revoltijo bastante extraordinario, y *eso* ciertamente no va a cambiar en los próximos treinta años. Como cristianos, bueno, realmente sólo nos queda una cosa por hacer. Hemos declarado públicamente —en mi iglesia lo declaramos en voz alta juntos cada semana— que estamos desesperadamente necesitados de que Otro nos de su rectitud, nos complete y viva en nosotros. Hemos abandonado pública y flagrantemente el proyecto de autojustificación que está en el corazón de la compulsión de cada persona por manejar las percepciones.

Así que lo que queda, supongo, es que seamos mejor conocidos realmente por lo que somos, y por quienes somos. Esto significa decirle al mundo —antes de que el mundo haga su propio reportaje de investigación— que no somos tan malos como piensan algunas veces. Somos peores. Para cada crítica que algún predicador de la TV haya pronunciado, yo he pensado algo más feo, más amargado y más mordaz acerca de uno de mis vecinos. Por cada supuesto acto de homofobia de mis hermanos cristianos, yo he hecho algo estúpido para tratar de demostrar mi masculinidad o virilidad. No importa lo aburrida que la iglesia les pueda parecer a los sofisticados, no conocen ni la mitad de ello; créame. He pasado semanas y meses en un aburrimiento desesperado, pasando de un blog a otro, anuncios y revistas de chismes, porque no he estado dispuesto a tomar el riesgo que Dios me había estado llamando a tomar.

Pero aun así, hay Otro que vive en mí. Y que se puede encontrar en los lugares más inesperados. Así que necesitamos decirle al mundo cómo fue que lo encontramos. Cómo lo encontramos en una casa de barro en los barrios bajos, frente a una tienda del barrio, en un hogar para víctimas de violencia familiar, en un círculo para adictos. Cómo lo encontramos en las cárceles, los hospitales e incluso en las morgues. Como lo encontramos también entre los humildes en Harvard, los generosos en Wall Street y los que tienen principios de K Street. Más bien, de cómo nos encontró Él.

La mayor parte del tiempo, el mundo no va a entender la historia bien, solamente porque tienen un interés especial en entenderla mal. Pero si somos honestos acerca de nuestra propia belleza y quebrantamiento, el Hermoso Quebrantado se va a dar a conocer a nuestros vecinos —a través de los encajes de nuestra armadura y la de ellos: "Pasó por en medio de ellos y se fue"—. Percibido o malinterpretado, celebrado o crucificado, Aquel que vive en nosotros tiene la manera de atravesar paredes.

Andy Crouch
Periodista y autor, *Culture-Makers*

VALOR

Dentro de treinta años, los cristianos no serán conocidos por lo que dicen o por lo que esperan ser; serán conocidos por una cosa: la manera en que viven. No podemos cambiar la manera en que somos conocidos a menos que cambiemos como vivimos.

Quiero que mis nietos tengan la percepción de que los seguidores de Cristo son sumamente valientes. El gran anhelo en el mundo hoy es por una respuesta a los muchos temores que todos compartimos. Incluso las percepciones negativas descritas en este libro se originan en el temor y pintan una imagen de una comunidad de fe que ha vivido en el temor: temor de que la gente no los entienda, temor de cambios en la cultura, temor de las degradaciones en la sociedad, temor a ser expuestos a las cosas difíciles de este mundo.

Me encantaría dentro de treinta años a partir de hoy que los cristianos tengan tanta fe en Dios que se conduzcan con valentía y humildad en el mundo. Tanto la valentía como la humildad son imágenes de fuerza. Esto no significa que todos los temores desaparecen, sino más bien que la fe señala el camino a una fuerza que le permite a uno hacer lo correcto aun y cuando sea atemorizante. Y si usted realmente conoce a Dios y está seguro en el hecho de que realmente nos ama y realmente ama este mundo, todo va a estar bien.

Con esa confianza y fuerza, uno no solamente puede salir al mundo, sino vivir un Evangelio que sea atractivo. En un mundo donde hay mucho temor, la gente se inclina por aquellos que están viviendo con una sorprendente falta de temor.

Mi oración es que los seguidores de Jesucristo caminen por la vida demostrando una sorprendente falta de temor, así como mostrando una gran humildad y valentía. Esto le daría al mundo una expresión más realista de quien es Jesucristo.

Gary Haugen
Fundador, International Justice Mission

JESÚS

Tengo gran optimismo por la reputación del cristianismo en el futuro. Justo ahora, las percepciones levantadas por este libro sobre lo que la cultura emergente piensa de los cristianos y la iglesia son bastante embarazosas y tristemente ciertas. Pero las buenas noticias son que mientras que la gente tiene percepciones negativas de la iglesia y los cristianos, están abiertos a Jesús y respetan lo que saben de Él. Esto me llevó a escribir un libro acerca de esto, donde concluyo que a la gente *le gusta Jesús pero no la iglesia*.

Así que si a lo largo de los siguientes treinta años, los cristianos, y especialmente los líderes de la iglesia, escapan de la subcultura que hemos creado esto realmente podría cambiar el clima de cómo somos considerados por los de afuera de la iglesia. En teoría, esto no debería ser tan difícil de hacer. Los seguidores de Jesús simplemente necesitan hacer amigos entre los que están fuera de la iglesia. No es demasiado complicado ir al cine con ellos, cuidar de ellos como de cualquier otro amigo, invitarlos a cenar, apoyarlos, no solamente verlos como blancos a evangelizar. Así que aunque tropiecen con el Evangelio, como muchos, por supuesto, lo harán, por lo menos no se tropezarán con todos los estereotipos negativos y percepciones que hemos desarrollado.

Pero sí significa que necesitamos tomar en serio las palabras de Jesús cuando dijo que no nos apartáramos del mundo, sino que estuviéramos en él, protegidos del mal. Sé con toda seguridad que necesitamos una comunidad cristiana, pero hemos llevado el péndulo a un extremo tan lejano en la "comunidad" cristiana que ahora vivimos en un mundo más aislado. Nuestro tiempo está tan lleno de actividades y ocupaciones cristianas en la iglesia, que no nos permiten desarrollar amistades normales y saludables con los del mundo a nuestro alrededor.

Así que el futuro podría ser bastante positivo, si la gente experimenta que no todos los cristianos son antihomosexuales, criticones y retraídos. Yo veo a los cristianos haciendo amistad de manera natural con los de afuera de la iglesia, entendiendo su fe, siendo pensadores más profundos en lo teológico, y verdaderamente teniendo respuestas para los que pregunten. Mi oración y mi esperanza para el futuro es que los líderes de la iglesia se conviertan en líderes misionales, que a cambio produzcan iglesias misionales, y entonces las percepciones van a cambiar a ser positivas a medida que el Espíritu de Dios use nuestra vida para ser sal y luz. Así que cuando se tome un estudio similar en treinta años. La gente va a describir a los cristianos como "amorosos, bondadosos, centrados en la familia, que atienden a los pobres, buenos ejemplos, pacíficos", y otros frutos del Espíritu.

Dan Kimball
Pastor y autor

ADMIRADOS

Espero que la gente nos vea y diga: "Esos cristianos son los que acuden a ayudar cuando todos los demás huyen. Estos cristianos son los que no se rindieron en los barrios bajos cuando se estaban desmoronando. Estos cristianos son los que trajeron paz a Darfur. Estos cristianos son los que pusieron fin a la trata humana. Estos cristianos son los que ayudaron a ganar la guerra contra el sida alrededor del mundo. Estos cristianos son los que componen canciones increíbles, que escribieron esos libros inolvidables y crearon obras de arte que son cautivantes. Estos cristianos son los que ayudaron a mi madre cuando le dio Alzheimer. Estos cristianos son los que fueron amables conmigo cuando era nuevo en la zona. Estos cristianos son los que me hicieron querer creer en Dios".

Margaret Feinberg
Escritora y conferencista

RESTAURADORES

El Reino de los cielos es como levadura: solo un poco leuda toda la masa.

¿Qué pasaría si la iglesia, a lo largo de los siguientes treinta años, verdaderamente vive la vida que Jesús nos enseñó a vivir? ¿Qué pasaría si amamos a nuestros enemigos, oramos por los que nos odian y ofrecemos nuestro abrigo cuando nos quitan el sombrero? ¿Estamos realmente listos a sacrificarnos y ver al mundo avanzar hacia el Reino de Dios?

El Reino de los Cielos es como un hombre que perdió una perla en un campo y compra todo el campo para encontrarla.

Si Jesús es tan valioso como decimos que es, entonces ¿qué daremos para que permanezca vivo en nosotros? ¿Podemos, la iglesia, pasar los siguientes treinta años valorando a Jesús y todo lo que nos pida sobre todo lo demás? ¿Podemos siquiera imaginarnos en lo que se convertiría el mundo?

Si la iglesia decide vivir de esta manera, podemos esperar con confianza ver a nuestra cultura influenciada y cambiada. Mi esperanza es que cuando tenga setenta y dos, haya visto los reinos de este mundo venir a ser de nuestro Dios. Imagino un mundo carente de divorcio, promiscuidad sexual, y pobreza y rebosando de paz, misericordia y justicia.

Isaías profetiza que nuestras viejas ciudades derrumbadas serán restauradas. Dice que seremos llamados reparadores de portillos, restauradores de las calles.

Leroy Barber
Presidente, Mission Year

JUSTICIA

La conversación sobre valores morales será más amplia y profunda en el futuro, más capaz de desafiar las políticas y las morales selectivas de la izquierda y la derecha. La misión de la iglesia se expandirá para incluir la protección del ambiente, confrontar la pobreza global y doméstica, y abordar la ética de la guerra y la paz.

No nos enfocaremos solamente en el aborto y los matrimonios homosexuales, como somos acusados actualmente. Estos dos problemas son importantes, pero no son los únicos temas importantes en los que nos debemos enfocar —especialmente en un mundo donde cada día treinta mil niños mueren innecesariamente de hambre, enfermedades curables y falta de agua potable.

Y creo que es posible que haya dos o más cosas que veamos.

La gente está hambrienta de valentía moral en los líderes políticos. Está hambrienta por personas que los llamen a algo mayor que ellos mismos. Están hambrientos de liderazgo político genuino y no solamente de cálculos políticos, grupos de enfoque, consultores y encuestas. Recientemente leí el libro de Joe Klein *Politics Lost* [Política perdida]. Se trata de la tendencia alarmante de estrategia política basada en la población y la falta de liderazgo real en la política. Por lo que he visto, esto no es lo que la gente de allá afuera quiere. Están listos para algo distinto.

Va a haber un sentido creciente de cómo los movimientos sociales pueden reformar la política, He observado que las dos mayores hambres en el mundo son por una fe auténtica y transformadora por un lado y por justicia social en el otro. La conexión entre ambas es lo que el mundo está esperando. Los jóvenes que conozco están más interesados en convertirse en parte de este movimiento social inspirado por la espiritualidad que en buscar una candidatura política. Algunos de ellos lo harán, está bien, pero están más interesados en transformar la política que en formar parte de ella.

Como sucede, creo que veremos la revigorización de la justicia social aunada a un auténtico avivamiento de fe.

Jim Wallis
Fundador y Director Ejecutivo de Sojourners/Call to Renewal

DIGNIDAD

Sabemos históricamente que la generación más joven es impresionable e idealista. Al ir madurando, comienzan a ver las cosas que criticaban exacerbadamente de una manera más madura. Creo que la gente va a recuperarse de sus percepciones negativas de los cristianos y comenzaran a ver que Jesús es real. Creo que sucederá.

Las palabras de Chesterton me dan gran alivio. Dijo: "Llegué a la conclusión de que el optimista pensó que todo era bueno excepto el pesimista, y que el pesimista pensó que todo era malo excepto él mismo". Podemos aprender de esto que los cristianos no deberían ser optimistas o pesimistas sino ambos. Los cristianos deben tener el equilibrio adecuado y ser lo suficientemente pesimistas para ver el pecado del hombre. Pero deben ser lo suficientemente optimistas para saber que Dios es soberano, y que encontrará la manera.

Realmente creo que la iglesia se está despertando. Paso la mitad de mi día y algunas horas de la noche pensando en lo que podemos hacer para educar a los jóvenes sobre las ideas de cosmovisión y gracia común. Creo que cuando trabajemos juntos para instruir a los cristianos en los conceptos de cosmovisión y gracia común, y la responsabilidad del cristiano por los

EPÍLOGO **LAS NUEVAS PERCEPCIONES** 233

derechos humanos y la dignidad humana, el mundo verá un panorama completamente diferente.

Chuck Colson
Fundador, Confraternidad Carcelaria Internacional

GRACIA

Desde hace tiempo ha sido arrobado por el origen del nombre "cristiano". En Hechos 11 había una comunidad de personas que vivían la vida de Cristo de tal manera que fueron llamados "cristianos", que significa "pequeños Cristos". No se menciona que alguna vez haya sido un término de burla o escarnio, sino solamente una observación. Eran personas que estaban viviendo una vida que reflejaba a la persona de Jesús.

¿Cuál debe ser la percepción de los cristianos dentro de treinta años? De que en sus vidas hay algo sobrenatural, que hay algo en nosotros que no se puede explicar de otra manera que no sea milagrosa, que hay algo acerca de nosotros —algo que tenemos— que el mundo no tiene y que al parecer no pude ofrecer.

Pienso en el escándalo de la gracia en medio de la comunidad, la compasión desinteresada en medio del desdén, el aroma de la santidad en las fauces del libertinaje, la firmeza de la ortodoxia inmersa en la ilusión de diferentes matrices Pero más que nada, supongo, pienso en el escándalo de la gracia, recibida libremente en nuestra vida y distribuida libremente a los demás. Jesús mismo dijo que esta sería la marca del cristiano, y la única dinámica que atraparía la atención del mundo.

El novelista ruso Dostoyevsky una vez escribió que la gracia sana nuestra visión, que nos permite amar a la gente por medio de verlos como Dios quería que fueran. Compárelo con el filósofo alemán Federico Nietzche, quien escribió en su autobiografía la habilidad de "oler" la partes más profundas de cada alma, especialmente la "abundante suciedad escondida en el fondo" del carácter.

Que nuestro futuro sea de una clara visión y de una gran incapacidad olfativa.

Jim White
Escritor

TRANSFORMADO

Si los seguidores del cristianismo siguen a Cristo durante los siguientes treinta años, el cristianismo será compuesto de creyentes de gran fe enfocados en la manifestación del poder de Dios en cada aspecto de sus vidas, con el propósito de tener dominio sobre la tierra hasta que Cristo regrese. Esto vendrá como resultado de que la iglesia cambie el enfoque de la membresía a las relaciones. El poder no proviene de ser miembro de la iglesia o de la denominación correcta. El verdadero poder proviene de una fuerte relación con Dios, con aliento y rendición de cuentas proviniendo del cuerpo de creyentes. Los cristianos en 2037 se preocuparán más por sus relaciones personales que por su reservación de los domingos a las 11 de la mañana.

Al seguir a Cristo, los cristianos en 2037 irán a lugares que otros no quieren ir, y dirán lo que otros no quieren decir en el nombre de Dios de manera que la gente quede convencida y no sea entretenida. La percepción del cristianismo será la de una fe valiente y transformadora.

Finalmente, los cristianos serán percibidos como constantes. No es ningún mito que somos adoradores orientados a eventos, dispuestos a llevar una máscara los domingos y los miércoles (o cuando sea que tengamos nuestro estudio bíblico), y luego volver a hacer lo de siempre en el resto de la semana. Los cristianos de 2037 equipararán su relación con Dios a un estilo de vida, no a un evento. Le pondrán fin a la práctica de interpretar la doctrina divina a través del filtro de la conveniencia cultural. Estos cristianos transformarán al mundo a través de permitir que Dios brille a través de nosotros lo más que se pueda en el trabajo, en el centro comercial, en el club y en la calle así como lo hacemos en la iglesia. La percepción es la realidad. Espero que cambiemos nuestra realidad en 2007, para obtener este cambio de percepción en 2037.

Jeff Johnson
Activista social
Conductor y corresponsal internacional de BET

CONTRACULTURA

Nadie puede predecir el futuro, particularmente de algo tan intangible como la "marca" del cristianismo. Pero podemos estar seguros de que lo que suceda deberá ser plausible; si podemos definir los límites de lo plausible, sabemos que el futuro caerá dentro de ellos. Lo plausible quizá no sea lo que esperamos, o lo

EPÍLOGO **LAS NUEVAS PERCEPCIONES**

que debería ser, sino lo que es probable y posible. ¿Cuál es un futuro plausible para la percepción del cristianismo en los siguientes treinta años?

En treinta años la marca "cristiana" será definida principalmente por los niños de hoy a medida que crezcan en la iglesia, y secundariamente por las ondas de influencia emitidas por la generación actual de jóvenes que estarán en su mediana edad. Las opiniones, acciones e influencia de los padres de hoy se desvanecerán rápidamente y sobrevivirán solamente indirectamente a través del legado de la crianza de sus hijos.

La cultura cristiana estadounidense como una identidad popular distinta está transformándose rápidamente en algo cercano a una subcultura. Si las tendencias continúan podemos esperar que los jóvenes:

- Abracen las expresiones culturales en lugar de evitar criterios culturales comunes.
- Sostengan fuertes aversiones e intolerancias, que les seguirá trayendo marcas negras en una sociedad sumamente tolerante.
- Tengan menos contraste con las opiniones científicas en general, pero seguirán sin ser intelectuales.
- Estarán centrados en ministerios de sanidad y autoayuda.
- Mostraran una suavización hacia el pluralismo como reacción a las fuertes políticas religiosas de la generación de sus padres.
- Adoptarán una postura contracultural.
- Tendrán más obras con temas cristianos en los medios populares.
- Profundizarán en el misticismo; dependiendo del camino que tome la tecnología futura.
- Seguirán estando lejos de la vida de los pobres y de los que sufren.
- Organizarán reacciones a la persecución social directa.

¿Entonces, qué palabras espero que el adolescente de la calle use dentro de treinta años para describir a la marca cristiana?

Sanadora
Contracultural
Intolerante

Espero estar equivocado en alguna de ellas.

Kevin Kelly
Cofundador de la revista *Wired*

CULTIVADORES

En treinta años los cristianos habrán bautizado su imagen de Cristo. No será el tipo lindo, banal, manso y barbudo con cabello ondulado. Más bien, llenará nuestra imaginación con mayor solidez, de manera más invasora, de forma más inesperada, Cristo se convertirá en El Hombre que cambia a la gente, alguien que salte de las etiquetas sobre el parachoques y canciones mediocres de alabanza, a una presencia más parecida a Gandalf el Gris que a Mr. Rogers.

Este cambio no se dará de la noche a la mañana. Comenzará con nuestra humildad para aceptar la historia hebrea de Jesús como parte nuestra. Ya no desdeñaremos como irrelevante la manera en que fuimos injertados en un historia bastante antigua. Nuestras iglesias, estudios bíblicos y cosmovisiones serán refrescados con historias de la impredecible e incansable búsqueda de parte de Dios del pueblo hebreo. Esto le inyectará nueva vida a nuestras celebraciones (como la Pascua), nuestra adoración (descubriremos que la danza y la poesía, ambas encontradas en los Salmos como adoración tendrán un lugar en la iglesia) y nuestras actitudes (nos daremos cuenta de que Cristo estaba trabajando antes de los Estados Unidos, antes de Martín Lutero, incluso antes del Nuevo Testamento).

Cuando este cambio venga y veamos a Cristo de una manera distinta, otros lo notarán.

Los cristianos serán conocidos no solamente como quienes atraen la cultura, sino como los creadores y desarrolladores de la cultura. No evitaremos o temeremos las ideas del mercado, los museos de arte moderno y las asambleas de diplomacia; sino que las penetraremos. Los cristianos cultivarán un entendimiento del arte, las ciencias, los negocios, la ingeniería, la arquitectura y la medicina porque sabremos que nuestra obra le dice más al mundo como es Dios: Cuando cualquier campo requiera un experto bien informado, se consultará a los cristianos, no como muestra del pensamiento evangélico, no porque hayamos exigido representación, no porque seamos muy lindos, sino porque estaremos preocupados por la excelencia.

Las mujeres cristianas ya no serán conocidas como el patético grupo callado y manso que no experimenta la libertad del siglo XXI. Más bien, seremos una anomalía admirada, buscadas como las creyentes más informadas del valor de la feminidad. Definiremos la feminidad más allá de una sumisión gentil y callada, curvas, producción de bebés y tacones altos. Comprenderemos y convincentemente explicaremos como la mujer es al mismo tiempo alma y cuerpo y que somos mucho más valiosas que el atractivo sexual. Seremos conocidas como "esas mujeres" que no temeremos la ancianidad ni su marca

EPÍLOGO **LAS NUEVAS PERCEPCIONES** 237

en nuestro cuerpo. Nuestro dominio de nosotras mismas nos convertirá en un grupo que será todo un desafío alcanzar para los publicistas. Estaremos menos preocupadas por probar nuestra igualdad con los hombres y más resueltas en desarrollar nuestra alma para el Reino de Dios.

Como hombres y mujeres cristianos, seremos fieles cuando demostremos longanimidad con discernimiento, gozo sin sonrisas eternas, paz cuando nos cueste personalmente mantenerla, paciencia cuando nuestras causas favoritas sean ignoradas, y dominio propio cuando a otros se les dé el crédito de cambiar al mundo.

En treinta años nuestras almas serán mayores.

Jonalyn Fincher
Escritora, *Ruby Slippers*

COMPROMETIDOS

En muchas ocasiones en este viaje, he querido devolver mi tarjeta de membresía evangélica y retirarme. Ha habido momentos en los que quiero seguir creyendo en Jesús, pero que no quiero seguir perteneciendo más a esta loca familia. Probablemente usted también haya estado allí. Así que pensar en la manera en que el cristianismo será conocido dentro de treinta años puede fácilmente sentirse como un ejercicio sin esperanza, y yo sería tonto incluso al considerarlo. Pero con toda la sinceridad que puedo juntar, verdaderamente creo que esta familia loca y disfuncional nuestra puede ser sanada y recuperarse.

Y aunque a veces usted y yo quizá solamente tengamos una fe raída y llena de dudas acerca del futuro, quiero que creamos que puede mejorar. ¿Por qué debemos quedarnos y trabajar en estos problemas? ¿Por qué no solamente hacer explotar todo? Porque, para empezar, a nadie le gusta las personas que se dan por vencidas, y segundo, tirarle granadas de mano a la novia de Cristo requiere, creo, talento o esfuerzo. Además de que pienso que esto realmente le molestaría a Dios. Mi hija de cinco años se queja y lloriquea cuando las cosas no salen como ella quiere, pero los hombres y mujeres valientes se arremangan y se ponen a trabajar. Quiero ser un participante activo en volver a pegar los pedazos rotos.

Veo el futuro de la fe cristiana como algo bueno, verdadero y creíble en nuestra cultura. Puedo soñar con el día en el que los seguidores de Jesús no sean conocidos por las percepciones trágicas actuales, sino por tratar de vivir como Jesús. Caeremos, nos tropezaremos y enfrentaremos épocas difíciles, pero no debemos rendirnos.

Espero con ansias el día en que los cristianos no solamente se reúnan en los servicios matutinos dominicales o en el ensayo de los músicos, sino más bien en las cenas de los martes por la noche en el albergue local de los indigentes. Un día el mundo va a preguntar: "¿Dónde están todos los locos cristianos?", oro que nuestra respuesta sea: "Estamos aquí ayudando en los desolados barrios bajos de África y alegremente perforando pozos en aldeas haitianas. Y, saben, vamos a estar aquí un rato".

Creo que dentro de treinta años, cuando las sociedades estén cayendo y el país sea devastado por la enfermedad, no se va a necesitar que una estrella de rock irlandesa nos informe de esta tragedia. No será noticia para nosotros porque habremos estado allí desde el principio. Los cristianos serán los primeros en hacer sonar el llamado de la injusticia y desafiar a las naciones a hacer más. Habremos quemado oficialmente el "camión" cristiano y nos habremos convertido en personas que desde el principio habrán defendido a los oprimidos, a los olvidados y a los ignorados. Y cuando denunciemos los males y equivocaciones de este mundo, la gente escuchará y sabrá que lo que decimos es verdad porque nuestras palabras sonarán muy semejantes a las de nuestro Salvador.

Tengo fe en que en el futuro sabremos decidir mejor qué temas son importantes. Cuando defendamos algo y pongamos un límite, sabremos que es claramente por la causa de Cristo y no por alguna agenda política, religiosa que sirva a nuestros propios intereses. Escogeremos con más sabiduría las colinas donde morir y escogeremos ir a la guerra con menos frecuencia. Y cuando defendamos algo, llevaremos con nosotros a nuestros dos compañeros favoritos: gracia y amor. Nos acompañarán a la derecha y a la izquierda. Y nunca seremos tan necios o poco sabios como para alguna vez aventurarnos sin ellos.

Y lo más importante, espero que dentro de treinta años tengamos una perspectiva sana y podamos ver hacia atrás tres décadas y decir que fuimos lo suficientemente valientes para cambiar. Posiblemente habremos cometido errores y nos habremos salido de curso, pero fuimos lo suficientemente valientes para vernos al espejo y ver nuestra fealdad. Y no solamente verla, sino hacer algo al respecto. Y únicamente por ese solo hecho, las cosas serán mejores en el futuro y la faz del cristianismo habrá cambiado.

Mike Foster
Presidente de Ethur, Fundador de XXXChurch.com

FIRMES

Mi oración es que en treinta años los cristianos sean conocidos por poner su fe en acción en sus vecindarios y alrededor del mundo. Los seguidores de Cristo estarán a la vanguardia enfrentando los desafíos más apremiantes que enfrenta la humanidad: desde el sida y la pobreza global al alivio de las deudas y la trata de humanos. Seremos conocidos como "cristianos mundiales", preocupados por nuestro hermanas y hermanos en Cristo que han escogido servir a los demás y apoyarlos.

Kevin Palau
Palau Ministries

PROPÓSITO

Dentro de treinta años, sin importar los cambios en la tecnología, la comunicación y la cultura, la gente seguirá teniendo las mismas necesidades básicas. Van a necesitar amor, aceptación, significado, propósito, perdón, dignidad e importancia. Van a luchar contra el egoísmo, el temor, la culpa, el resentimiento, el aburrimiento, la soledad y otros problemas universales. Estos no se irán. Dentro de treinta años la solución seguirá siendo la misma: Jesucristo.

Como la iglesia es el Cuerpo de Cristo sobre la tierra, entonces dentro de treinta años seguirá en necesidad de hacer lo que hizo Jesús mientras estaba en su cuerpo físico hace dos mil años. Mientras que los *métodos* de la iglesia deben cambiar constantemente en un mundo cambiante, el *cometido* de la iglesia nunca va a cambiar: somos llamados a conocer y amar a Dios (adoración), amarnos unos a otros (comunión), crecer en semejanza a Cristo (discipulado), servir a Dios a través de servir a otros (ministerio) y compartir las Buenas Nuevas (evangelización). Estos cinco propósitos eternos son modelados por la primera iglesia de Hechos 2, mencionados en la oración de Jesús por nosotros en Juan 17, explicados por Pablo en Efesios 4, pero están mejor resumidos en el Gran Mandamiento de Jesús y la Gran Comisión.

De estos cinco propósitos, el ministerio de Jesús plantó una iglesia, capacitó a líderes siervos, ayudó a los pobres, cuidó de los enfermos e instruyó a la siguiente generación. Tengo confianza en que la iglesia seguirá haciendo estas cosas dentro de treinta años porque la iglesia siempre las ha hecho. Solamente le pido a Dios y espero que la siguiente generación de seguidores de Cristo hagan un mejor trabajo que nosotros.

Mi pasión es ayudar a la siguiente generación de líderes de la iglesia a guiar a sus congregaciones a enfrentar los mayores problemas del mundo (los "gigantes globales"): la vacuidad espiritual, el liderazgo egocéntrico, la pobreza extrema, las enfermedades pandémicas y el analfabetismo rampante. Todos los gobiernos, empresas y organizaciones sin fines de lucro combinadas han fallado en resolverlos. El único grupo lo suficientemente grande para manejar estos problemas es la red de millones de iglesias locales alrededor del mundo. Tenemos la distribución más amplia, el mayor grupo de voluntarios, credibilidad local, las promesas de Dios, el poder del Espíritu Santo y lo inevitable de la historia.

Mi sueño es que dentro de treinta años, la iglesia sea más conocida por lo que está *a favor* que por lo que está *en contra*. Ya tiene varios años en que las manos y los pies del Cuerpo de Cristo le han sido amputados, y hemos sido reducidos a poco más que una bocaza. Hablamos más de lo que hacemos. Es tiempo de reconectar los miembros y permitir que la iglesia sea la iglesia en el siglo XXI.

Dr. Rick Warren
www.pastors.com

CRISTIANOS

Dentro de treinta años la investigación podría decirnos que cuando la gente piense en *cristiano*, pensarán cosas como esta:

- Los cristianos son los que aman a las personas sin importar quienes sean gays o no, judías o musulmanes, religiosas o ateas, capitalistas o no, conservadoras o liberales.
- Los cristianos son los que han hecho más que nadie en el mundo para detener la crisis del VIH y el sida.
- Los cristianos son los que buscan a los pobres y que muestran compasión a través de acciones generosas y buscan justicia de manera que las causas sistémicas de la pobreza sean vencidas. Llaman a los ricos a que sean generosos, y llaman a las naciones ricas a trabajar para el bien común.

EPÍLOGO **LAS NUEVAS PERCEPCIONES**

- Los cristianos son las personas que creen que el arte y la creatividad son importantes, así que continuamente producen el arte más original, enriquecedor e impactante.
- Los cristianos están dispuestos a dar su vida por la causa de la paz. Se oponen a la violencia en todas sus formas. Ponen su vida para proteger al vulnerable del violento.
- Los cristianos cuidan del ambiente. No lo ven como materias primas para ganancia económica, sino lo ven como la preciosa obra del Creador.
- Los cristianos tienen integridad personal. Mantienen su votos matrimoniales y están al tanto de lo destructiva que puede ser la sexualidad mal usada. No obstante son compasivos con las personas que cometen errores sexuales, y nunca se consideran superiores.
- Los cristianos desarrollan armonía entre las razas. Uno siempre sabe que puede ser respetado al estar alrededor de un cristiano.

Quizá sea un soñador. Pero cuando realidades difíciles lo arrancan a uno de la negación (como la investigación presentada aquí lo puede lograr), el *statu quo* se vuelve menos aceptable y uno es motivado a soñar con mejores posibilidades. Espero que este investigación impulse a muchos hacia convertirse en soñadores ellos mismos, y que esos sueños inspiren la acción creativa necesaria.

Brian McLaren
Miembro fundador, emergentvillage.com

AGRADECIMIENTOS

Cada libro es un esfuerzo de grupo. El desarrollo de este libro ha requerido un equipo capaz y dedicado. Gabe Lyons y yo le debemos mucho a Dwight Baker, Jack Kuhatschek, Dave Lewis, Don Stephenson y el equipo de Baker Books que creyeron en el proyecto y que invirtieron bastante tiempo y energía en él. Jack magistralmente guió el barco y trajo claridad a un proyecto difícil. También le agradecemos a Twila Bennett, Rachel Geerlings, Mary Suggs, Ki De Wall y Mary Wenger.

Mi colaborador Gabe, merece casi todo el crédito: fue su visión, su determinación y su dinero lo que hicieron este proyecto realidad. Él y el equipo de Fermi Project merecen agradecimiento por procurar y financiar esta conversación acerca de la reputación del cristianismo en la cultura. El equipo de Fermi incluye a la esposa de Gabe, Rebekah, así como a Joanna DeWolf, Courtney Fahey, Danielle Kirkland y Jeff Shinabarger.

También estoy en deuda con mis colegas del Grupo Barna quienes me han ayudado inmensamente a lo largo de este proceso. Nancy Barna, Katie Bayless, Terry Gorka, Cameron Hubiak, Pam Jacob, Jaime McLaughlin y Celeste Rivera son verdaderos profesionales y buenos amigos.

Gracias a todas las plumas invitadas que dieron su tiempo y sus reflexiones al proyecto. Nos hacen sentir privilegiados de que hayan considerado participar y compartir sus voces en estas páginas. Otros colaboradores que quizá hayan dejado marcas "silentes" incluyen a Doug Colby, Ken Coleman, Ben Ortlip, Nick Purdy, Larry Reichardt y Roger Thompson. También gracias a Jason Locy y Patricio Juárez de FiveStone por la fabulosa portada y el diseño.

Mi investigación descansa sobre los hombros de mi mentor y amigo, George Barna. Él me ha apoyado, animado, convencido y desafiado durante doce años, soportándome mucho más de lo que nadie debería. Si he escrito algo que no tenga sentido no es culpa de George; soy un lento aprendiz. Observar a George trabajar, orar y dirigir ha sido una imagen clara de un hombre dedicado a Jesús y apasionado por servir al pueblo de Dios.

Mi familia ha ayudado de una manera increíble y también me ha apoyado, especialmente mi padre, Gary Kinnaman, quien me brindó fabulosa retroalimentación para el contenido del libro. Él sabe que le robo ideas, y no parece importarle. Mis hijos: Emily, Annika y Zack, han sacrificado mucho tiempo conmigo a causa de este libro. Espero que este proyecto me faculte para convertirme en un mejor modelo para ellos de lo que significa ser un seguidor de Cristo.

AGRADECIMIENTOS

Sin embargo, mi esposa es la que se merece mucho del crédito de este libro. Jill ha soportado más de lo debido para ver este proyecto terminado. Sus oraciones, vigor, y aliento han hecho que este proyecto fuera realizable. Su amor y apoyo hicieron que el libro valiera la pena hacerse. Le pido al Señor que le recompense sus muchos sacrificios.

LA INVESTIGACIÓN

TÉRMINOS CLAVE UTILIZADOS

Los de afuera: los individuos que ven al cristianismo "de afuera hacia adentro". Este grupo incluye a ateos y agnósticos; los afiliados a otra fe diferente del cristianismo (como el islamismo, hinduismo, judaísmo, mormonismo y demás), y otros adultos que no asisten a la iglesia que no son cristianos nacidos de nuevo. El uso del término los de afuera no tiene el propósito de ser peyorativo; otras posibles etiquetas para este grupo de personas son menos aplicables o apropiadas (para un panorama más amplio del término los de afuera vea el capítulo 1).

Cristianos nacidos de nuevo: personas que dicen haber hecho un compromiso personal con Jesucristo que todavía es importante en su vida actual, y que también indicaron creer que al morir irán al cielo porque han confesado sus pecados y han aceptado a Jesucristo como su salvador. A los encuestados no se les pidió que se describieran a sí mismos como "nacidos de nuevo".

Evangélicos: personas que reúnen los criterios de ser nacidos de nuevo (descritos arriba) además de siete condiciones más. Estas incluyen (1) decir que su fe es sumamente importante en su vida actual; (2) creer que tienen la responsabilidad personal de compartir sus creencias religiosas acerca de Cristo con los no cristianos; (3) creer que Satanás existe; (4) creer que Jesús llevó una vida sin pecado en la tierra; (6) aseverar que la Biblia es confiable en todo lo que enseña; y (7) describir a Dios como la deidad todopoderosa, omnisciente y perfecta que creó el universo y que todavía lo gobierna. Ser clasificado como evangélico no depende de si asiste a la iglesia o de la afiliación denominacional de la iglesia a la que asiste. A los encuestados no se les pidió que se describieran a sí mismos como "evagélicos".

Cosmovisión bíblica: una perspectiva de vida que faculta a una persona a entender y responder a la realidad a la luz de lo que la Biblia enseña. En sus encuestas, el equipo Barna define cosmovisión bíblica con base en varias preguntas sobre creencias religiosas. La definición requiere que alguien crea que la verdad moral inmutable existe; que la fuente de la verdad moral es la Biblia; que la Biblia es confiable; en todos los principios que enseña; que la salvación espiritual eterna no se puede ganar; que Jesús vivió una vida sin pecado sobre la tierra; que cada persona tiene la responsabilidad de compartir su creencias religiosas con otras; que Satanás existe y que no es solamente un símbolo del mal; y que Dios es el omnisciente, todopoderoso hacedor del universo y que todavía gobierna la creación en la actualidad.

METODOLOGÍA

La esencia de este libro es la investigación comisionada por Fermi Project. El proyecto fue suplementado a lo largo del libro con varios estudios cuantitativos y cualitativos más, conducidos por el Grupo Barna. Estos estudios citados en el libro se encuentran en la siguiente lista.

Encuesta	Recolección de datos	Fecha de conclusión	Tamaño de la muestra	Error de la muestra*
OmniPoll-2-95	Telefónica	Julio 1995	1107	+3.2 puntos
Fermi Project- qualitative	Telefónica	Abril 2004	27	Cualitativa
Fermi Project study**	Internet	Septiembre 2004	867	+3.5 puntos
YouthPollSM 2005	Internet	2005	2409	+2.1 puntos
PastorPollSM 2006	Telefónica	Noviembre 2006	613	+4.1 puntos
YouthPollSM 2006	Internet	Junio 2006	618	+4.1 puntos
OmnipollSM 1-06	Telefónica	Enero 2006	1020	+3.2 puntos
OmnipollSM S-06	Telefónica	Mayo 2006	1006	+3.2 puntos
OmnipollSM 2-06	Telefónica	Agosto 2006	1007	+3.2 puntos
OmnipollSM F-06	Telefónica	Octubre 2006	1005	+3.2 puntos
OmnipollSM 1-07	Telefónica	Enero 2007	1006	+3.2 puntos
Fermi Project update	Internet	Enero 2007	102	Cualitativa
The Buster Report	Telefónica	2002-2007	24399	Estudio agregado
Faith by Market Report	Telefónica	1997-2004	24147	Estudio agregado

*El error de muestra citado refleja un nivel de confianza de 95%.
** Los de afuera en este estudio incluyeron 440 entrevistas (± 5.0 puntos). Además, hubo ocho muestras adicionales de los de afuera examinadas para el proyecto; cada uno de los estudios YouthPoll y OmniPoll facilitaron el estudio del segmento de "los de afuera".

Cada uno de estos estudios fue obtenido a través de muestras aleatorias representativas a nivel nacional de adultos, adolescentes y pastores. Youth-Poll^{SM}, OmniPoll^{SM} y PastorPoll^{SM} son estudios anuales de seguimiento conducidos por el Grupo Barna para permanecer al corriente de lo que está sucediendo con relación a la intersección de la fe y la cultura. Se utilizó una ligera carga estadística para algunos de los estudios con el fin de calibrar la muestra a los porcentajes de población conocidos con relación a variables demográficas.

EL INVESTIGADOR

David Kinnaman es el presidente y líder estratégico del Grupo Barna, una empresa de investigación e información localizada en Ventura, California. Desde que se unió a Barna en 1995, David ha diseñado y analizado cerca de quinientos proyectos para una variedad de clientes, incluyendo la Asociación Evangelística Billy Graham, Cruzada Estudiantil para Cristo, Columbia House, Enfoque a la Familia, InsterVarsity, NBC-Universal, Time-Life, Visión Mundial y muchos otros.

Como vocero de la investigación de la firma es citado frecuentemente en los canales principales de medios de comunicación. También es un orador muy solicitado para hablar sobre las tendencias del ministerio, los adolescentes de hoy, el perfil de los líderes jóvenes y los cambios generacionales. Es el autor del reporte Barna *Ministry to Mosaics; Teens and the Supernatural* [Ministerio a los Mosaicos; los adolescentes y los sobrenatural].

Para un resumen, en inglés, de la Investigación Barna presentada en este libro y preguntas de discusión para cada capítulo, vaya a www.unchristian.com

NOTAS

Capítulo 1: El trasfondo

1. Por favor, observe que cualquier interpretación de la investigación o las declaraciones en este libro —por David Kinnaman, Gabe Lyons o cualquiera de las plumas invitadas que amablemente accedieron a participar en este proyecto— no necesariamente reflejan el punto de vista de cada colaborador.

2. En nuestra investigación, un cristiano nacido de nuevo se define con base en sus creencias acerca de la vida después de la muerte, y no del uso de la etiqueta. Una persona es clasificada como un cristiano nacido de nuevo si ella ha hecho un compromiso personal con Jesucristo que sigue siendo importante para la persona y si ha confesado sus pecados y aceptado a Jesucristo como su Salvador. Por supuesto, solamente Dios conoce el corazón de la persona y sus verdaderas reacciones a Jesús. Pero nos damos cuenta de que la Biblia dice que una persona no es cristiana solamente por asistir a la iglesia, identificarse como cristiana, leer la Biblia o por hacer cosas buenas por los demás. Nuestra investigación toma en cuenta lo único que importa a los ojos de Dios: lo que usted decidió hacer con Jesús. Observe que los cristianos nacidos de nuevo que no asisten a la iglesia no están incluidos en nuestra definición de "los de afuera". Para más información sobre las prácticas de fe y las perspectivas de este grupo de creyentes, puede revisar el libro de George Barna *Revolution* [Revolución] (Wheaton: Tyndale, 2005).

3. Hay, por supuesto, diferencias importantes entre las personas que llamamos Mosaicos y las que llamamos "Busters". Sin embargo, este libro está más preocupado por la manera en que los dos grupos son similares en sus percepciones y experiencias de la fe cristiana.

Capítulo 2: Descubra la fe *casi cristiana*

1. Tenemos un equipo de personas que realizan el trabajo duro de hacer las entrevistas. Mi trabajo ha sido supervisar y analizar las entrevistas con todas estas personas.

2. En nuestra encuesta con personas de dieciséis a veintinueve años, utilizamos la frase "cristianismo actual" para evaluar las percepciones de los jóvenes sobre la fe.

3. Para evaluar la amplitud de estas percepciones, utilizamos encuestas cuantitativas para explorar qué tan ampliamente estos tipos de imágenes son abrazadas por los Mosaicos y "Busters" de entre los de afuera. La encuesta les pidió a los encuestados que calificaran veinte declaraciones acerca del cristianismo actual, incluyendo diez imágenes favorables y diez negativas.

4. Ser antihomosexual no es inherentemente negativo ya que la Biblia condena la homosexualidad. Pero esta percepción es mucho más profunda que esto. Lea acerca de esta percepción en el capítulo 5.

5. La idea de que los creyentes enfrentarán persecución especial y odio como resultado de su lealtad a Cristo es un tema bien estructurado: Mateo 5:10–11; 10:22; 13:13; Lucas 6:22; 21:17; 1 Corintios 1:18.

Capítulo 3: Hipócritas

1. En nuestra investigación le preguntamos a los jóvenes si sentían que la frase "hipócritas: dicen una cosa y hacen otra" representaba con precisión al cristianismo actual.

2. Pew Research Center, "How Young People View Their Lives, Futures, and Politics: A Portrait of 'Generation Next.'" [La manera en que los jóvenes en su vida, su futuro y la política: Un retrato de la 'Generación Next'] (Washington DC, 9 de enero de 2007).

3. Los resultados de estos estudios comparando a los cristianos nacidos de nuevo con otros adultos se abordo en varias publicaciones, incluyendo *Piensa como Jesús* de George Barna (Casa Creación, junio 2004) y *The Second Coming of the Church* [La segunda venida de la Iglesia] (Word 1998). También vea de George Barna, "The American Witness" [El testigo estadounidense] *The Barna Report* (Noviembre-diciembre 1997). Lamentablemente, estos dos últimos están ahora fuera de imprenta.

4. Vea el artículo "American Lifestyles Mix Compassion and Self-Oriented Behavior" [Estilos de vida estadounidenses, mezcla de comportamientos compasivos y egoístas] (5 de ferbero de 2007) at www.barna.org.

5. Algunas de nuestras investigaciones para Mark Matlock de Wisdom Work Ministries son particularmente útiles para comprender la miopía de los cristianos con respecto a las razones por las que los no creyentes no vienen a Cristo.

6. Hay disponible más información sobre asuntos en nuestro estudio sindicado *The Buster Report: A New Generation Describes Their Life and Spirituality* [El informe *Buster*: una nueva generación describe su vida y su espiritualidad] (Ventura, CA: The Barna Group, 2007). También puede acceder al informe gratuito en la Internet: "A New Generation of Adults Bends Moral and Sexual Rules to Their Liking" [Una nueva generación de adultos flexiona las reglas morales y sexuales a su antojo] *The Barna Update* (31 de octubre de 2006) en www.barna.org.

7. Puede leer más acerca de estas tendencias en el artículo por la Internet "A New Generation of Adults Bends Moral and Sexual Rules to Their Liking" [Una nueva generación de adultos flexiona las reglas morales y sexuales a su antojo] (31 de octubre de 2007) en www.barna.org.

8. Josh me dijo que esta idea fue inspirada por una historia que Donald Miller narró en *Tal como el Jazz* (Thomas Nelson; 6 de junio de 2006).

9. Philip Yancey, *What's So Amazing About Grace?* [¿Qué es tan sublime de la gracia?] (Grand Rapids: Zondervan, 1997), 249.

Capítulo 4: ¡Recibe a Cristo!

1. Vea: Barna, *Revolution,* cap. 3.
2. George Barna, *Piensa como Jesús* (Casa Creación; junio 2004).

Capítulo 5: Antihomosexuales

1. Cerca de dos quintos de la población estadounidense tienen creencias que los califican como cristianos nacidos de nuevo, mientras que los evangélicos, que son una subcategoría de los cristianos nacidos de nuevo representan cerca de un vigésimo de la población. Estas etiquetas están basadas en lo que la gente cree y no en como se llaman a sí mismos. Vea "Términos clave" en el apartado "La investigación" para la definición de nuestro estudio sobre los cristianos evangélicos y los nacidos de nuevo.

NOTAS

2. Datos de la encuesta conducida por Pew Center for the People and the Press y Pew Forum on Religion and Public Life, 2003.

3. Condujimos esta encuesta de parte de Visión Mundial, Federal Way, Washington, noviembre 2004.

4. Está basado en un estudio que condujimos para Compassion, Colorado Springs, Colorado, octubre 2006.

5. Las Escrituras hacen muchas referencias a la conducta homosexual, retratándola como algo inapropiado y pecaminoso. Las tres referencias bíblicas más directas y explícitas sobre la homosexualidad, donde se condena el comportamiento son Levítico 18:22; Romanos 1:26–27; y 1 Corintios 6:9–10.

6. Bay Area Crusade Press Conference [Conferencia de prensa para la Cruzada en Bay Area], 24 de septiembre de 1997. Esta fue la respuesta que dio el Sr. Graham a la pregunta de uno de los representantes de la prensa sobre si el Sr. Graham estaba de acuerdo o no con el estilo de vida homosexual.

7. Pew Research, "How Young People View Their Lives" [La manera en que los jóvenes ven su vida] 39.

8. Ibid.

9. "Religious Beliefs Underpin Opposition to Homosexuality" [Las creencias religiosas avalan la oposición a la homosexualidad] Pew Research Center, publicada el 18 de noviembre de 2003.

10. De www.cnn.com, revisado el 6 de febrero de 2007.

11. Citado en: Philip Yancey, "Middle East Morass" [El embrollo de medio oriente], *Christianity Today* (Novimbre 2006), 128.

Capítulo 6: Retraídos

1. Pew Research, "How Young People View Their Lives".

2. Alvin J. Schmidt, *How Christianity Changed the World* [Cómo cambió al mundo el cristianismo] (Grand Rapids: Zondervan, 2004). También consulte: Jonathan Hill, *What Has Christianity Ever Done for Us?* [En qué nos ha ayudado el cristianismo] (Downers Grove, IL: InterVarsity, 2005).

3. William Bennett, *The Index of Leading Cultural Indicators* [El índice de los principales indicadores culturales] (New York: Simon and Schuster, 1994), 18, 22.

4. Centro de Control y Prevención de Enfermedades, "National Youth Risk Behavior Survey" [Encuesta nacional sobre el comportamiento riesgoso de los jóvenes] www.cdc.gov/yrbss, 2005.

5. National Center for Health Statistics, http://www.cdc.gov/nchs/fastats/unmarry.htm. Vea también: Bennett, *Index of Leading Cultural Indicators*, 46, 48.

6. Jean Twenge, *Generation Me* [Generación yo] (New York: Free Press, 2006), 163.

7. Ibid., 162.

8. William D. Mosher, Ph.D., Anjani Chandra, Ph.D., and Jo Jones, Ph.D., "Sexual Behavior and Selected Health Measures: Men and Women, 15–44 Years of Age, United States, 2002" [La conducta sexual y las medidas de salud seleccionadas: Hombres y mujeres, 15 a 44 años, Estados Unidos, 2002] National Center for Health Statistics, *Advance Data* 362 (15 de septiembre de 2005), 6.

9. Departamento de Salud y Servicios Humanos de los EE. UU., "Results from the 2005 National Survey on Drug Use and Health: National Findings" [Resultados de la encuesta nacional 2005 sobre el uso de drogas y salud: Descubrimientos nacionales].

10. "National Youth Risk Behavior Survey," 2005.
11. Ibid.
12. Mike Metzger, *Fine Tuning Tensions within Culture: The Art of Being Salt and Light* [Afinando las tensiones dentro de la cultura: El arte de ser sal y luz] (Suwannee, GA: Relevate, 2007), 4.
13. Creo que me creyó, pero puede ser porque es mi papá.
14. Como fue definido en nuestras encuestas, los que tienen una posición más alta tienen un título universitario y un ingreso anual familiar de por lo menos $70,000. Los individuos con una posición más baja no tienen experiencia universitaria y ganan menos de $20,000.
15. Vea www.twloha.com/home.php.

Capítulo 7: Politiqueros

1. Vea la nota del capítulo 2 que describe la manera en que definimos a los cristianos evangélicos en nuestra investigación. Las perspectivas teológicas que medimos están basadas en la declaración de fe de la Asociación Nacional de Evangélicos.
2. Hemos examinado a estadounidenses que dicen ser cristianos evangélicos. Como los términos y las etiquetas muchas veces son utilizadas con poco o nada de contexto, pueden perder su significado. Por ejemplo, si simplemente se utilizara al grupo que se identifica como evangélico, descubriría que muchos nunca han hecho un compromiso con Jesucristo; muchos no creen que van a entrar al cielo por su fe en Él, sino más bien confían en sus buenas obras o en la benevolencia de Dios; y muchos no creen que Satanás sea real. Estas no son minucias de perspectiva teológica e indican fuertemente que la autoidentificación es un medio pobre para definir a los evangélicos.
3. Hay nueve preguntas que hacemos en nuestra investigación que definen si una persona es evangélica. Para mayores informes, revise "Survey Explores Who Qualifies as an Evangelical" [Encuesta explora quién califica como evangélico] en www.barna.org. El reporte fue publicado el 18 de enero de 2007.
4. Vea el artículo del 5 de marzo de 2007 "The God Gap? The Faith of Republicans and Democrats" [¿La brecha divina? La fe de los republicanos y los demócratas]. El voto de fe en las elecciones de 2004 fue descrito en el artículo del 9 de noviembre de 2004 "Born Again Christians Were a Significant Factor in President Bush's Re-Election" [Los cristianos nacidos de nuevo fueron un factor importante en la reelección del presidente Bush]. Ambos artículos están disponibles en www.barna.org.
5. Pew Research Center, "Many Americans Uneasy with Mix of Religion and Politics" [Muchos estadounidenses están inquietos por la mezcla entre religión y política], (Washington D.C., 24 de agosto de 2006),
6. Pew Research Center, "How Young People View Their Lives," 28–29.

Capítulo 8: Criticones

1. Pew Research, "How Young People View Their Lives."
2. La Escritura nunca condona juzgar o criticar a los de afuera de la iglesia. La Biblia claramente le advierte a la gente que evite juzgar a otros y la crítica: Mateo 7:1–2; Lucas 6:37; 7:36–47; Romanos 2:1–4; 14:4, 10–13; 1 Corintios 4:5; 5:12; Santiago 4:11–12.

3. Consulte Philip Yancey, What's So Amazing about Grace? (Grand Rapids: Zondervan, 1997).

Capítulo 9: De *Casi cristiano* a cristiano

1. Vea Lucas 13:14-17; Mateo 12:1-8; Marcos 14:3-9.

2. Mi padre obtuvo este proverbio de John Maxwell.

3. Puede leer acerca de esto en el artículo en la Internet "A New Generation of Pastors Places Its Stamp on Ministry" [Una nueva generación de pastores deja su marca en el ministerio] (17 de febrero de 2004) en www.barna.org.

4. El Segundo Libro de Crónicas en el Antiguo Testamento expresa esta idea. Dios dice: "Si mi pueblo, que lleva mi nombre, se humilla y ora, y me busca y abandona su mala conducta, yo lo escucharé desde el cielo, perdonaré su pecado y restauraré su tierra" (7:14).

Epílogo por Gabe Lyons

1. Charles Colson y Nancy Pearcey, *Y ahora... ¿cómo viviremos?* (Spanish House, Inc., noviembre 1999).

ÚNASE AL FERMI PROJECT

Fermi Project es un amplio colectivo de líderes de la iglesia y la cultura que están experimentando con maneras de cómo aportar positivamente a la cultura. El enfoque de este proyecto está puesto estratégicamente en los cristianos y líderes a lo largo de la iglesia.

Conozca más acerca de pertenecer al Fermi Project en www.fermiproject.com.

DESCARGUE MATERIAL GRATUITO

Conéctese con la Internet para un ensayo gratuito, en inglés, de Fermi Words: Influencing Culture [Influenciar la cultura]

Una oportunidad para la iglesia

www.fermiproject.com/culture